군중심리

귀스타브 르 봉

이재형 옮김

Psychologie des foules

Gustave Le Bon

Psychologie des foules

■ ● 문예인문클래식

군중심리

귀스타브 르 봉

이재형 옮김

문예출판사

《철학》지 발행인이자 콜레주 드 프랑스 철학교수,
프랑스 학사원 회원인 테오뒬 리보에게 이 책을 바칩니다.

일러두기

1. 본문의 주는 모두 옮긴이 주다. 원주는 본문에 [ ]로 표기했다.
2. 본문의 ( )는 이해를 돕기 위해 옮긴이가 추가한 것이다.
3. 도서, 신문, 잡지는《》로, 논문, 연극 등은〈 〉로 표기했다.
4. 본문 첫머리의 내용 정리는 원서의 것이다.

머리글

나는 앞서 펴낸 책에서 인종들의 정신 상태에 관해 기술[1]했다. 이 번에는 군중의 정신 상태를 연구해볼 생각이다.

유전으로 모든 개인에게 부여되는 공통적 특성이 인종들의 정신 상태를 구성한다. 그러나 이 개인 중 상당수가 모여 군중을 이루어 행동하는 걸 관찰해보면 그들이 서로 접근했다는 사실 자체에서 몇 가지 새로운 심리적 특성이 생겨나고, 이 새로운 특성은 그 인종의 특성에 덧붙여지기도 하지만 때로는 그와 상당히 큰 차이를 보이기도 한다.

조직된 군중은 민족의 삶에서 항상 중요한 역할을 담당해왔다. 그러나 그 역할이 오늘날만큼 중요했던 적은 없었다. 개인의 의식적 활동이 군중의 무의식적 행위로 대체되는 현상은 현시대의 주요한 특징 가운데 하나다.

나는 개인적 견해와 이론, 학설을 배제하고 어떤 체계적 방법론

---

[1] 1874년에 펴낸《민족 진화의 심리 법칙》을 말한다.

을 견지하도록 노력하면서 군중이 일으키는 어려운 문제를 순전히 과학적인 방법으로 접근하려고 애써왔다. 나는 이런 과학적 방법이야말로 진실을 일부나마 발견할 수 있도록 해주는 유일한 방법이라고 믿는다. 그리고 여기서처럼 격렬한 논쟁을 유발하는 문제를 다룰 때는 더더욱 그렇다고 믿는다. 어떤 현상을 확인하고 증명하려 애쓰는 과학자는 그 증명이 자신의 이익에 어긋날 수도 있다는 생각 따위는 하지 말아야 한다. 저명한 사상가인 고블레 달비엘라[2]는 최근에 출간한 저서에서 내가 현대의 어떤 학파에도 속하지 않으면서 가끔은 모든 학파의 몇 가지 결론에 반대하는 것으로 보인다고 지적했다. 나는 나의 이 새로운 연구가 이와 똑같은 지적을 받을 수 있기를 바란다. 어떤 학파에 속한다는 것은 필연적으로 그 학파의 편견과 선입견을 공유한다는 것을 의미하기 때문이다.

그렇지만 여기서 나는 내가 왜 나의 연구에 포함되어 있다고 믿을 수도 있을 결론과는 다른 결론을 끄집어내는지, 예를 들면 내가 왜 군중[엘리트들의 모임을 포함하여]이 정신적으로 매우 열등하다는 사실을 증명하지만, 또 한편으로는 그 같은 사실에도 그들의 조직에 간섭하는 것은 위험하다고 단언하는지 그 이유를 독자에게 설명해야 할 것 같다.

왜냐하면, 역사적 사실을 면밀히 관찰해본 결과 사회조직은 다른 모든 존재의 조직만큼이나 복잡하므로 갑작스럽게 변화하게 하

---

2 Goblet d'Alviella(1846~1925), 벨기에의 정치가이자 벨기에자유대학교의 종교사 교수였으며 자유당 당원이기도 했다.

는 일은 불가능하다는 사실을 알게 되었기 때문이다. 자연은 때때로 완전히 변화될 수 있지만, 우리가 원하는 대로 바뀌는 법은 절대 없다. 비록 완전한 변화가 이론적으로는 바람직해 보인다 하더라도 그 같은 갑작스러운 변화에 대한 맹목적 열광은 사람들에게 매우 해롭다. 그처럼 철저한 변화는 민족의 특성을 즉시 바꿀 수 있을 때만 유익할 것이다. 그러나 그런 힘을 가진 것은 오직 시간뿐이다. 인간을 지배하는 것은 이념이나 감정, 관습 등 그들의 마음속에 있는 것이다. 제도와 법은 우리 영혼의 발현이며 그것이 느끼는 욕구의 표현이다. 제도와 법은 우리 영혼에서 생겨난 것이기 때문에 그것을 변화시킬 수가 없다.

사회현상에 대한 연구는 이를 만들어낸 민족에 관한 연구와 분리될 수 없다. 철학적 관점에서 보면 사회현상은 어떤 절대적 가치를 가질 수 있다. 그러나 실제적 관점에서 보면 상대적 가치밖에 갖지 못한다.

그러므로 어떤 사회현상을 연구할 때는 이를 매우 다른 두 가지 측면에서 연속적으로 고찰해보아야 한다. 그렇게 하면 순수이성의 가르침이 실천이성의 가르침과 자주 상반된다는 점을 알게 된다. 이 같은 구분을 적용할 수 없는 자료[비록 그것이 물리학의 자료라 할지라도]는 거의 없다. 절대적 진리의 관점에서 보면 정육면체나 원은 몇 가지 공식에 의해 엄격히 정의될 수 있는 불변의 기하학적 형태다. 그러나 우리 눈의 관점에서 보면 그 같은 기하학적 형태는 매우 다양한 모양을 가질 수 있다. 보는 각도에 따라 정육면체가 각뿔이나 정사각형으로 보일 수도 있고 원이 타원이나 직선으로 보일 수도 있다. 그리고 이런 가상의 형태에 대한 고찰은 실제 형태에 대한 고찰보다 훨씬 중요하다. 왜냐하면, 우리가 두 눈으로 보고 또 사진이나 그림으로 재현할 수 있는 것은 오직 이 가상의 형태뿐이기 때문이다. 어떤 경우에는 실재하지 않는 것이 실재하는 것보다 더 사실에 가깝다. 물체를 정확한 기하학적 형태로 표시하려 하다가는 그것의 본질을 왜곡하고 알아볼 수 없게 만들 수도 있기 때문이다. 사람들이 물체를 그림으로 그리거나 사진으로 찍을 수만 있을 뿐 그것을 만질 수는 없다고 가정해보자. 그런 사람들은 그 물체의 형태를 정확히 파악하는 데 큰 어려움을 느낄 것이다. 이 같은 형태에 대한 지식은 소수의 학자만 겨우 보유할 수 있을 뿐 다른 사람들의 관심은 거의 끌지 못할 것이다.

사회현상을 연구하는 철학자는 그 현상의 이론적 가치와 실제적 가치가 동시에 존재하며, 문명의 진화라는 관점에서 볼 때 중요한 건 오직 실제적 가치뿐이라는 사실을 명심해야 한다. 이 같은 사실을 확인한 철학자는 이론적 논리가 우선적으로 그에게 요구하는 결론을 내리는 데 극도로 신중을 기해야 할 것이다.

이처럼 신중한 태도를 철학자에게 요구하는 또 다른 이유가 있다. 사회적 사실들은 매우 복합적이기 때문에, 그것들을 전체적으로 파악하고 그것들이 서로 간에 미치는 영향의 효과를 예측한다는 것은 불가능한 일이다. 또 눈에 보이는 사실 뒤에 이따금 눈에 보이지 않는 수많은 원인이 숨어 있는 것처럼 보이기도 한다. 눈에 보이는 사회현상들은 우리의 분석으로는 거의 접근할 수가 없는 심오한 무의식적 활동의 결과로 보인다. 우리는 심해에서 일어나는 대혼란[우리는 깊은 바다가 왜 이렇게 요동치는지 그 이유를 알지 못한다]을 해수면에 나타나는 파도로서 지각 가능한 현상에 비유할 수 있다. 군중을 관찰해본 결과 그들은 대부분의 행동에서 놀라울 정도로 열등한 정신 상태를 드러내었다. 그런데 고대인들이 운명이나 자연, 섭리라 불렀고 우리는 죽음의 목소리라고 부르는, 우리로서는 그 위력을 모르려야 모를 수가 없는[그 본질이 무엇인지는 알지 못하지만] 불가사의한 힘이 이끌어나가는 듯 보이는 또 다른 행동들도 있다. 때로는 민족의 내부에 그들을 이끌어나가는 잠재적인 힘이 존재하는 것처럼 보일 수도 있을 것이다. 예를 들어 언어보다 더 복잡하고 더 논리적이고 더 경이로운 게 뭐가 있을 수 있겠는가? 그리고 너무나 잘 조직된 이 섬세한 것이 군중의 무의식적 영혼의 소산이 아니라면 대관절 무엇이란 말인가? 매우 박식한 한림원 회원들이나 널리 존경받는 문법학자들도 언어를 지배하는 법칙을 힘들게 기록하는 일이나 할 수 있을 뿐 그것을 창조해내는 일은 할 수 없을 것이다. 위인들의 탁월한 사상에 대해 말해보자. 과연 우리는 그것이 오직 그들의 머릿속에서만 나온 것이라고 확신할 수 있을까? 그런 사상들이 언제나 혼자 있기를 좋아하는 사람들에 의해 창조되었다는 데에는 의심의 여지가 없다. 하지만 무수히 많은 먼지 알갱이처럼 한데 모여 이런 사상이 싹을 틔울 수 있는 토양을 마련해준 것은 바로 군중의 영혼이 아닌가?

군중은 의심할 나위 없이 언제나 무의식 상태에 있다. 그러나 이 무의식 자체는 어쩌면 그들이 가진 힘의 비밀 중 하나일지도 모른다. 자연 속에서 오직 본능만을 따르는 존재들이 행하는 행위는 그 놀라운 복잡성으로 우리를 놀라게 한다. 인류가 아주 최근에 획득한 이성은 여전히 너무나 불완전해서 무의식의 법칙을 우리에게 밝혀줄 수 없다. 더더구나 이성이 무의식을 대체한다는 것은 불가능한 일이다. 우리의 모든 행위에서 무의식의 몫은 엄청나게 큰 반면 이성의 몫은 아주 작다. 무의식은 여전히 알려지지 않은 힘처럼 작용하는 것이다.

그래서 막연한 추측과 근거 없는 가설의 영역에서 헤매지 않고 과학이 알 수 있는 사물들의 좁지만 확실한 한계 안에 머물고자 한다면 우리는 그냥 우리가 접근할 수 있는 현상을 확인하고 이처럼 확인된 사실만을 다루어야 할 것이다. 우리의 관찰에서 끄집어낸 일체의 결론은 대부분 어설프기 짝이 없다. 우리 눈에 똑똑히 보이는 현상 뒤에 희미하여 잘 안 보이는 또 다른 현상이 있고, 어쩌면 그 희미한 현상 뒤에 또다시 우리 눈에 아예 안 보이는 제3의 현상이 존재하고 있을지도 모르기 때문이다.

차례

군중의 시대

현시대의 변모 — 문명의 획기적인 변화는 민족들의 사고가 바뀌어서 생긴 결과다 — 군중이 힘을 갖고 있다고 믿는 현대인들 — 이 같은 믿음은 국가의 전통적인 정치를 변모시킨다 — 군중계급은 어떻게 출현하며, 그들의 힘은 어떻게 행사되는가? — 군중이 가진 힘의 필연적 결과 — 군중은 오직 파괴적인 역할밖에는 해내지 못한다 — 너무 오래된 문명은 군중에 의해 붕괴된다 — 군중 심리에 대한 전반적인 무지 — 입법자와 정치가들이 군중 연구에 부여하는 중요성

예를 들어 로마제국의 멸망이라든지 아랍제국의 수립처럼 문명의 변화에 앞서 이루어지는 엄청난 격변은, 언뜻 외적의 침략이나 왕조의 전복 같은 어마어마한 정치적 변화로 결정되는 것처럼 보일 수도 있다. 그러나 그런 사건들을 조금 더 자세히 연구해보면 겉으로 드러난 원인의 이면에는 대부분 민족의 사상이 근본적으로 변화했다는 사실이 실제 원인으로 자리 잡고 있다는 것을 알 수 있

다. 그 장엄함과 맹렬함으로 우리에게 놀라움을 불러일으키는 역사적 격변은 진정한 격변이 아니다. 문명을 쇄신시키는 중요한 변화는 사상과 개념, 신념 속에서 이루어진다. 역사에서 기억될 만한 사건은 곧 인간의 사상에서 일어나는 눈에 안 보이는 변화들이 만들어내는 가시적 효과라고 말할 수 있다. 그런 중대한 사건이 매우 드물게 발생하는 것은, 어떤 인종에게는 조상에게 물려받은 사상의 토대만큼 안정적인 것이 없기 때문이다.

현시대도 그렇게 인간의 사상이 변화를 겪는 중요한 순간이다.

두 가지 근본 요인이 이 같은 변화의 토대에 자리 잡고 있다. 첫 번째 요인은 서양문명의 모든 요소를 만들어낸 종교적, 정치적, 사회적 신념이 파괴되었다는 것이다. 그리고 두 번째 요인은 현대에 이루어진 과학적, 산업적 발견으로 완전히 새로운 생활 조건과 사유 조건이 만들어졌다는 것이다.

과거의 사상은 반쯤 파괴되었음에도 여전히 매우 강력한 힘을 발휘하고 있으며 그 사상을 대체할 새로운 사상은 아직 형성 중이기 때문에 현대라는 시대는 곧 과도기와 무정부 시대를 의미한다.

그러므로 필연적으로 다소 혼란스러울 수밖에 없는 이 시대가 앞으로 어떻게 변화해나갈지를 지금 말한다는 건 결코 쉬운 일이 아니다. 우리 시대를 계승할 사회의 토대를 이룰 근본 사상은 과연 무엇이 될 것인가? 아직은 모른다. 그래도 앞으로 어떤 식으로 조직되든지 간에 그 사회는 새로이 등장, 현시대에 마지막까지 살아남아 최고의 권한을 가질 군중세력을 고려해야 한다는 사실만큼은 지금 이 순간에도 알 수가 있다. 이 군중세력은, 옛날에는 진정한 것으로 간주되었지만 이제는 사멸한 무수히 많은 사상과 혁명이 연속적으로 파괴한 그 수많은 권력의 폐허 위에 유일하게 우뚝 섰고 이제 얼마 안 있으면 다른 모든 세력을 흡수해버릴 것처럼 보인다. 우리가 오랫동안 지켜온 모든 신념이 비틀대며 사라져가고 사회를 지탱해온 낡은 기둥들도 하나씩 무너져가는 데 반해 군중세력은 유일하게 그 어떤 것에도 위협받지 않을 뿐만 아니라 위엄도 점점 더 커져만 간다. 이제 막 우리가 진입한 시대는 명실상부한 군중 시대가 될 것이다.

유럽에서는 지금으로부터 채 백 년이 안 되었을 때까지도 전통적인 국가 정책과 군주들의 경쟁이 큰 사건을 일으키는 주요한 요인이었다. 군중의 의견은 별로 중요하지 않았다. 아니, 거의 대부분은 깡그리 무시당했다고 해도 과언이 아니다. 오늘날에는 정치적 전통과 군주들의 개인적 성향, 그들의 경쟁은 더는 중요하지 않은 반면 군중의 발언권은 이전보다 더 우세해졌다. 군중은 왕이 어떻게 행동해야 하는지를 그들에게 주문하고, 왕은 그런 군중의 말에 귀 기울이려고 애쓴다. 오늘날 국가의 운명은 더는 군주의 회의가 아닌 군중의 영혼 속에서 준비되고 있다.

정치생활에 군중이라는 계급이 진출했다는 사실, 그러니까 실제로 그들이 지배계급으로 서서히 변화해가고 있다는 사실은 우리가 사는 이 과도기의 가장 두드러진 특징 가운데 하나다. 실제로 아주 오랫동안 영향력이 매우 미미했으며 처음에는 운영하기가 매우 수월했던 보통선거 제도는 군중이 정치생활에 진출했다는 사실의 두드러진 점이 아니다. 군중세력은 먼저 몇 가지 사상이 널리 전파되어 사람들의 머릿속에 서서히 뿌리를 내리고 개인들이 점차 단체를 이루어 이론적 개념이 구현되면서 단계적으로 탄생했다. 이 같은 결합을 통해 군중은 자신들의 이익에 관한 개념[매우 정당하다고는 말할 수 없지만 어쨌든 매우 확실한]을 형성하고 자기들이 가진 힘을 의식하기에 이르렀다. 그들은 조합을 설립하여 모든 권력을 차례로 항복시키고 있으며, 그들의 노동조합은 일체의 경제 관련 법안에도 아랑곳하지 않고 노동과 임금 조건을 규제하려는 경향을 보여준다. 군중은 결정권도 없고 독자성도 갖추지 못하여 대부분 자신을 선출한 위원회의 대변인 노릇밖에 못 하는 신세로 전락한 사람들을 정부가 주최하는 회의에 대표자로 보낸다.

오늘날 군중의 요구는 점점 더 분명해져가고 있는데, 현재 사회를 철저히 파괴한 다음 문명의 여명기 이전에 모든 인간집단이 영위하던 정상적 생활 방식인 원시적 공산 사회로 돌아가게 하겠다는 것이다. 노동시간을 제한하고, 광산과 철도, 공장, 토지를 수용할 것. 모든 생산물을 평등하게 분배하고 민중계급의 이익을 위해 모든 상류계급을 타도할 것. 이것이 바로 그들의 요구사항이다.

군중은 논리적 추론에는 소질이 별로 없지만 반대로 행동은 민첩하게 한다. 그들은 현재 갖춘 조직을 통해 막강한 힘을 가지게 되었다. 우리는 군중의 교리가 만들어지는 것을 목격하고 있는데, 얼마 안 있으면 그것은 지난날 교리들이 발휘했던 위력을, 즉 이의 제기를 일절 허용하지 않는 전제적 권력을 갖게 될 것이다. 즉 군중의 신성한 권리가 왕의 신성한 권리를 대신하리라는 것이다.

유럽의 부르주아지 계급이 애호하는 작가들, 즉 이 계급의 좀 편협한 사상과 다소 좁은 시야, 약간 피상적인 회의적 태도, 이따금은 좀 지나치다 싶은 이기주의 등을 가장 잘 묘사하는 작가들은 이 새로운 세력이 성장해나가는 것을 보며 몹시 불안해하고, 사람들이 정신적 혼란에 빠지지 않게 하려고 이전에는 끔찍하게 경멸했던 교회가 가진 힘에 필사적으로 호소한다. 그들은 우리에게 과학은 파산했다고 역설하면서 참회하고 로마에서 돌아와 신이 계시한 진리를 배울 것을 촉구한다. 그러나 이 새로운 개종자들은 그러기에는 이미 때가 너무 늦었다는 사실을 잊고 있다. 그들이 정말로 신의 은총을 받았다고 치자. 그렇다고 해도 그 은총이 최근에 가톨릭을 신봉하게 된 이 작가들이 몰두하는 관심사에 거의 마음을 쓰지 않는 사람들에게도 똑같은 영향을 미칠 수는 없기 때문이다. 오늘날의 군중은 이 작가들 자신이 어제까지만 해도 원치 않던 신들[이 작가들은 신들을 파괴하는 데 기여했다]을 더는 원하지 않는다. 도도히 흐르는 강물을 발원지로 되돌려놓을 힘은 인간에게도, 신에게도 없기 때문이다.

그러나 과학은 파산하지 않았다. 과학은 현재 목격되는 지적知的 무정부 상태와도 무관하고, 이 같은 상태의 와중에서 힘을 키워나가고 있는 새로운 세력과도 무관하다. 과학은 우리에게 진리를 알려주겠다고 약속했다. 어쨌든 우리의 지력으로 포착할 수 있는 관계를 우리가 알도록 해주겠다고 약속했다. 그렇지만 우리가 평화나 행복을 누리도록 해주겠다고 약속한 적은 결코 없다. 과학은 우리가 내지르는 탄식을 듣지 못한다. 우리 감정에는 아무 관심이 없기 때문이다. 다름 아닌 우리가 과학과 더불어 살기 위해 노력해야 한다. 왜냐하면, 어느 것도 과학이 쫓아버린 환상을 되살릴 수는 없을 것이기 때문이다.

모든 국가에서 볼 수 있는 보편적 징후는 군중세력이 급속히 성장하고 있다는 것을 우리에게 보여준다. 그러므로 우리는 이 세력의 성장이 얼마 안 있어 중단될 것이라는 가정을 하기가 불가능하다. 군중세력이 앞으로 우리에게 무엇을 가져다주든지 간에 우리는 그 결과를 감내할 수밖에 없다. 이 세력에 반대하는 일체 주장은 그저 아무 쓸모 없는 빈말에 불과하다. 물론 군중세력의 등장이 서양문명의 최종 단계 가운데 하나를, 모든 새로운 사회의 탄생에 앞서 으레 등장하는 혼란스러운 무정부 시대로 완전히 복귀했음을 의미한다고 생각할 수도 있다. 그런데 어떻게 해야 그렇게 되는 걸 막을 수 있을까?

지금까지만 해도 거의 소멸 직전의 노쇠한 문명을 이처럼 완전히 파괴하는 것은 군중의 가장 확실한 역할이었다. 사실 군중이 이런 역할을 수행한 것이 어제오늘 일은 아니다. 역사를 살펴보면, 한 문명의 토대를 이루던 정신적 힘이 영향력을 상실하는 순간 매우 적절하게 야만족이라고 이름 붙여진 분별없고 난폭한 군중이 등장하여 그 문명을 최종적으로 해체해버린다. 지금까지 문명을 창조하고 이끌어나간 것은 소수의 지적인 귀족들이었지 결코 군중이 아니었다. 군중은 오직 파괴하기 위한 힘밖에 없다. 그들의 지배는 항상 야만적인 상태의 한 단계를 의미한다. 문명은 정해진 규칙과 규율, 본능적인 것에서 이성적인 것으로의 이행, 미래에 대한 예측, 높은 수준의 문화를 전제로 한다. 그러나 군중은 이 모든 조건을 절대 실현하지 못한다는 것을 지금까지 변함없이 보여주었다. 군중은 오직 파괴만 하는 자신들의 힘을 이용하여 마치 쇠약한 육체나 사체를 분해하는 세균처럼 활동한다. 어떤 문명의 조직이 너무 오래되어 허약해지면 꼭 군중이 등장하여 이를 무너뜨린다. 바로 그때 군중의 주요한 역할이 드러나며, 당분간은 수數의 철학이 유일한 역사철학으로 보인다.

서양문명도 그렇게 될까? 우리는 그렇게 되지 않을까 하는 걱정을 할 수도 있을 것이다. 하지만 앞으로 어떻게 될지 아직은 알 수가 없다.

어떻게 되든 우리는 체념하고 군중의 지배를 받아야만 할 것이다. 왜냐하면 선견지명이 없는 손들이 군중을 제지할 수도 있을 모든 방벽을 차례로 무너뜨렸기 때문이다.

수많은 사람의 입에 오르내리기 시작한 이 군중에 대해 우리가 아는 것은 거의 없다. 군중과 동떨어져 살아온 심리학자들은 항상 군중을 무시해왔고, 최근 들어 군중에게 관심을 두기는 했지만 그것은 오직 군중이 범할 수도 있는 범죄의 관점에서였을 뿐이었다. 범죄를 저지르는 군중이 존재한다는 데에는 의심의 여지가 없다. 하지만 선행을 하는 군중과 영웅적 행위를 하는 군중, 그리고 다른 많은 군중 역시 존재할 수가 있다. 군중이 저지르는 범죄는 그들의 심리를 구성하는 특별한 경우에 불과하며, 어떤 개인이 저지른 악행만을 기술해서는 그 개인의 정신적 구조를 알 수 없듯이 단순히 군중이 저지른 범죄만 연구해서는 그들의 정신구조를 알아낼 수가 없다.

그러나 사실대로 말하자면, 세계의 모든 지배자와 종교나 제국의 창시자, 온갖 신앙의 사도들, 저명한 정치가들, 그리고 더 작은 범위에서 그냥 소규모 인간집단의 우두머리들은 항상 군중의 영혼에 대해 본능적이지만 확실하게 알고 있는 무의식적 심리학자들이었다. 그들은 군중에 대해 잘 알고 있었기 때문에 너무나 쉽게 지배자가 될 수 있었다.

나폴레옹도 자신이 지배하는 지역에 사는 군중의 심리는 놀라울 만큼 정확히 꿰뚫어보았지만, 인종이 다른 군중의 심리에 대해서는 전혀 모르는 경우가 이따금 있었다. [게다가 나폴레옹의 가장 능란한 조언자들도 그보다 군중심리를 더 잘 이해하지는 못했다. 탈레랑[1]은 나폴레옹과 관련하여 "스페인이 그분의 군대를 해방군으로 맞이할 것이다"라고 썼다. 그러나 실제로 스페인은 나폴레옹의 군대를 사나운 맹수로 취급했다. 스페인 인종의 유전적 본능을 잘 아는 심리학자였다면 그의 군대가 이런 취급을 당할 것이라는 사실을 쉽사리 예견했을 것이다.] 바로 그 같은 이유로 나폴레옹은 스페인으로, 특히 러시아로 원정을 나섰다가 심각한 타격을 입고 얼마 지나지 않아 괴멸당하고 말았다.

오늘날 군중심리학에 관한 지식은 군중을 지배[이것은 매우 어려운 일이 되었다]하기보다는 최소한 군중에게 완전히 지배당하지 않

---

1   Talleyrand-Périgord(1754~1838), 프랑스의 정치가 겸 외교관. 프랑스혁명과 나폴레옹 시대를 거쳐 왕정복고 시대와 루이 필리프 통치 시대에 이르기까지 대사와 외무부장관, 수상 등 고위직을 연임하는 끈질긴 정치적 생명력을 발휘하여 '절름발이 악마'라는 별명으로 불렸다.

기를 원하는 정치가들의 최후 수단이 되고 말았다.

군중심리학에 대해 어느 정도 깊이 있게 연구를 해야만 법과 제도가 얼마만큼 군중에게 작용하는지를, 군중은 자신들에게 강요된 견해가 아닌 다른 어떤 견해를 가지기가 어렵다는 것을, 그리고 순전히 이론적 평등에 기초한 규칙으로 그들을 이끌어나가는 것이 아니라 그들에게 깊은 감동을 불러일으키고 그들을 유혹할 수 있는 것을 찾으면서 그들을 이끌어나가야 한다는 것을 이해하게 된다. 예컨대 어떤 입법자가 새로운 명목의 세금을 군중에게 부과하려고 할 때 그가 과연 이론적으로 가장 타당한 세법을 선택할까? 절대 그렇지 않을 것이다. 실제로는 가장 부당한 세법이 군중에게는 가장 좋은 세법일 수도 있기 때문이다. 만일 그 세법이 가장 이해하기 어려운 동시에 겉보기에 가장 부담이 적어 보인다면 그것은 가장 쉽게 받아들여질 것이다. 그래서 군중은 눈이 튀어나올 만큼 높은 세율의 간접세도 항상 받아들인다. 왜냐하면, 그들이 소비하는 물건의 간접세를 매일같이 겨우 몇 원씩만 내면 되므로 소비를 방해받지도 않고 놀라지도 않기 때문이다. 그러나 간접세를 임금이나 각종 소득에 일괄적으로 부과하는 누진세로 바꾸어 한꺼번에 내도록 하면, 비록 이론상으로는 이 새로운 세제가 다른 세제보다 부담이 열 배나 적다 하더라도 군중은 일치단결하여 항의하고 나설 것이다. 전에는 매일같이 몇 원씩 간접세를 내서 부담스럽게 느껴지지 않았지만, 이제는 꽤 많은 액수를 내야 하는 날에는 그 액수가 엄청나게 느껴지고 몹시 놀라게 되는 것이다. 평소에 한 푼 두 푼 저축을 해둔 사람에게는 이 액수가 별로 안 많게 느껴질 것이다. 하지만 군중에게는 이런 경제적 과정을 예측하고 대비할 능력이 없다.

앞에서 살펴본 예는 가장 단순한 것이다. 이것이 적절한 예라는 것은 쉽게 알 수 있다. 나폴레옹 같은 심리학자는 이 점을 잘 이해하고 있었다. 그러나 군중의 정신 상태에 대해 잘 모르는 입법자들은 그것을 제대로 이해하고 판단할 수가 없다. 인간이 결코 순수이성의 가르침에 따라 행동하지 않는다는 사실을 경험을 통해 충분히 배우지 못했기 때문이다.

군중심리학은 다른 많은 분야에도 적용될 수 있다. 군중심리학은 그것 없이는 전혀 이해되지 못할 수많은 역사적, 경제적 현상을 파악할 수 있는 지식을 제공한다. 나중에 다시 설명하겠지만, 우리 시대의 가장 주목할 만한 역사학자인 텐[2]이 프랑스혁명 당시 발생한 사건들을 거의 이해하지 못했던 것은 그가 군중의 정신 상태를 연구할 생각조차 하지 않았기 때문이다. 그는 박물학자들이 사용하는 기술적記述的 방법론을 지침으로 삼아 복잡다단한 시대를 연구했다. 그러나 박물학자들이 연구해야 하는 현상에 정신적 힘은 거의 나타나지 않는다. 그런데 역사를 움직이는 진정한 원동력은 바로 이 힘이다.

---

2   Hippolyte Adolphe Taine(1828~1893), 프랑스의 철학자이자 역사학자. 그는 역사가 생리학과 마찬가지로 실험의 영역에 속한다고 생각했다. 그러므로 자연과학에 적용하는 원리를 역사에 적용할 수 있어야 한다는 것이다. 그리하여 텐은 역사에 정밀과학의 위치를 부여했다. 1875년에 그는 자신의 계획을《현대프랑스의 기원》이라는 책에 적용했다. "역사학자는 박물학자로서 행동할 수 있게 될 것이다. 나는 꼭 어떤 곤충의 변태를 앞에 둔 것처럼 나의 주제를 앞에 두고 있었다."

그러므로 군중심리학은 실제적 측면만이라도 연구해볼 만한 가치가 있다. 순전한 호기심에 불과할지라도 말이다. 인간의 행동 동기를 알아내는 일은 광물이나 식물의 비밀을 알아내는 일만큼이나 흥미롭다.

군중의 정신 상태를 이해하기 위한 우리의 연구는 잘해봐야 우리가 관찰하고 조사한 것을 간략히 종합하고 간단히 요약하는 수준에 그칠지도 모른다. 어쩌면 이 연구서에서 얻을 것은 두세 가지 암시적인 견해밖에 없을 것이다. 그러므로 다른 연구자들이 앞으로도 이 분야를 계속 연구해주기를 바란다. 지금 우리가 해야 할 일은 아무도 발을 디딘 적 없는 미개척지나 마찬가지인 이 분야에 고랑을 파는 것이다. [앞에서 내가 말했던 것처럼 군중의 심리학적 연구에 몰두했던 몇 명 안 되는 저자들은 군중을 오직 범죄의 관점에서만 검토했다. 본서에서는 이 범죄적 군중이라는 주제에 짧은 장 하나만 할애했으므로 이 특수한 주제에 대해 관심이 있는 독자들은 타르드[3]의 연구와 시겔레[4]가 쓴 《범죄적 군중》이라는 책을 읽어보기 바란다. 이《범죄적 군중》이라는 책에는 저자 개인의 사상은 단 한 줄도 담겨 있지 않고 심리학자들이 이용할 수 있을 만한 사실들이 열거되어 있다. 군중의 범죄성과 도덕성에 대해 내가 내리는 결론은 방금 인용한 두 저자가 내린 결론

3   Jean-Gabriel de Tarde(1843~1904), 프랑스의 법학자, 사회학자, 철학자로 현대범죄학의 초기 사상가 중 한 명이다. 개인의 심리적 성향으로 사회적 행동을 설명하는《모방의 법칙》(1890)이라는 저서로 널리 알려졌다.

4   Scipio Sighele(1868~1913), 이탈리아의 범죄학자이자 인류학자. 브뤼셀자유대학교와 로마, 피사에 있는 대학의 교수를 지냈다.

과는 완전히 다르다.

내가 쓴 《사회주의 심리학》에는 군중심리를 지배하는 법칙의 몇 가지 결과가 나와 있다. 이 법칙들은 매우 다양한 주제에 적용된다. 브뤼셀왕립예술학교의 A. 즈바에르 교장은 최근에 그가 매우 적절하게 '군중 예술'이라고 이름 붙인 음악 연구에 우리가 방금 얘기한 법칙들을 적절하게 적용했다. 탁월한 실력을 갖춘 이 교수는 자신의 논문집을 내게 보내면서 다음과 같이 써 보냈다. "귀하가 쓴 두 권의 책 덕분에 저는 도저히 해결할 수 없을 것으로 생각했던 한 가지 문제를 해결할 수 있었습니다. 즉 최근에 만들어진 것이건 아니면 옛날에 만들어진 것이건, 자기 나라 것이건 아니면 외국 것이건, 간단하건 아니면 복잡하건 간에 군중이 어떤 음악을 놀랍도록 잘 느낄 수 있는 능력이 있다는 것입니다. 그 음악이 열정적인 지휘자가 이끄는 연주자들에 의해 훌륭하게 연주되기만 한다면 말이지요." 즈바에르 교장은 왜 "아무도 없는 사무실에서 악보를 읽는 숙달된 음악가가 여전히 이해하지 못하는 작품을 일체의 기술적 문화에 생소한 청중이 단번에 이해하는지" 그 이유를 놀랍도록 잘 보여준다. 또한 그는 왜 이 미학적 느낌이 아무 흔적도 안 남기는지를 완벽하게 보여준다.]

1. 군중의 일반적 특성

군중의 정신적 일체성이 갖는 심리 법칙

심리학적 관점에서 군중을 구성하는 것 — 많은 개인이 결합한다고 해서 군중이 형성되는 것은 아니다 — 심리적 군중의 특징 — 군중을 구성하는 개인에게 나타나는 사상과 감정의 고정 현상. 군중이 가진 개성의 소멸 — 군중은 항상 무의식에 지배당한다 — 정신적 생활의 종말과 육체적 생활의 우위 — 지능의 저하와 감정의 완전한 변화 — 변화된 감정은 군중을 구성하는 개인의 감정보다 더 낫거나 나쁠 수 있다 — 군중은 또한 쉽게 영웅이 될 수도 있고 범죄자가 될 수도 있다

'군중'이라는 단어는 일반적으로 국적과 직업, 성별을 불문하고, 또한 그들이 어떤 우연한 계기로 모였든지 상관없이 어떤 개인들의 집합을 의미한다.

심리적 관점에서 보면 '군중'이라는 표현은 전혀 다른 의미를 띤다. 어떤 일정한 여건에서, 그리고 오직 이런 여건에서만 인간들의 집합체는 이 집합체를 구성하는 개인들의 특성과는 크게 다른 새

로운 특성이 있다. 의식을 가진 개성은 자취를 감추고, 그 집합체를 이루는 모든 단위의 감정과 생각은 같은 방향으로 향한다. 의심의 여지 없이 일시적이지만 대단히 명확한 특징을 드러내는 집단적 정신 상태가 형성된다. 나는 더 나은 표현을 찾아내지 못했으므로 이 집단을 '조직된 군중'이라고 혹은 '심리적 군중'이라고 부를 것이다. 그런 군중은 단일 존재를 형성하며, 군중의 정신적 단일성이라는 법칙에 따른다.

수많은 개인이 우연히 한자리에 모여 있다는 오직 한 가지 사실로만, 조직된 군중의 특성을 획득하지 않는다는 것은 분명한 사실이다. 아무 목적 없이 우연히 광장에 모인 수많은 개인은 심리적 관점에서 볼 때 결코 군중을 구성하지 못한다. 그들이 군중의 특성을 획득하려면 반드시 어떤 자극제의 영향을 받아야 하며, 우리는 그 자극제가 어떤 성격을 갖는지를 결정해야 할 것이다.

의식을 가진 개성이 사라지고 감정과 생각이 어떤 한 방향으로 향하는 것은 조직된 군중의 제1차 특성이지만, 그렇다고 해서 항상 여러 개인이 같은 장소에 동시에 존재한다는 것을 의미하지는 않는다. 수천 명의 고립된 개인이 특정한 순간에 어떤 격렬한 감정에 휩싸여[예를 들면 국가적 차원의 중대 사건이 났을 때] 심리적 군중의 특성을 획득할 수 있다. 그때 어떤 우연이 그들을 결합하기만 하면 그들의 행위는 즉시 군중 행위의 특성을 띤다. 대여섯 명만 모여도 심리적 군중이 조직될 때가 있는 반면 몇백 명이 우연히 모였는데도 구성되지 않을 때가 있다. 다른 한편으로 어떤 국민이 평소에는 눈에 띄는 집합체를 형성하지 않지만 어떤 영향을 받아 군중으로 변할 수도 있다.

심리적 군중은 일단 구성되기만 하면 일시적이지만 결정적인 힘을 지닌 일반적 특성을 획득한다. 군중을 구성하며 그들의 정신구조를 변화시킬 수 있는 요소에 따라 변화하는 특성이 이 같은 일반적 특성에 덧붙여진다.

그러므로 심리적 군중은 분류될 수 있다. 그리고 군중을 이렇게 분류하다 보면 우리는 다른 요소로 구성된 이질적 군중이 다소 비슷한 요소로 구성된 동질적 군중[종파와 배타적 폐쇄집단, 계급 등]과 공통된 특성뿐만 아니라 이 두 종류의 군중을 구분하는 공통된 특성도 역시 보여준다는 사실을 알게 될 것이다.

그러나 군중의 다양한 범주를 살펴보기 전에 우리는 우선 그 모든 범주가 공유하는 특성을 먼저 검토해야 할 것이다. 그러기 위해 우리는 박물학자처럼 우선은 어떤 과科에 속하는 개인들이 공유하는 일반적 성격을 묘사한 다음 이 과에 포함되는 속屬과 종種의 차이를 구별하게 해주는 특성을 살펴보는 식으로 해야 할 것이다.

군중의 정신 상태를 정확히 묘사하기는 쉽지 않다. 왜냐하면, 군중의 조직은 민족과 집단의 구성에 따라 다를 뿐만 아니라 이 집단들이 반응하는 자극제의 성격과 정도에 따라서도 달라지기 때문이다. 그러나 이런 어려움은 어떤 개인의 심리를 연구할 때도 역시 나타난다. 평생을 변함없이 일관된 성격으로 살아가는 개인은 소설 같은 데나 등장할 따름이다. 오직 환경의 일률성만이 성격의 명확한 일률성을 만들어낸다.

모든 정신구조는 환경이 갑자기 바뀌는 순간 확연히 표출될 수 있는 성격의 가능성을 내포하고 있다는 것을 나는 다른 곳에서 보여준 바 있다.

그래서 평상시라면 선량한 공증인이나 덕망 높은 행정관이 되었을지도 모르는 온순한 부르주아지들이 가장 극렬한 프랑스 국민공회[1] 의원들 속에 섞여 있었던 것이다. 혁명의 폭풍이 잦아들자 그들은 평화를 사랑하는 부르주아지로서의 정상적인 성격을 되찾았다. 나폴레옹은 이들 가운데서 자기 말을 고분고분하게 잘 듣는 하수인들을 발견했다.

여기서 군중 조직의 모든 단계를 다 연구할 수는 없기 때문에 특

1 프랑스혁명 중 가장 위태로운 시기였던 1792년 9월 20일부터 1795년 10월 26일까지 프랑스를 통치했던 의회. 왕정을 무너뜨린(1792.8.10) 뒤 새 헌법을 만들기 위해 선출된 국민공회는 여러 분야의 전문가와 사업가, 상인 등 749명의 의원으로 구성되었다. 초기 활동으로 왕정을 공식적으로 폐지하고 공화제를 확립했다. 국민공회의 제1기에는 두 혁명분파인 산악당과 지롱드당 사이의 싸움이 계속 되었는데, 산악당은 하층계급에 더 많은 정치권력을 부여하려고 했던 반면 지롱드당은 부르주아 공화제를 원하여 프랑스혁명 과정에서 하층계급 중심인 파리의 세력을 줄이려 했다. 지롱드당은 반혁명 유럽 동맹국들과 전쟁을 일으켰다가 계속 패배하자 신임을 잃었고, 1793년에 일어난 민중봉기로 의회에서 쫓겨났다. 산악당은 제2기 국민공회를 지배했으나 전쟁과 국내 반란에 대응하기 위해 독재권을 갖는 혁명정부 공안위원회가 들어섰다. 그 결과 1793년 6월 24일 국민공회가 승인한 민주헌법은 효력을 발휘하지 못했고, 국민공회는 발의권을 잃어 공안위원회의 제안을 승인하는 정도로 역할이 줄어들었다. 공안위원회의 급진정책에 반대한 국민공회의 많은 의원들은 1794년 7월 27일에 공안위원회의 중심인물인 로베스피에르를 타도했고, 이 테르미도르 반동이 국민공회의 3기였다. 이제 의회의 세력균형은 온건한 평원당 의원들이 유지했고 지롱드당 당원들이 국민공회로 다시 들어오면서 산악당 주요인물들이 쫓겨났다. 1795년 8월 국민공회는 그 뒤를 이을 부르주아 중심의 총재정부(1795~99) 헌법을 승인했다.

히 완전한 조직 단계에 있는 군중을 검토해보겠다. 이렇게 함으로써 우리는 군중의 현재 모습이 아니라 그들이 어떻게 변화할 수 있는지를 보게 될 것이다. 오직 이렇게 진행된 조직 단계에서만 몇 가지 새로운 특성이 인종의 변함없고 지배적인 유산에 겹쳐지며, 앞에서도 언급했듯이 집합체의 모든 감정과 생각이 같은 방향으로 향한다. 오직 이때에만 내가 앞에서 군중의 정신적 일체성이라고 부른 것이 표면화되는 것이다.

군중의 심리적 특성 중에는 고립된 개인과 공통된 것으로 보이는 특성이 있지만 정말 특별해서 오직 집단에서만 찾아볼 수 있는 특성도 있다. 우리가 우선 그것의 중요성을 보여주기 위해 먼저 연구해야 할 것은 바로 이 두 번째 특성이다.

심리적 군중이 보여주는 가장 괄목할 만한 사실은 다음과 같다. 즉 심리적 군중을 구성하는 개인들이 누구든지 간에, 그리고 그들의 생활방식이라든가 직업, 성격 혹은 지능이 비슷하든 비슷하지 않든 간에 상관없이 그들은 자신들이 개인적으로 고립되어 있을 때 느끼고 생각하고 행동하는 것과는 아주 다른 식으로 느끼고 생각하고 행동하게 하는 일종의 집단적 정신 상태를 갖게 된다는 것이다. 오직 군중을 형성한 개인들의 경우에만 나타나거나 행동으로 옮겨지는 생각이나 감정이 있다. 심리적 군중은 일시적인 존재로서, 마치 어떤 생명체를 구성하는 세포들이 결합에 의해 각자가 가지고 있는 것과는 매우 다른 특성을 드러내는 새로운 생명체를 형성하는 것처럼 잠시 동안 결합한 이질적 요소들로 이루어진다.

허버트 스펜서[2]처럼 통찰력을 가진 철학자가 피력한 놀라운 견해와는 반대로, 군중을 구성하는 집합체에는 요소들의 합과 평균이 전혀 존재하지 않는다. 여러 구성요소를 한마디로 요약하거나 확실한 하나의 기준으로 설정할 만한 성질이 존재하지 않는 것이다. 비유적으로 말하자면, 마치 화학에서 예를 들어 염기성물질과 산성물질 같은 어떤 성분을 합성하면 그것을 구성하는 데 쓰인 물질과는 매우 다른 성질을 지닌 새로운 물질이 생기는 것처럼 결합과 새로운 특성의 창조가 이루어질 뿐이다.

군중을 이룬 개인이 고립된 개인과 얼마나 다른지를 증명하기는 쉽다. 그러나 그런 차이를 만들어내는 원인을 알아내는 것은 그보다 덜 쉽다.

그 원인을 조금이라도 파악하려면 현대 심리학이 확인한 사실을, 즉 무의식적 현상들은 단지 유기체의 생활뿐만 아니라 지력의 활동에서도 우세한 역할을 해낸다는 사실을 가장 먼저 상기해야 할 것이다. 정신의 의식적 생활은 그것의 무의식적 생활에 비하면 매우 작은 부분을 차지할 뿐이다. 상당히 치밀한 분석가나 매우 날

2 Herbert Spencer(1820~1903), 영국 출신의 사회학자, 철학자. 오귀스트 콩트의 체계에 필적할 대규모의 종합사회학 체계를 세워 영국 사회학의 창시자가 되었다. 더비에서 출생하여 철도 기사와 경제신문 기자를 지냈다. 일찍이 자연과학에 흥미가 있었던 그는 진화 철학을 주장하고 진화가 우주의 원리라고 생각하여 인간이 살아가는 사회에서도 강한 자만이 살 수 있다는 '적자생존설'을 믿었으며 '사회 유기체설'을 주장했다. 그의 진화론에 관한 이해는 오해된 부분이 많았고 또한 인문사회과학 분야에서 이러한 '진화론'적 입장은 더는 지지되지 못하고 있지만, 당시에 그의 영향력은 대단했다. 저서로《제1원리》와《생물학 원리》,《심리학 원리》등이 있다.

카로운 관찰자도 자신의 행동을 이끌어나가는 무의식적 동기를 겨우 몇 가지밖에 발견하지 못한다. 우리의 의식적 행위는 주로 유전의 영향을 받아 형성된 무의식의 기층基層에서 유래한다. 이 기층은 여러 세대를 거쳐 유전되어 한 인종의 영혼을 구성하는 무수한 잔류물을 포함하고 있다. 우리 행위가 가진 명백한 원인의 배후에는 우리가 공언하지 못하는 비밀스러운 원인이 분명히 존재하고 있으며, 이처럼 비밀스러운 원인의 배후에는 더 비밀스러운[우리가 모르기 때문에] 원인이 또 자리 잡고 있다. 우리의 일상적인 행동은 대부분 우리가 이해하지 못하는 감추어진 원인의 결과이다.

특히 어떤 인종의 정신 상태를 구성하는 무의식적 요소들 때문에 이 인종에 속하는 모든 개인이 흡사한 것이며, 그들이 차이를 보이는 것은 교육의 결과인 의식적 요소들과 특히 특별한 유전 때문이다. 지적으로 매우 큰 차이를 보이는 사람들도 거의 비슷한 본능과 정념, 감정을 가질 수 있다. 종교와 정치, 도덕, 애정, 혐오감 등 감정의 소재를 이루는 모든 것에서, 유능한 인간이 평범한 개인의 수준을 넘어서는 일은 매우 드물다. 지적 관점에서 보면 위대한 수학자와 그가 신을 장화를 만드는 사람 간에는 깊은 심연이 존재할 수 있겠지만, 성격의 관점에서 보면 두 사람의 차이는 대단히 미미하거나 아예 존재하지 않을 수도 있다.

그런데 어떤 한 인종에 속하는 정상적인 개인들 대부분은 무의식의 지배를 받는 이런 성격상 특징을 거의 동등한 정도로 가지고 있으며, 군중은 이 성격상 특징을 공유하게 된다. 각 개인의 지적 능력, 즉 그들의 개체성은 집단의 정신 상태 속에서 사라진다. 이질성은 동질성 속에 섞이고 무의식적 자질들이 우위를 차지한다.

군중이 이처럼 일반적인 자질을 공유한다는 사실이야말로 왜 그들이 높은 지능을 필요로 하는 행위를 결코 하지 못하는지 그 이유를 설명해준다. 탁월한 능력을 갖추고 있지만 하는 일이 서로 다른 사람들이 모여 내린 일반적인 관심사들에 관한 결정이 저능한 사람들의 집단이 내리는 결정보다 눈에 띄게 우월하지는 않다. 실제로 그런 우수한 사람들은 모든 사람이 가지고 있는 평범한 자질밖에는 공유할 수가 없다. 군중에게 축적되는 것은 어리석음이지 지적 능력이 아니다. "이 세상 모든 사람의 지혜를 다 합쳐도 볼테르[3]의 지혜보다 못하다"라는 말을 자주 들을 수가 있는데, 여기서 '세상 모든 사람'을 군중이라고 이해한다면 볼테르의 지혜는 분명히 이 세상 모든 사람의 지혜보다 더 나을 것이다.

그러나 군중을 이룬 개인이 그들 각자가 자기 몫을 가지고 있는 평범한 성질을 공유하는 것으로 그친다면, 그냥 중간 수준만 있을 뿐 우리가 이미 말했던 것처럼 새로운 특성이 창조되는 일은 없을 것이다. 그렇다면 이 새로운 특성들은 어떻게 생겨날까? 지금부터 우리는 바로 이 점에 관해 연구해야 한다.

---

3 Voltaire(1694~1778), 널리 알려진 프랑스의 대표적 계몽주의 작가. 오늘날까지 읽히는 그의 작품은 소수에 불과하지만, 18세기 유럽의 전제 정치와 종교적 맹신에 저항하고 진보의 이상을 고취한 인물로 아직도 세계적인 명성을 누리고 있다. 고전주의 말기에서 프랑스혁명기 직전에 이르는 생애를 통하여 비판 능력과 재치 및 풍자 같은 프랑스 정서 특유의 자질들을 구현한 작품과 활동으로 유럽 문명의 진로에 상당한 영향을 끼쳤다. 저서로는 《캉디드》와 《철학사전》 등 다수가 있다.

고립된 개인은 갖지 못하고 오직 군중만이 획득할 수 있는 이 고유한 특성들은 여러 가지 원인에 의해 결정된다. 첫째 원인은 군중을 이룬 개인이 단지 군중의 숫자가 많다는 사실 한 가지만으로 자기가 무소불위의 힘을 가졌다고 생각한다는 것인데, 이 무적의 힘은 개인이 혼자 있을 때는 억누를 수밖에 없는 본능을 추구하도록 해준다. 개인은 군중이 익명이 되고 그 결과 무책임해져 항상 개인을 제지하는 책임감이 조금씩 사라져버리면 버릴수록 본능을 점점 덜 억제하게 될 것이다.

둘째 원인인 감염은 군중에게 고유한 특성이 나타나는 동시에 방향을 잡는 것을 결정하기 위해 개입한다. 감염은 확인하기는 쉬우나 설명되지는 않은 현상으로서, 이 감염 현상은 우리가 잠시 후에 연구하게 될 최면 현상과 결부되어야 할 것이다. 일체의 감정과 행위는 군중 사이에서 쉽게 전파되는데, 개인이 집단의 이익을 위해 자신의 개인적 이익을 아주 쉽게 희생할 정도다. 그것은 개인의 본성과는 완전히 상반되는 능력으로서, 이 능력은 개인이 군중의 일부를 이루지 않을 때는 거의 발휘될 수가 없다.

단연코 가장 중요한 세 번째 원인은 군중을 이룬 개인에게서 나타나는 특성[고립된 개인의 특성과는 매우 다른]을 결정짓는다. 나는 피被암시성에 대해 말하고자 하는데, 이것은 내가 앞에서 언급한 감염의 효과에 불과하다.

이런 현상을 이해하려면 생리학 분야에서 최근에 이루어진 몇 가지 발견을 기억하고 있어야 한다. 오늘날 우리는 한 개인이 여러 과정을 거쳐 그 같은 상태에 놓일 수 있다는 것을, 의식하는 개성을 송두리째 잃어버린 채 개성을 박탈한 조작자의 모든 암시에 순종하고 자신의 본래 성격이나 습관과는 아주 다른 행동을 한다는 사실을 알고 있다. 그런데 매우 신중한 관찰의 결과, 행동하는 군중 속으로 뛰어든 개인이 얼마 지나지 않아 군중이 발산하는 활기라든지 우리가 알지 못하는 전혀 다른 원인에 이끌려 어떤 특별한 상태[최면에 걸린 개인이 최면을 건 사람의 손에서 놀아나는 매혹의 상태와 매우 흡사한]에 빠져든다는 사실이 드러났다. 최면에 걸린 사람의 경우 뇌가 마비되기 때문에 그의 척수[최면을 거는 사람이 마음대로 조종할 수 있는]가 벌이는 무의식적 활동의 노예가 되고 만다. 의식하는 개성은 완전히 소멸되고, 의지와 분별력도 상실되고 만다. 모든 감정과 생각은 최면을 건 사람이 결정한 방향으로 향한다.

심리적 군중에 속한 개인의 상태가 이와 흡사하다. 이런 상태의 개인은 자신의 행동을 더는 의식하지 못한다. 최면에 걸린 사람처럼 그의 어떤 능력들은 파괴되지만, 동시에 또 다른 능력은 극도로 고양될 수 있다. 그는 암시의 영향을 받아 저항할 수 없을 만큼 격렬한 충동에 휩싸여 어떤 행위를 하게 될 것이다. 이런 충동은 최면에 걸린 사람보다는 군중 사이에서 더욱 강력한 위력을 발휘한다. 왜냐하면, 모든 개인에게 똑같이 작용하는 암시가 상호적인 것이 되면서 한층 더 강력해지기 때문이다. 그런 암시에 충분히 저항할 수 있을 만큼 강한 개성을 소유한 개인들은 숫자가 너무 적어서 그런 흐름에 맞서 싸울 수가 없다. 기껏해야 다른 암시를 통해 군중의 관심을 다른 곳으로 돌리기 위한 시도밖에는 하지 못할 것이다. 그런 시도의 하나로, 예컨대 적당한 말이나 적절하게 환기된 이미지[4]가 군중이 최악의 유혈사태를 초래할 수 있는 행동을 하지 못하게 관심을 다른 데로 돌려놓은 경우도 이따금 있었다.

그러므로 의식하는 개성의 소멸, 의식하지 못하는 개성의 우위, 암시와 감염을 통해 감정과 생각을 한 방향으로 인도, 암시된 생각을 즉시 행동으로 옮기는 경향, 바로 이런 것들이 군중을 형성하는 개인의 주요한 특징이다. 그런 개인은 이제 더는 그 자신이 아니다. 자기 의지대로 움직이지 못하는 자동인형이 되어버린 것이다.

그러므로 개인은 조직된 군중의 일부라는 사실만으로도 문명의 사다리를 몇 단계나 내려간다. 고립되어 있었다면 교양 있는 개인으로 남을 수 있었던 개인도 군중이 되면 야만인이 되어버리고 만다. 즉 본능에 따라 행동하는 인간으로 전락하고 마는 것이다. 그런 개인은 무의식성과 폭력성, 잔인성을 지녔을 뿐만 아니라 원시적인 존재처럼 열광하며 때로는 영웅적 행위를 하기도 한다. 그는 말과 이미지[군중을 구성하는 고립된 개인 각자에게는 전혀 아무 영향도 미치지 못하는]에 쉽게 감동하는가 하면 자신의 가장 확실한 이익이나 가장 익숙한 습관과 상반되는 행동도 쉽사리 하는 등 원시인에 가까워지는 경향을 보인다. 그래서 군중을 이루는 개인은 바람이 불 때마다 이리저리 몰려다니는 모래들 가운데의 모래 한 알이나 다름없다.

---

4   르 봉은 이 책에서 '이미지'를 군중이나 개인의 상상력에 작용하여 비현실적인 것 (허상, 허구, 가상, 공상, 망상 등)을 현실적인 것(사실, 실상, 실물, 실제 등)과 혼동하게 하는 상상력의 산물이나 매체(심상, 연극, 영상, 사진, 공연 등)를 의미하는 용어로 사용한다.

그래서 법정의 배심원단은 개인적으로는 찬성하지 않을 평결을 내리고, 국회의원들도 개인적으로는 반대할 법안이나 정책을 채택한다. 국민공회 의원들은 개별적으로는 온순한 습성을 지닌 부르주아지들이었다. 그러나 일단 모여 군중이 되자 가혹하기 짝이 없는 법안들도 서슴없이 지지했고, 누가 봐도 결백한 개인을 가차없이 단두대에 세웠으며, 자신의 이익에 어긋나는 것도 아랑곳하지 않고 자신들의 면책특권을 포기하는가 하면 자신들에게도 10분의 1세를 부과했다.

군중을 이룬 개인을 그 자신과 본질적으로 다르게 만드는 것이 단지 그의 행동만은 아니다. 그가 자신의 독자성을 완전히 상실하기 전부터 이미 그의 사상과 감정도 변화를 겪는데, 이 같은 변화는 매우 철저히 이루어져 구두쇠가 낭비가로, 회의론자가 신앙인으로, 정직한 사람이 범죄자로, 겁쟁이가 영웅으로 변한다. 저 유명한 1789년 8월 4일 밤[5] 열광의 도가니에 휩싸여 자신들의 특권을 모두 포기하는 데 동의했던 프랑스 귀족들도 만일 군중이 아닌 개인을 상대했었다면 절대 그런 제안을 받아들이지 않았을 것이다.

지금까지 살펴본 결과, 군중은 고립된 개인보다 지적으로 항상 열등하지만, 감정과 이 감정이 촉발하는 행동의 관점에서 보면 상황에 따라 개인보다 더 우수할 수도 있고 열등할 수도 있다는 결론이 나온다. 이 모든 것은 군중이 어떤 식으로 암시받느냐에 따라 달

---

5 이날 밤에 프랑스 국민의회는 봉기한 농민들을 진정시키기 위해 봉건체제와 10분의 1세를 폐지한다는 법령을 공포했다.

라진다. 군중을 범죄의 관점에서만 연구해온 작가들은 이 사실을 전혀 알지 못했다. 군중이 흔히 범죄를 저지른다는 거야 의심의 여지가 없는 사실이지만, 그들은 또한 흔히 영웅적인 행위를 하기도 한다. 어떤 신앙이나 사상의 승리를 위해 죽음조차 불사한 것도 군중이었고, 명예와 영광에 열광한 것도 군중이었으며, 십자군 원정 때 그랬던 것처럼 이교도들로부터 신의 무덤을 지키기 위해 혹은 1793년에 그랬던 것처럼[6] 조국을 수호하기 위해 식량이나 무기 없이 싸운 것도 역시 군중이었다.

이는 다소 무의식적으로 이루어진 영웅적 행동이었지만, 역사는 바로 그런 영웅적 행동들로 이루어진다. 그래서 만일 사람들이 냉철하게 생각해보고 나서 위대한 행동을 했다면 극소수만 세계의 연대기에 기록되었을 것이다.

---

[6] 프랑스를 지배하던 국민공회는 1793년 1월 루이 16세를 처형하고 영국과 네덜란드, 스페인에 선전포고를 했다.

2.   군중의 감정과 도덕성

• 군중의 충동성, 가변성, 과민성 — 군중은 모든 외부 자극의 노
리개이며 자극의 끊임없는 변화를 반영한다 — 군중이 따르는 충
동은 개인의 이해가 고려될 수 없을 정도로 매우 강압적이다 —
군중은 아무것도 미리 계획하지 않는다 — 인종의 작용

• 군중의 피암시성과 맹신 — 군중의 암시에 대한 복종 — 군중
은 자신의 정신에 환기된 이미지를 현실로 간주한다 — 왜 이 이
미지들은 군중을 구성하는 모든 개인에게 똑같아 보이는가? —
군중 속에서는 학자와 백치가 똑같아진다 — 군중을 이루는 모든
개인이 사로잡히는 환상의 여러 가지 예들 — 군중의 증언은 일절
신뢰할 수 없다. 수많은 증인의 증언 일치는 어떤 사실을 조작해
내기 위해 내세울 수 있는 최악의 증거 중 하나다 — 역사책의 보
잘것없는 가치

• 군중이 품는 감정의 과장과 단순화 — 군중은 의심도 품지 않고
불확실성도 모른다. 그들은 언제나 극단적인 행동으로만 나아간
다 — 그들의 감정은 항상 과장되어 있다

- 군중의 비관용과 권위주의, 보수주의 — 이 같은 감정의 원인 — 강력한 권위 앞에서 군중이 발휘하는 노예근성 — 군중은 혁명에 대한 본능을 일시적으로 발휘하기도 하지만 그럼에도 극도로 보수적이다 — 군중은 본능적으로 변화와 발전에 반대한다
- 군중의 도덕성 — 군중의 도덕성은 어떤 암시를 받느냐에 따라 이를 구성하는 개인의 도덕성보다 훨씬 더 낮을 수도 있고 훨씬 더 높을 수도 있다 — 설명과 실례. 대부분은 고립된 개인이 행동하게 하는 유일한 동기인 이해관계가 군중을 이끌어나가는 일은 거의 없다 — 군중의 교화적 역할

군중의 주요한 특성을 매우 개략적으로 보여주었으니 이제는 더 상세히 살펴보는 일이 남았다.

우리는 군중의 특성 가운데 충동성이라든가 과민성, 추론 능력 결핍, 판단력과 비판정신의 부재, 감정 과잉 등의 특성이 있고, 또한 여성이라든지 미개인, 어린이같이 열등한 진화 유형에 속하는 인간을 관찰해도 역시 발견되는 또 다른 특성도 있다는 사실에 주목할 것이다. 그러나 나는 이런 특성을 지나가는 길에 그냥 유추를 통해 보여주기만 할 것이다. 이 책에서는 그 특성을 논증할 수 없기 때문이다. 그 같은 논증은 원시인의 심리에 대해 잘 알고 있는 사람들에게는 쓸모없을 것이며, 그들의 심리를 잘 모르는 사람들에게 역시 설득력을 발휘하기 힘들 것이기 때문이다.

그러면 지금부터 대부분의 군중에게서 관찰할 수 있는 여러 가지 특성을 하나씩 살펴보기로 하겠다.

군중의 충동성, 변덕스러움, 과민성

군중의 기본 특성을 연구하면서 우리는 군중이 거의 무의식으로 인도된다고 말했다. 군중의 행동은 두뇌의 영향보다는 척수신경의 영향을 훨씬 많이 받는다. 군중은 그 점에서 완전히 원시적 존재에 가까워진다. 실행된 행동은 실현이라는 측면에서는 완벽할 수 있지만, 뇌가 그런 행동을 이끌어가지 않기 때문에 개인은 자극의 우연에 따라 행동한다. 군중은 외부에서 가해지는 모든 자극의 노리개이며, 끊임없이 등장하는 자극의 변이를 반영한다. 그래서 군중은 충동의 노예다. 고립된 개인도 군중을 이룬 개인이 반응하는 것과 똑같은 자극에 반응할 수 있다. 그러나 그의 뇌가 그 같은 자극에 반응하는 데 따른 위험을 그에게 보여주기 때문에 그는 그 자극에 반응하지 않는다. 이 사실을 생리학적으로 표현하자면, 고립된 개인은 자신의 반사적 행동을 자제할 능력을 가졌지만 군중은 그런 능력을 갖추지 못했다.

군중이 따르는 이 여러 가지 충동은 자극에 따라 관대하거나 잔인해질 수도 있고 영웅적이거나 비겁해질 수도 있다. 그러나 그 충동들은 항상 지나치게 강압적이어서 개인의 이해관계나 자기보존에 관한 관심도 그 충동을 이겨내지는 못할 것이다. 군중에게 영향을 미칠 수 있는 자극은 매우 다양하며, 군중은 항상 그 자극에 반응하기 때문에 매우 변덕스러워진다. 그래서 우리는 피비린내가 풍길 만큼 잔혹하고 냉혹하게 행동하던 군중이 어느새 너무나 관대하고 영웅적으로 행동하는 모습을 보게 되는 것이다. 군중은 전혀 아무 망설임 없이 사형집행인이 되기도 하지만, 또 그만큼이나 쉽게 순교자가 되기도 한다. 일체의 신념이 승리를 거두기 위해 흘려야 하는 엄청난 양의 피도 바로 군중의 가슴에서 흘러나온다. 군중이 신조를 지키기 위해 어떤 행동을 할 수 있는지를 확인하기 위해 굳이 고대의 영웅시대까지 거슬러 올라갈 필요도 없다. 그들은 봉기를 일으키면 절대 자신의 목숨을 아끼지 않는다. 불과 얼마 전에 갑자기 인기를 끌었던 한 장군[7]은 만일 그가 자신이 내세운 대의를 위해 목숨을 바치라고 요구했다면 기꺼이 그렇게 하겠다고 나서는 사람을 십만 명 정도는 쉽게 모을 수 있었을 것이다.

그러므로 군중은 무슨 일이 되었든지 간에 미리 계획할 줄을 모른다. 그들은 극도로 상반된 감정을 연속적으로 느낄 수가 있다. 그러나 그들은 항상 그 순간에 받는 자극의 영향하에 놓일 것이다. 그들은 꼭 거센 바람이 불면 어지럽게 날아올라 사방으로 흩어졌다가 다시 땅으로 떨어지는 낙엽과도 같다. 나중에 몇몇 혁명 군중을 살펴보면서 그들의 감정이 얼마나 쉽게 변하는지 그 예를 몇 가지 보여줄 것이다.

군중이 이렇게 변덕스럽기 때문에 그들을 다스리는 일은 매우

---

7   불랑제(Boulanger, 1837~1891) 장군을 말한다. 1886년에 전쟁부 장관을 지냈으며, 불랑지즘이라고 이름 붙여진 운동으로 프랑스를 크게 뒤흔들어놓았다. 그는 프랑스판 나치즘이라 할 수 있는 불랑지즘을 선동하여 정권을 장악하려 했으며, 프로이센과의 전쟁에서 패한 프랑스가 독일에 설욕해야 한다고 주장함으로써 제3공화국을 붕괴 직전까지 몰아갔다. 1889년 반역혐의로 추방되고 나서 1891년 먼저 세상을 떠난 연인 드 본맹 부인의 무덤 앞에서 권총으로 자살했다.

어려운데, 그들이 공권력 일부를 장악했을 때 특히 그렇다. 일상생활에 꼭 필요한 것이 일종의 눈에 안 보이는 조절장치 역할을 하지 않는다면 민주주의는 여간해서 지속되지 못할 것이다. 군중은 무엇인가를 열렬히 원한다. 그렇지만 그 무엇인가를 오랫동안 원하지는 않는다. 끈질긴 의지를 발휘하지도 못하고, 지속해서 사고할 수 있는 능력도 갖추지 못했기 때문이다.

군중이 충동적이고 변덕스럽기만 한 것은 아니다. 야만인처럼 군중도 자신들의 욕망과 그 욕망의 실현 사이에 무엇인가가 개입할 수 있다는 사실을 인정하지 않는다. 인원이 많으면 그 누구도 저항할 수 없는 힘을 가진다는 느낌이 들기 때문에 더더욱 그 같은 사실을 인정하지 못하는 것이다. 군중을 이룬 개인의 머릿속에서는 불가능성이라는 개념이 사라진다. 고립된 개인은 자기 혼자서는 저택에 불을 지르거나 상점을 약탈할 수 없으리라는 것을 잘 느끼며, 설사 그렇게 하고 싶은 유혹을 느낀다 하더라도 쉽사리 유혹을 이겨낼 수 있을 것이다. 그러나 군중의 일원이 된 개인은 많은 인원수가 자신에게 부여하는 힘을 의식하며, 누군가로부터 살인이나 약탈을 암시받기만 하면 즉시 유혹에 넘어간다. 그는 뜻밖에 나타난 장애물도 미친 듯이 때려 부술 것이다. 만일 인간의 신체구조가 격한 감정 상태를 영원히 지속할 수 있도록 허용한다면, 억눌린 욕망을 가진 군중의 정상적인 상태는 바로 이 격한 감정 상태라고 말해도 될 것이다.

인종의 기본적 특성[우리의 모든 감정이 싹을 틔우는 불변의 토양이라고 할 수 있을]은 군중의 과민성이라든가 충동성, 변덕스러움 등 우리가 앞으로 연구해야 할 군중의 모든 감정에 개입한다. 모든 군중은 언제나 의심할 나위 없이 과민하게 반응하고 충동적으로 행동하지만, 그 정도는 매우 다르다. 예를 들어 라틴계 군중과 앵글로색슨계 군중의 차이는 확연하다. 라틴계에 속하는 프랑스에서 최근에 발생한 역사적 사건을 조명해보면 이 점에 대해 확실히 알 수가 있다. 25년 전 한 대사가 모욕적인 행동을 했다는 대단찮은 내용의 전보가 널리 알려지자 군중의 분노가 폭발하여 즉시 가공할 전쟁[8]이

8 프로이센-프랑스 전쟁을 말한다. 스페인의 왕위 계승 문제가 전쟁 발발의 중요한 원인이었다. 1868년 스페인에서 혁명이 일어나 부르봉 왕가는 쫓겨났고 혁명 지도자들은 프로이센 빌헬름 1세 국왕의 사촌인 레오폴드 공에게 왕위에 오를 것을 제안했다. 그러나 레오폴드 공은 이를 거부했다. 비스마르크는 이 얘기를 듣자 전쟁을 일으킬 좋은 구실이 될 수 있다고 생각하여 스페인에 특사를 파견했다. 빌헬름 1세는 반대했지만, 비스마르크는 1870년 6월 21일에 빌헬름 1세가 왕위 등극을 수락했다고 발표해버렸다. 프랑스는 이에 반발하여 프로이센 사람의 스페인 왕위 계승을 철회하라는 문서를 보냈다. 7월 12일 빌헬름 1세는 비스마르크의 반대를 무릅쓰고 왕위 계승을 철회하기로 했다. 결국 레오폴드 공은 스페인 왕이 되지 못했고, 대신 1871년에 혁명가 아메데오 1세가 스페인 국왕으로 선출되었다. 또한 엠스 전보 사건도 중요한 원인이었다. 전쟁 선포 전인 1870년 7월 7일에 베네데티 프랑스 대사가 빌헬름 1세의 휴양지인 엠스에 나타나 그에게 이런 일의 재발 방지를 확실히 보장해달라고 요구했다. 빌헬름 1세는 그런 일에 관심 없다며 사실상 거절했다. 나폴레옹 3세는 평화와 프로이센의 항복을 바랐지만, 프랑스 극우파는 빌헬름 1세의 확실한 보장을 요구하며 구체적으로 행동해줄 것을 요구했다. 또한, 당시 나폴레옹 3세는 멕시코 공략에 힘을 기울이고 있었다. 이 시기부터 스페인 왕위 계승 문제보다는 빌헬름 1세의 '철회 보장'이 핵심 이슈가 되었다. 프랑스 극우파 대표격인 그라몽은 서면 보장을 요구하면서 협상 기한을 7월 12일로 정해 최후통첩을 했다. 또한, 빌헬름 1세는 레오폴드의 스페인 왕위 수락을 공식적으로 취소했다. 다음 날인 7월 13일, 베네딕트와 빌헬름 1세가 우연히 회동하는데, 비스마르크가 그 내용을 왜곡하여 영국 신문에 공개했다. 비스마르크는 빌헬름 1세의 스페인 왕위 계승에 대한 철회 문서의 내용을 변경했다. 1870년 7월 14일, 비스마르크가

벌어졌다. 또한, 몇 년 후 랑손[9]에서 프랑스 군이 소규모 전투에서 패했음을 알리는 전보 내용이 널리 알려지면서 군중이 또다시 분노를 폭발시키는 바람에 정부가 순식간에 전복되고 말았다. 그러나 같은 시기에 영국의 원정군이 카르툼[10]에서 훨씬 더 심각한 피해를 당하고 있다는 소식이 들려왔지만, 영국 군중은 약간 술렁이기만 했을 뿐 정부를 전복시키지는 않았다. 군중은 여성적이지만, 그중에서도 라틴계 군중은 더한층 여성적이다. 그들을 믿는 사람들은

조작한 내용이 신문에 실렸고, 그걸 본 나폴레옹 3세는 분노했고, 프랑스 정부는 프로이센에 전쟁을 선포했다. 7월 25일 자《런던타임스》에는 베네딕트가 벨기에 병합을 거론한 문서가 공개되었는데, 이 또한 비스마르크가 흘린 것이다. 나폴레옹 3세는 이를 보고 비스마르크가 전쟁을 원한다는 것을 알게 되었다. 영국은 프랑스 및 프로이센과 서둘러 벨기에의 중립을 보장한다는 조약을 체결했다. 그러자 프로이센의 국민 여론이 비등하면서 프랑스에 대한 강경론으로 기울었다. 그 결과 프랑스에서도 프로이센을 상대로 전쟁을 벌이자는 여론이 우세해짐으로써 프랑스-프로이센 전쟁이 발발했다.

9 Langson, 베트남 하노이에서 북동쪽으로 140킬로미터 떨어진 곳에 있는 도시. 일찍이 베트남 국경지방의 상업중심지로 발달한 이 도시는 한때 프랑스 군대에게 점령당하기도 했다. 이후 여러 차례에 걸쳐 중국의 베트남 침입군이 이곳을 통과했으며, 베트남전쟁 때는 원조물자 수송기지로서도 중요한 역할을 했다.

10 Khartoum, 수단의 백나일강과 청나일강의 합류점 남안에 있는 도시. 1824년 이집트의 요새로 건설되어 마흐디 반란으로 파괴된 것을 1898년부터 영국이 재건한 후 정치와 경제, 문화의 중심지가 되었다. 장기간의 포위 공격 끝에 1885년 1월 26일 카르툼을 함락시킨 마흐디 반란군은 그곳을 사수하던 영국의 고든 장군을 비롯한 많은 병사들을 살해했다고 한다. 철도와 도로망 및 내륙 항로의 접점을 이루고 국제공항이 있다. 직물류와 고무, 유리가 생산되며, 인쇄업과 식품가공업도 성하다. 1977년에 포트수단을 연결하는 송유관이 완공되었다. 카르툼대학교, 카이로대학교 분교도 있으며 학술 문화도 발달했다. 청나일강과 백나일강이 합류하여 나일강을 이루는 지점에 대통령궁과 정부기관들이 모여 있다. 모래바람이 심해 도시의 모든 건물은 모래 먼지로 뒤덮여 있다.

누구나 할 것 없이 아주 높이, 아주 빨리 올라갈 수 있지만, 언제 어느 때 거기서 굴러떨어질지 모른다는 생각을 하면서 계속 타르페이아 바위절벽[11] 가장자리를 따라가야만 한다.

군중의 피암시성과 맹신

우리는 앞에서 군중에 대한 정의를 내리면서 그들의 일반적인 특성 가운데 하나가 과도한 피암시성이라고 말했고, 또한 암시가 인간 결합체에서 얼마나 잘 감염되는지를 보여주었다. 그러므로 군중의 감정은 정해진 방향으로 급속히 향하는 것이다. 아무리 객관적인 군중이라도 대개는 뭔가 기대를 하고 주의를 기울이기 때문에 암시하기가 쉬워진다. 최초로 주어진 암시는 감염으로 즉각 모든 두뇌에 이식되고, 즉시 방향이 정해진다. 암시를 받은 모든 개인이 그렇듯 일단 두뇌로 진입한 생각은 행동으로 옮겨지려는 경향을 보인다. 그래서 군중은 왕궁에 불을 지르든, 아니면 헌신적인 행위를 하든 늘 쉽게 거기 몰두한다. 모든 것은 암시를 받아 행하는 행위와 그 행위의 실현에 반대할 수 있는 이성의 합슴 사이에 존재하는 관계에 따라 달라지는 것이 아니라 자극의 성격에 따라 달라질 것이다.

---

11 로마의 카피톨리노 언덕 꼭대기 남쪽에 있는 바위절벽. 고대로마 공화정 시대에 이 절벽은 사형선고를 받은 살인범이나 반역자를 그 아래로 떨어뜨려 사형을 집행하는 장소로 사용되었다고 한다.

그리하여 무의식의 경계를 계속 배회하며 모든 암시를 쉽게 받아들이고 일체의 비판능력을 박탈당하여 이성의 영향에 도움을 청하지 못하는 군중은 모든 걸 너무 쉽게 믿어버릴 수밖에 없다. 군중은 거짓말 같은 일은 이 세상에서 일어날 수가 없다고 생각한다. 이점을 명심해야만 도저히 있을 법하지 않은 일이 너무나 쉽게 조작되고 전파되는 이유를 알 수가 있다. [파리가 프러시아의 포위공격을 받는 것[12]을 본 사람들은 군중이 이처럼 전혀 있을 법하지 않은 일에 속아 넘어가는 사례를 무수히 목격했다. 어느 건물 위층에 켜진 촛불을 몇 십 킬로미터나 떨어진 곳에서 본다는 게 애당초 불가능한 일이라는 건 잠깐만 생각해보면 너무나 분명한 사실이었는데도 이것이 파리를 포위한 프러시아군에게 보내는 신호라고 단정 지었던 것이다.]

군중에게 너무나 쉽게 유포되는 전설이 만들어지는 이유가 단지 군중이 그 전설을 무조건 믿어버리기 때문만은 아니다. 군중의 상상력 속에서 사건들이 엄청나게 왜곡되는 것도 그런 전설이 만들어지는 이유 중 하나다. 가장 사소한 사건도 군중이 목격하면 순식간에 큰 사건으로 바뀌어버린다. 군중은 이미지를 통해 생각하며, 일단 머릿속에 떠오른 이미지는 그와는 아무런 논리적 연관성도 없는 다른 이미지를 연이어 상기시킨다. 우리가 어떤 사실을 마음속에 떠올림으로써 이따금 사로잡히는 이상한 관념의 연속을 생각해보면 이런 상태를 쉽게 이해할 수 있을 것이다. 이성은 그렇게 상기

---

12 프랑스와 프로이센 전쟁 중에 1870년 9월부터 휴전협정이 체결된 1871년 1월까지 5개월 동안 파리는 프로이센군에게 포위되어 있었다.

된 이미지들이 일관성이 없다는 것을 우리에게 보여주지만, 군중은 그런 사실을 알지 못한다. 그리고 왜곡시키는 그들의 상상력이 실제로 일어나는 사건에 덧붙이는 것을 실제 사건과 혼동할 것이다. 군중은 주관적인 것과 객관적인 것을 잘 구별하지 못한다. 그들은 자신의 마음속에 떠오른 이미지들을 사실로 받아들이지만, 사실 그 이미지들은 대부분 실제로 관찰된 사실과 별다른 공통점이 없다.

군중은 직접 목격한 사건을 무수히 왜곡하며 또 이 왜곡은 다양한 의미가 있을 것으로 생각할 수도 있을 것이다[군중을 형성하는 개인들의 기질이 매우 다양하기 때문에]. 그러나 전혀 그렇지가 않다. 일단 감염이 이루어지고 나면 왜곡의 성격과 의미는 모든 개인에게 똑같아진다. 집단을 이루는 개인 중 한 사람이 최초로 지각하는 왜곡이야말로 쉽게 전파되는 암시 작용의 핵심이다. 예루살렘의 성벽 위에 나타나 모든 십자군 병사들에게 모습을 보여주었다는 성자 게오르기우스[13]는 사실 그 목격자들 가운데 오직 한 사람

---

13 St. George Georgius(270?~303?), 성자 제오르지오나 세인트 조지라고도 불린다. 영국과 포르투갈, 독일, 이탈리아의 여러 도시, 특히 베니스와 페라라에서 수호성인으로 모셔지고, 군인과 보이스카우트의 수호자이자 동방교회에서 위대한 순교자로 여겨진다. 게오르기우스는 농부를 뜻하는 그리스어에서 파생한 라틴어다. 회화에서는 일반적으로 칼이나 창으로 용을 찌르는 백마를 탄 기사의 모습으로 그려진다. 4세기 초에 참수된 게오르기우스에 대한 역사적 사실은 그의 무덤이 있는 이스라엘의 리다에서 발굴한 해석에 바탕을 두고 있다. 5세기 즈음에 그의 생애에 대한 설명이 처음 등장한다. 기사 게오르기우스가 악한 용과 싸우는 이미지는 중세 때 유럽에 널리 알려졌으며《황금전설》에 묘사된 매우 우화적인 것이었다. 이에 따르면, 무서운 용 한 마리가 리비아의 작은 나라 시레나 근처 호수에 나타나 살게 되었다. 그리고 시레나를 장악하고 매일 인간 제물을 요구하며 제물이 없으면 독기를

에게만 헌신했었음이 틀림없다. 오직 한 명밖에 목격하지 않은 기적이 암시와 감염으로 즉시 모든 사람에게 받아들여진 것이다.

바로 이것이 항상 역사에서 아주 빈번하게 발견되며 수많은 사람이 사실이라고 인정했기 때문에 신뢰성의 모든 일반적 특징을 가지는 듯 보이는 집단 환각의 메커니즘이다. 내가 지금까지 주장한 것을 반박하려고 군중을 형성하는 개인들의 정신적 자질까지 거론할 필요는 없을 것이다. 그런 자질은 중요하지 않다. 박식한 사람이든 무식한 사람이든 누구나 군중을 이루는 그 순간부터 관찰력을 상실하기 때문이다. 이 같은 주장은 역설적인 것으로 보일 수도 있다. 그런데 이 주장을 더는 반박의 여지가 없을 정도로 확실히 논증하려면 수많은 역사적 사실을 다시 들추어내야 할 것이고, 그러려면 몇 권의 책으로도 부족할 것이다.

그래도 아무 증거도 없이 이런 주장을 펼친다는 인상을 독자에

사방에 내뿜어댔다. 하는 수 없이 시레나의 왕은 매일 젊은이들을 산 제물로 용에게 바쳤다. 그러나 시레나는 작은 나라였기 때문에 젊은이들의 숫자가 금세 줄어들어 드디어 왕의 외동딸을 용에게 바쳐야 할 지경에 이르렀다. 공주는 용의 제물이 되기 위해 눈물을 머금고 호수로 향했다. 그러나 용이 공주를 집어삼키기 전, 카파도키아에서 온 젊은 기사 게오르기우스가 용에 관한 소식을 듣고 급히 말을 타고 달려와 긴 창으로 일격에 용을 찔러 제압했다. 게오르기우스는 공주의 허리띠로 용을 묶어 도시로 데리고 왔다. 게오르기우스는 도시 사람들을 안심시키면서 자신이 그리스도의 이름으로 용을 무찌를 것이니 개종하라고 말했다. 사람들을 개종시킨 뒤 게오르기우스는 단칼에 용을 베어 죽여서 용을 두려워하지 않아도 된다는 약속을 지켰다. 그런 다음 다시 길을 떠났으나 나중에 로마 황제 디오클레티아누스의 박해로 체포되었다. 체포당한 후 게오르기우스는 화형대에서, 끓는 물 속에서, 뾰족한 쇠바늘이 잔뜩 박힌 바퀴 아래에서 잔혹한 고문을 받고도 끊임없이 저항하며 고통을 견뎌냈다. 그는 결국 참수형을 당했다.

게 주고 싶지 않기 때문에 나는 인용할 만한 무수한 사례 가운데 몇 가지만 무작위로 골라 보여주겠다.

먼저 인용할 가장 전형적인 사례 중 하나는 정말 무식한 사람에 서부터 최고로 유식한 사람에 이르기까지 모든 부류의 개인들로 구성된 군중이 쉽게 빠지는 집단 환각 중에서 골랐다. 이 사례는 마침 쥘리앙 펠릭스라는 해군 대위가 해류에 관해 쓴 책에서 언급되었고,《과학비평》이라는 잡지에 다시 실린 적도 있다.

프리깃함[14] 벨-풀호는 엄청난 폭풍우를 만나는 바람에 떨어져 나간 순양함 르 베르소호를 찾느라 바다를 순항하고 있었다. 태양이 작열하는 정오 무렵이었다. 갑자기 파수병이 파손된 소형 보트를 발견했다며 신호를 보냈다. 벨-풀호 승무원들의 시선이 파수병이 가리키는 방향으로 일제히 쏠렸으며, 장교와 병사 모두가 조난 신호기가 나부끼는 소형 보트들이 끌고 오는 뗏목 한 척을 분명히 보았다. 그 뗏목에는 사람들이 타고 있었다. 하지만 그것은 집단 환각에 불과했다. 데포세 사령관은 구명정을 띄워 조난당한 병사들을 구하라고 명령했다. 구명정을 타고 목표물에 접근하던 장교와 병사들은 두 손을 내밀어 흔들어대는 수많은 인간을 보았고 엄청나게 많은 목소리가 내는 혼란스러운 소음을 들었다. 그런데 목표 지점에 도달한 그들이 발견한 것은 인근 해안에서 뽑혀 나온 잎으로 뒤덮인 나뭇가지 서너 개에 불과했다. 너무나 구체적인 증거 앞

---

14 Frigate, 1750~1850년에 주로 활동한 서양 군함. 상갑판과 중갑판에 대포를 장착한 목조 쾌속 범선이다.

에서 환각이 사라져버린 것이다.

이 인용문에서 우리는 앞에서 설명한 집단 환각의 메커니즘이 너무나 분명하게 작동하는 것을 본다. 한편에는 잔뜩 기대하며 주의를 기울이고 있는 군중이 있고, 다른 한편에는 바다에서 표류하고 있는 배를 발견한 파수병의 암시가 있다. 이 암시는 감염을 거쳐 장교와 병사 등 모든 목격자에게 감염된다.

비록 군중의 숫자가 많지 않다 하더라도, 눈앞에서 벌어지는 일을 정확히 볼 수 있는 능력이 소멸할 수도 있고 실제 사실이 그것과 무관한 환각으로 대체될 수도 있다. 서너 명의 개인이 한자리에 모여도 군중을 형성할 수 있고, 설사 그 개인들이 저명한 학자라 할지라도 그들의 전문분야와 무관한 사안에 관해서는 군중이 가진 모든 특성을 띠게 된다. 그들 각자가 가진 관찰력과 비판정신도 곧장 사라져버린다. 다베라는 독창적인 심리학자는 최근에 《심리학 연보》에 실린 바 있는 무척 흥미로운 사례를 제공하는데, 이 사례는 여기서 충분히 이야기할 만한 가치가 있다고 생각된다. 다베는 영국 과학계의 최고 권위자로 통하는 월리스[15]를 포함한 여러 탁월

---

15 Alfred Russel Wallace(1823~1913), 영국의 자연주의자, 탐험가, 지리학자, 인류학자이자 생물학자. 찰스 다윈과 독립적으로 자연 선택을 통한 진화의 개념을 만들었다. 아마존강 유역과 말레이 군도에서 답사연구를 했으며 아시아에서 오스트리아에 걸친 동물군의 단절현상이 나타나는 월리스 선을 발견했다. 그의 가장 잘 알려진 연구는 독자적으로 제안된 자연선택설이다. 그는 동물의 경고색과 종의 분리를 설명하는 월리스 효과 등을 발달시켜 19세기 진화론 발달에 크게 이바지했다. 이러한 동물 종의 분포와 지리학의 연관 연구에 대한 기여로 '생물지리학의 아버지'로 불린다.

한 관찰자를 초청하여 그들에게 여러 가지 물건을 살펴보고 그것들을 봉인하여 각자가 원하는 곳에 숨기도록 한 다음 영혼의 현시라든가 석판에 글씨가 저절로 쓰이는 등 모든 영매 현상들을 시연해 보였다. 그 후에 관찰된 현상은 초자연적인 수단으로만 파악할 수 있었다고 확인하는 내용의 보고서를 이 저명한 관찰자들에게 얻어낸 다베는 그런 현상들이 지극히 간단한 속임수의 결과에 불과했다는 사실을 그들에게 알려주었다. 이 문제와 관련해 보고서를 작성한 어느 필자는 다음과 같이 썼다.

> 다베 씨가 감행한 실험 연구의 가장 놀라운 점은, 속임수 자체가 매우 놀랍다는 사실이 아니라 그런 현상을 목격한 전문가들이 작성한 보고서 자체가 극도로 허술하다는 사실이다. 따라서 목격자들이 확실하다고 주장하며 아무리 많은 얘기를 한다 하더라도 그것들은 완전히 잘못된 것이며, 설사 그들의 묘사가 정확하다고 할지라도 그들이 기술하는 현상은 단순한 속임수에 의해 설명될 수가 없다. 다베 씨가 발명한 방법은 너무 간단하므로 그가 대담하게 그 방법을 구사했다는 사실에 놀라게 된다. 그러나 군중의 마음을 지배할 능력을 지녔던 그는 군중이 보지 못하는 것을 보았다고 군중을 설득할 수 있었다.

언제나 그렇듯이 이 같은 예는 최면술을 거는 자가 최면술에 걸린 자를 지배하는 능력을 보여준다. 하지만 이 능력이 미리부터 경계심을 늦추지 않고 있는 우월한 정신의 소유자들에게도 영향을 미치는 걸 보면 평범한 군중을 현혹하는 것이 얼마나 쉬울지 충분히 알 수가 있다.

이와 유사한 사례는 무수히 많다. 내가 이 글을 쓰고 있는 지금 일간신문들은 센강에서 익사체로 발견된 어린 소녀 두 명에 관한 기사로 온통 도배되어 있다. 열두어 명 가량 되는 목격자는 이 소녀들의 시신을 보자마자 한순간의 망설임도 없이 신원을 확인해주었다. 치안판사는 증인들의 증언이 완벽하게 일치하는 것으로 보아 더는 의심의 여지가 없다고 결론지었다. 그래서 그는 사망증명서를 발부했다. 하지만 소녀들을 매장하려고 하는 순간 우연한 계기로 익사한 두 소녀가 사실은 엄연히 두 눈 뜨고 살아 있으며, 더구나 그들이 익사한 소녀들과 닮지도 않았다는 사실이 알려졌다. 지금까지 인용한 여러 가지 사례에서 보아 알 수 있듯이 착각에 사로잡힌 최초 목격자의 증언은 충분히 다른 모든 사람에게 암시를 통해 영향을 미칠 수 있다.

이와 유사한 경우에 암시의 출발점은 언제나 다소 막연한 기억으로 개인이 일으키는 착각이며, 그리고 나서는 그 최초의 착각을 긍정함으로써 이루어지는 전염이다. 만일 최초의 관찰자가 매우 예민한 감수성의 소유자라면, 거의 대부분은 그가 신원을 알아보았다고 믿는 시체가[실제로 닮았느냐의 여부는 상관없이] 또 다른 사람을 연상시킬 수 있는 어떤 흉터나 옷차림 등 어떤 특이점을 보여주는 것으로 충분할 것이다. 그때 그렇게 연상된 개념은 이해 영역을 침해하고 일체의 비판정신을 마비시켜버리는 일종의 결정체 같은 것의 핵이 된다. 따라서 관찰자가 보는 것은 더는 대상 자체가 아니라 그의 정신 속에 연상된 이미지에 불과하다. 그리하여 이미 오래전에 발생했지만 최근 여러 일간지에서 다시 다루고 있는 다음 경우에서 다른 사람도 아닌 어머니가 자기 아이의 시신을 잘못 알아본 이유가 설명된다. 여기서는 내가 앞에서 그 메커니즘에 대해 설명한 두 가지 부류의 암시가 나타난다.

다른 아이가 이 아이를 알아보았지만, 사실 다른 아이는 착각을 한 것이었다. 그때부터 일련의 부정확한 신원 확인이 이어졌다. 그리고 기절초풍할 일이 일어났다. 한 학생이 아이의 신원을 확인한 다음 날 한 여자가 "하느님 맙소사, 저건 내 아이야!"라고 외쳤다. 그녀는 시체 옆으로 다가갔다. 시체의 옷을 꼼꼼히 살펴보고 이마의 흉터도 확인한 그녀는 이렇게 말했다. "이 아이는 지난 7월에 실종된 내 아들이 분명해. 유괴되어 살해당한 거라고요!" 그녀는 푸르 거리에서 수위로 일했으며 이름은 샤방드레였다. 경찰서에 호출된 그녀의 시숙은 주저하지 않고 "필리베르가 맞습니다"라고 증언했다. 푸르 거리에 사는 주민 몇 명도 라 빌레트에서 시체로 발견된 소년이 필리베르 샤방드레가 틀림없다고 증언했으며, 그들 가운데 소년을 가르쳤던 학교 선생님은 메달이 단서라고 말했다.
그런데 이웃들과 시숙, 학교 선생님 그리고 심지어는 어머니까지 모두가 착각했다. 6주 뒤에 소년의 신원이 확실히 밝혀졌기 때문이다. 보르도에 살던 그 소년은 그곳에서 살해되어 철도화물로 파리까지 운반되었다고 한다. [《에클레르 *L'Éclair*》지 1895년 4월 21일 자]

이 같은 신원 확인이 거의 여성이나 어린아이들에 의해, 즉 정확히 말하면 가장 예민한 감수성을 지닌 존재에 의해 이루어진다는 사실은 주목할 만하다. 뿐만 아니라 그들이 법정에서 하는 증언이 과연 얼마만 한 가치를 가질 수 있는지를 우리에게 보여준다. 특히 법정에 어린아이를 증인으로 세우는 일만큼은 절대 피해야 한다. 판사들은 어린아이는 거짓말을 하지 않는다고 입버릇처럼 말한다. 그러나 심리학의 기초지식이 조금이라도 있는 판사들은 어린아이들이 시도 때도 없이 거짓말을 늘어놓는다는 사실을 잘 알고 있을 것이다. 어린이의 거짓말에는 분명히 악의가 없다. 하지만 어쨌든 거짓말은 거짓말이다. 그러니 지금까지 수도 없이 그래 왔듯이 어린이의 증언을 믿고 피고에게 유죄를 선고하는 것보다는 차라리 동전 던지기로 그렇게 하는 편이 더 나을지도 모른다.

군중에 의한 관찰이라는 문제로 다시 돌아가자면, 우리는 그들이 집단으로 관찰한 것이 잘못되었을 가능성이 매우 높고, 그것들이 대부분 감염을 통해 다른 사람들에게 암시하는 어떤 개인의 착각을 의미할 뿐이라는 결론을 내릴 수 있다. 군중의 증언에 대해서는 철저히 경계해야만 한다는 것을 증명하는 사실은 수없이 많을 것이다. 예컨대 지금으로부터 25년 전에 벌어진 저 유명한 스당 기병 전투[16]에 참전한 기병대원은 몇천 명에 달했지만, 목격자들

---

16 1870년 9월 1일. 프로이센-프랑스 전쟁 때 프로이센이 뫼즈강 연안 스당 요새에서 프랑스군을 격파한 결정적인 전투로 이 전투에서 프랑스 황제 나폴레옹 3세가 포로로 잡혀 프랑스 제2제정의 몰락을 초래했다. 프랑스군 사령관 마크-마옹은 12만 대군을 이끌고 메츠에 갇힌 프랑수아 바쥘 바젠 장군의 라인군을 구출하기 위해

의 증언이 서로 모순을 이루기 때문에 누가 이 부대를 지휘했는지
는 아직도 오리무중이다. 영국의 월슬리 장군[17]은 최근 출간한 저
서에서 지금까지 사실에 대한 가장 지독한 오인은 워털루 전투[18]
에서 일어난 매우 중요한 사실에 오류를 범했다는 것[그럼에도 몇
백 명이 이런 사실들을 목격했다고 증언했다]을 증명했다. [비록 단 한
번의 전투라도 그것이 과연 정확히 어떤 식으로 벌어졌는지를 우리가 알
수 있을까? 대단히 어려운 일이다. 누가 승리하고 누가 패배했는지는 알

나폴레옹 3세와 함께 샬롱쉬르마른에서 메츠를 향해 북동쪽으로 진군할 예정이었
다. 그러자 프로이센군 사령관 헬무트 폰 몰트케 장군은 마크-마옹의 움직임을 간
파하고 작센의 알브레히트 황태자를 지휘관으로 삼아 새로 편성된 뫼즈군을 재빨
리 북쪽으로 보내 마크-마옹군의 앞길을 차단하고 뫼즈강 연안에서 8월 29일부
터 31일까지 3차례 소규모 전투를 벌였다. 그러자 마크-마옹과 나폴레옹 3세는 뫼
즈강 연안의 스당 요새로 후퇴했다. 마크-마옹이 한 번 더 프로이센군과 싸워 포
위망을 뚫고 동쪽의 메츠로 갈 것인지, 서쪽의 파리로 후퇴할 것인지 결정하는 동
안 몰트케는 프리드리히 빌헬름 황태자가 이끄는 프로이센 제3군을 움직여 스당
요새를 포위했다. 9월 1일 새벽에 마크-마옹이 다쳐 프랑스군 지휘 체계에 큰 혼
란이 일어났고, 덕분에 프로이센군은 별다른 저항을 받지 않고 포위 작전을 수행
했다. 프랑스군은 대규모 기병대까지 동원해 포위망을 뚫으려고 안간힘을 썼으나,
수많은 사상자만 내고 아무 성과도 거두지 못했다. 프로이센군 포병대가 아침부터
내내 프랑스군 진지에 포격을 퍼부은 뒤 오후에 총공격을 개시했다. 전세가 절망
적이라는 것을 안 나폴레옹 3세는 항복하여 포로가 되었고 이튿날인 9월 2일 아침
8만 3천 명에 달하는 프랑스군이 프로이센군에게 포로로 잡혔다. 그리고 프로이센
군이 파리로 진군하고 있던 9월 4일에는 파리에서 민중 봉기가 일어나 제2제정이
무너지고 임시공화정부가 세워졌다.

17 Garnet Wolseley(1833~1913).

18 1815년 6월 18일 벨기에 남동부 워털루에서 나폴레옹이 이끄는 프랑스군과 웰링
턴이 이끄는 영국, 네덜란드, 프로이센 등 연합군이 싸워 연합군이 프랑스군을 격
파한 전투를 말한다. 이 전투는 나폴레옹 최후의 전투이며 여기서 패배한 나폴레
옹은 두 번째로 황제의 자리에서 물러나 세인트헬레나로 유배되어 생을 마감한다.

겠지만, 그 이상은 알기 어려울 것이다. 당사자이자 목격자인 다르쿠르 씨가 솔페리노 전투에 관해 하는 다음과 같은 말은 모든 전투에 적용될 수 있을 것이다. "당연히 몇백 건에 달하는 증언들을 조회한 장군들은 공식보고서를 제출했다. 연락장교들은 이 문서를 수정하여 최종 보고서를 작성했다. 참모장은 이의를 제기하고 보고서를 다시 작성했다. 이 보고서를 원수에게 가져가자 원수는 '귀관은 완전히 잘못 알고 있군!'이라고 호통치더니 보고서를 다시 뜯어고쳤다. 그 결과 원래 보고서의 내용은 거의 남지 않게 되었다." 다르쿠르 씨는 이런 사실이야말로 가장 충격적이고 가장 잘 관찰된 사건들의 진실을 파악한다는 것이 불가능하다는 점을 보여주는 증거라고 이야기한다.]

이런 사례들은 군중의 증언이 지닌 가치가 얼마나 보잘것없는지를 우리에게 보여준다. 논리학 개론서들을 보면, 수많은 증인의 만장일치를 어떤 사실이 정확하다는 것을 보여주기 위해 내세울 수 있는 가장 확고한 증거들의 범주에 집어넣는다. 그러나 우리가 군중심리학에 대해 알고 있는 것으로 미루어볼 때, 논리학 개론서들은 바로 이 점에 대해서는 다시 쓰여야만 한다. 가장 많은 사람에 의해 관찰된 사건이야말로 가장 의심스러운 것이다. 몇천 명의 목격자가 동시에 어떤 사건을 확인했다는 것은 곧, 실제로 일어난 사건의 내용은 목격자들이 하는 이야기와 판이하게 다르다는 것을 의미한다.

이로써 우리가 내릴 수 있는 분명한 결론은, 역사책들을 순수한 상상력의 산물로 간주해야 한다는 것이다. 역사책이란 잘못 관찰되었으며 나중에 설명을 덧붙인 사실들로 이루어진 근거 없는 이야기라고 할 수 있다. 그런 책을 쓰느라 시간을 낭비하느니 차라리 회반죽이나 이기는 게 훨씬 더 쓸모 있는 일이 될 것이다. 물론 과거의 역사가 문학작품과 예술작품을 포함하는 기념비적 유물들을 우리에게 남기지 않았다면 우리가 지나간 시대에 대해 실제로 안다는 것은 절대 불가능한 일이다. 헤라클레스나 부처, 예수, 마호메트와 같이 인간의 역사에서 엄청난 역할을 해낸 위인들의 실제 삶과 관련된 진실에 관해서 과연 우리가 단 한 가지라도 알고 있을까? 그럴 가능성은 거의 없다. 더구나 그들의 실생활은 사실 우리에게 거의 중요하지 않다. 우리가 알아야만 하는 것은 민간 전설이 만들어낸 위인들이기 때문이다. 군중의 정신 상태에 강한 인상을 남기는 것은 실제 영웅들이 아니라 전설적인 영웅들이다.

불행히도 그런 전설들[심지어는 그 전설들이 관련 서적에 아무리 뚜렷이 기록되어 있을지라도]은 그 자체로는 내구력을 전혀 갖지 못한다. 군중의 상상력은 시대에 따라, 그리고 특히 인종에 따라 전설들을 부단히 변형시킨다. 예컨대 구약성경에 등장하는 냉혹한 야훼 신은 성녀 테레사[19]의 사랑의 신과 크게 다르고, 중국에서 숭배되는 부처는 인도에서 숭배되는 부처와 아무 공통점이 없다.

물론 전설이 군중의 상상력에 의해 변형되는 데 몇백 년이 필요한 것은 아니다. 때로는 단 몇 년 만에 그러한 변형이 이뤄지기도

---

19 Teresa de Jesus(1515~1582), 예수의 테레사라고도 불리며, 로마가톨릭의 신비가이자 수도원 개혁에 전념한 인물이다. 동명의 아기 예수의 테레사와 구별하기 위해 대大테레사라고 부르기도 한다. 로마가톨릭의 성인. 교회박사 중의 한 사람. 축일은 10월 15일, 상징물은 가슴을 관통한 불화살이 새겨진 심장이다.

하기 때문이다. 오늘날 우리는 역사상 가장 위대한 영웅들 가운데한 명[20]의 전설이 채 50년이 안 되는 기간에 여러 차례 바뀌었음을알고 있다. 부르봉 왕조하에서 나폴레옹은 목가적이고 자유로운박애주의자요 가난한 사람들의 친구로 여겨졌고, 시인들은 가난한 사람들이 그에 대한 기억을 그들의 초가집 아래 아주 오랫동안간직하게 될 것이라고 노래했다. 30년이 지나자 이 너그러운 영웅은 권력을 부당하게 장악하고 자유를 억압했으며 오직 자신의 야망을 위해 3백만 명이나 되는 사람들을 죽인 인물로 바뀌었다. 지금 우리는 그의 전설이 또다시 새롭게 바뀌는 것을 목격하고 있다.그의 전설이 수천 년 동안 이어진다면 미래의 학자들은 이처럼 모순되는 이야기를 듣고 지금도 이따금 부처가 실제로 존재했는지를의심하듯 이 영웅의 실존 여부를 의심할지 모르고, 그의 전설도 태양 신화나 헤라클레스의 전설 같은 걸로 간주해버릴지도 모른다.그들은 틀림없이 이런 불확실성에 쉽사리 위안을 얻을 것이다. 왜냐하면, 군중심리학에 대해 지금보다 더 많이 알게 되면 그들은 역사가 오직 신화만을 영원히 전하게 되리라는 것을 알게 될 테니 말이다.

---

20 나폴레옹 1세(Napoléon I, 1769~1821)를 말한다.

군중이 느끼는 감정의 과장과 단순함

군중이 드러내는 감정은 좋든 나쁘든 무척 단순하면서도 매우 과장되어 있다는 이중의 특징을 보인다. 다른 많은 점에서도 그렇지만 이 점에서도 역시 군중을 이룬 개인은 원시적인 존재들과 유사하다. 섬세한 의미에는 접근하지 못하고 사태를 전체적으로 뭉뚱그려서 파악하며 그 이행 과정에 대해서도 알지 못한다. 군중 속에서는 감정이 한층 더 과장된다. 왜냐하면, 어떤 감정이 일단 표출되면 암시와 감염을 통해 순식간에 전파되는 데다가 감정의 목표인 확실한 동의가 그 위력을 엄청나게 증폭시키기 때문이다.

군중은 감정이 단순하고 과장되어 있기 때문에 의심도 모르고 불확실성도 모른다. 여성들처럼 군중도 감정의 극과 극을 순식간에 오간다. 말이나 문장으로 진술된 의심은 즉시 의심의 여지 없이 명백한 사실로 바뀐다. 조금씩 일기 시작한 반감이나 이제 막 제기된 반론도 고립된 개인은 위력을 발휘하지 못하지만 군중을 이룬 개인은 단번에 격렬한 증오로 폭발한다.

군중이 드러내는 감정의 과격함은 책임감의 부재로 한층 더 과장되며, 이질적인 군중은 특히 그렇다. 군중은 고립된 개인은 할 수 없는 감정 표현과 행동을 할 수 있다. 군중은 숫자가 많으므로 무사하리라는 확신과 인원이 많으니 일시적이나마 강력한 힘을 갖게 되었다는 생각 덕분이다. 어리석고 무지하고 시기심 많은 개인이 군중을 이루면 자신이 무가치하고 무기력하다는 감정에서 해방되어 일시적이지만 엄청난 힘을 갑작스레 갖게 되었다고 생각하게 된다.

불행히도 이렇게 과장된 군중의 감정은 흔히 원시인의 본능에서 물려받은 유산이라고 할 수 있는 나쁜 감정을 자극하는데, 책임감 있는 고립된 개인은 처벌받을까 봐 이런 감정을 스스로 억제한다. 그래서 군중은 최악의 과잉된 감정에 너무나 쉽게 이끌리는 것이다.

그렇다고 해서 군중이 아무리 능숙하게 암시를 통해 영향을 받는다 해도 영웅적이거나 헌신적인 행위는 할 수 없다든지 매우 고귀한 덕성을 갖출 수 없다는 얘기는 아니다. 오히려 군중은 고립된 개인보다 더 잘 그 같은 행위를 하거나 더 고귀한 덕성을 갖출 수가 있다. 이 점에 대해서는 앞으로 군중의 도덕성을 살펴보면서 다시 언급할 것이다.

감정이 과장된 군중은 오직 과장된 감정에만 감동한다. 군중의 마음을 사로잡고 싶은 웅변가는 과격하고 극단적인 확언을 거침없이 늘어놓아야 한다. 과장하고 확언하고 반복하되 이성적 사고에 의해 논증하려는 시도는 일체 하지 말아야 한다는 것은 대중집회 연설가들이 잘 알고 있는 연설 기법이다.

더더구나 군중은 그들의 영웅들에게도 과장된 감정을 요구한다. 겉으로 드러난 영웅들의 자질과 덕성은 항상 과대 포장되어야 한다. 예컨대 군중은 연극을 관람할 때도 실생활에서는 결코 실천되지 않는 용기와 도덕관념, 덕성을 주인공에게 요구한다는 사실이 지적되었는데, 이것은 매우 정확한 지적이다.

연극 무대에는 특별한 시각적 원근법[21]이 존재하기 때문에 그렇다는 것은 맞는 말이다. 그런 원근법이 존재한다는 데에는 의심의 여지가 없다. 하지만 이 원근법의 규칙은 대부분 상식이나 논리와는 전혀 무관하다. 군중에게 말하는 기술은 분명히 낮은 수준이지만 아주 특별한 소질을 요구한다. 대본만 읽고 어떤 연극의 성공 여부를 점친다는 것은 거의 불가능한 일이다. 대본을 받아본 극장 경영자도 대부분은 연극의 성공 여부를 판단하지 못한다. 연극의 성공 여부를 판단하려면 경영자 자신도 군중이 될 수 있어야 하기 때문이다. [바로 이런 이유 때문에 우리는 왜 모든 극장 경영자가 거부한 희곡이 우연한 기회에 공연되어 큰 성공을 거두는 일이 이따금 일어나는지 그 이유를 이해하게 된다. 프랑수아 코페의 희곡이 성공을 거두었다는 사실은 널리 알려졌다. 파리에 있는 유명한 극장의 경영자들은 그렇게 코페의 명성이 자자했는데도 10년간이나 이《왕위를 위하여》라는 희곡을 무대에 올리는 것을 거부했다고 한다. 또한 모든 극장에서 퇴짜를 맞다가 어느 주식중개인의 후원으로 결국 무대에 올려진 〈샤를리의 고모〉는 프랑스에서 200회나 공연되었고 영국에서는 1,000회 이상 공연되었다. 극장 경영자들이 정신적으로 군중을 대신하는 게 불가능하다는 사실을 앞에서 설명하지 않았더라면, 매우 유능하고 심각한 오류를 저지르지 않으려고 무척 애쓰는 개인들이 왜 그처럼 판단 착오를 저지르는지 그 이유를 설명할 수 없으리라. 여기서는 이 문제를 다룰 수가 없다. 그러나 이 문제는 오랜 시간에 걸쳐 연구할 만한 가치가 있다.] 여기서 조금 더 광범위하게 설명할 여지가 주어진다면 우리는 연극의 성공 여

21 객석 어디서나 잘 보이고 잘 들릴 수 있도록 연극 대사와 동작을 과장되게 해야 한다는 원칙.

부에 어느 인종인가가 압도적 영향을 미친다는 사실도 보여줄 수 있을 것이다. 때로는 어떤 한 나라에서 군중을 열광시키는 연극이 다른 나라에서는 전혀 성공을 거두지 못한다든지, 아니면 전문가들로부터만 호평을 받거나 의례적인 성공밖에 거두지 못하는 경우도 있다. 왜냐하면 새로운 관객의 감정을 자극할 힘이 발휘되지 못하기 때문이다.

군중이 오직 감정에 대해서만 과장할 뿐 지적인 것에는 그 어떤 식으로도 과장하지 않는다는 말을 굳이 덧붙일 필요는 없을 것 같다. 나는 개인이 군중에 합세하는 순간 그의 지적 수준이 즉시, 그리고 현저히 낮아진다는 사실을 앞에서 보여주었다. 박식한 타르드 판사도 군중의 범죄에 관한 연구에서 이런 사실을 입증했다. 따라서 군중은 감정의 차원에서만 아주 높이 올라가거나 아니면 정반대로 매우 낮은 곳으로 내려갈 수 있다.

군중의 비관용성, 권위주의, 보수성

군중은 오직 단순하고 극단적인 감정만을 느낀다. 그들은 자신들에게 암시된 견해와 사상, 신념을 한꺼번에 뭉뚱그려 받아들이거나 거부하고, 그것을 절대적 진리로 여기든지 아니면 역시 절대적 오류로 치부해버린다. 이성적 사유를 통해 얻어지는 것이 아니라 암시를 통해 고정되는 신념은 언제나 이런 식이다. 종교적 신념이 얼마나 비관용적인지를, 그리고 인간의 정신에 얼마나 전제적 영향력을 행사하는지를 모르는 사람은 없을 것이다.

진리이거나 오류인 것을 조금도 의심하지 않을 뿐만 아니라 또 한편으로는 그것의 힘을 분명하게 확신하는 군중은 권위적인 동시에 비관용적이다. 개인은 반론과 토론을 받아들일 수 있지만 군중은 결코 그렇지 않다. 대중집회 같은 데서 어떤 연설자가 조금만 반론을 제기하면 즉시 청중은 분노의 고함을 질러대며 온갖 험악한 욕설을 퍼부어댈 것이고, 그래도 연설자가 계속 반론을 펴면 곧장 주먹세례를 받고 연단에서 쫓겨나고 말 것이다. 만일 당국자가 그 자리를 지키고 서 있지 않는다면, 반론을 제기한 연설자가 실제로 맞아 죽는 사태가 자주 발생할 것이다.

권위주의와 비관용성은 모든 부류의 군중에게 일반적으로 나타나지만 이들이 표출되는 정도는 매우 다양하다. 그리고 이 단계에서 인간의 모든 감정과 사고를 지배하는 기본적 인종 관념이 다시 나타난다. 특히 권위주의와 비관용성은 라틴계 군중에게서 최고로 발달해 있다. 그러므로 라틴계 군중의 권위주의와 비관용성은 실제로 앵글로색슨계 군중에게서 매우 강하게 나타나는 개인적 독립성의 감정을 완전히 파괴해버리고 말았다. 라틴계 군중은 오직 자신들이 속한 파당의 집단적 독립성에만 예민하며, 이 집단적 독립성의 특징은 자신들과 다른 신념을 지닌 모든 사람을 즉시, 그리고 폭력을 사용해 자신들의 신념에 복종시키고자 하는 욕구다. 라틴계 민족의 급진파들은 종교재판을 주도한 도미니크회 수도사들 이후로 모든 시대에 걸쳐 더 높은 수준의 자유 개념을 결코 이해하지 못했다.

권위주의와 비관용성은 군중에게 명확하게 나타나는 감정이다. 군중은 그 같은 감정을 쉽게 느끼고, 사람들이 그 감정을 불러일으키면 기다렸다는 듯이 받아들여 실천에 옮긴다. 군중은 힘 있는 사람은 존경하고 순종하지만, 그들이 볼 때 무능함의 한 형태로밖에 안 보이는 어진 사람의 행동에는 그다지 감동받지 않는다. 군중은 온후한 지배자에게는 결코 공감을 표시하지 않으면서 자신들을 가혹하게 탄압한 폭군에게는 동조해왔다. 더구나 군중이 가장 높이 세운 동상은 언제나 폭군의 것이었다. 물론 군중이 기꺼이 독재자를 타도하고 짓밟아버리는 일이 일어나기도 하지만, 그것은 그가 권력을 잃고 약한 자의 범주로 들어갔으므로 두려워하지 않고 멸시해도 되기 때문이다. 군중의 존경을 받는 유형의 영웅은 언제나 율리우스 카이사르 같은 인물이다. 그의 위엄은 군중을 매혹하고 그의 권위는 그들을 압도하며 그가 휘두르는 검은 군중에게 두려움을 불러일으킨다.

군중은 허약한 권위에 대해서는 언제든 봉기하고 강력한 권위 앞에서는 언제라도 비굴하게 머리를 조아릴 준비가 되어 있다. 권위의 힘이 간헐적으로 행사되면 군중은 항상 자신의 극단적 감정에 따르면서 무정부 상태에서 노예 상태로, 그리고 노예 상태에서 무정부 상태를 왔다갔다한다.

그렇지만 군중의 혁명적 본능이 우세하다고 믿는 것은 군중심리학을 잘 모르는 소치의 결과다. 우리는 그들이 폭력적이라는 사실 한 가지만 보고 그 점에 대해 착각한다. 그들이 폭발하여 반항하고 파괴하는 것은 항상 극히 일시적일 뿐이다. 군중은 무의식의 지배를 너무 강하게 받을 뿐만 아니라 그 결과 오래된 정신적 유산이 갖는 영향력에도 지나치게 예속되기 때문에 극도로 보수적일 수밖에 없다. 그들은 얼마 안 있어 무질서에 싫증을 느끼고 본능적으로 노예 상태로 되돌아가고 만다. 나폴레옹이 프랑스에서 일체의 자유를 억압하고 가혹한 철권통치를 했을 때 가장 열렬히 환영하고 나선 자들도 바로 거만하기 짝이 없는 데다가 고집불통인 자코뱅파였다.

이처럼 철저히 보수적인 군중의 본능을 잘 알지 못하면 역사를 이해하기가 어려우며, 민중혁명의 역사를 이해한다는 것은 더더구나 어려운 일이 된다. 군중은 자신들을 지배하는 제도의 명칭을 바꾸고 싶어 하며, 때로는 이 같은 명칭 변경을 위해 폭력 혁명까지 일으킨다. 그러나 그런 제도의 본질은 인종의 유전된 욕구를 너무 강하게 표현하기 때문에 군중은 항상 그것으로 다시 돌아갈 수밖에 없다. 군중의 끊임없는 변덕은 극히 피상적인 문제에 대해서만 영향력을 행사할 따름이다. 실제로 군중은 모든 원시인만큼이나 완강한 보수적 본능을 가지고 있다. 그들의 전통에 대한 맹목적인 존중은 가히 절대적이며, 그들의 실제적 생활 조건을 변화할 수 있는 모든 새로운 것에 대한 무의식적 공포 역시 그 뿌리가 대단히 깊다. 만약 민주주의가 오늘날 가지고 있는 힘을 방직기와 증기기관, 철도가 발명되었던 시대에 가졌더라면 그런 발명품이 실용화되기는 불가능했을 것이고, 설령 가능했다 하더라도 되풀이되는 혁명과 대학살을 대가로 치러야 했을 것이다. 과학과 산업 분야에서 중요한 발견이 이루어지고 나서야 비로소 군중세력이 등장했다는 것은 문명의 진보를 위해서 다행스러운 일이다.

군중의 도덕성

도덕성이라는 단어를 어떤 사회적 관습을 지속적으로 준수하고 이기적 충동을 항상 억제한다는 의미로 받아들인다면, 군중이 너무 충동적이고 변덕스러워서 도덕성을 갖출 수 없으리라는 건 너무나 자명한 일이다. 그렇지만 도덕성이라는 단어를 금욕이나 희생, 이타심, 자기희생, 평등 욕구 같은 자질의 일시적 표현이라는 의미로 받아들인다면, 오히려 군중이 때로는 매우 고귀한 도덕성을 갖출 수도 있다고 말할 수 있다.

군중을 연구해온 소수의 심리학자는 군중을 오직 범죄행위의 관점에서만 고찰했다. 그리고 군중이 범죄행위를 얼마나 자주 저지르는지를 알자 그들의 도덕 수준이 매우 낮다는 결론을 내렸다.

물론 이 결론이 대체로 맞기는 하다. 그렇다면 그 이유는 무엇일까? 그냥 우리의 사납고 파괴적인 본능이 각자의 마음속 저 깊은 곳에 잠들어 있는 원시시대의 잔류물이기 때문이다. 고립된 개인으로 생활할 때는 이런 본능을 만족시키는 게 위험하겠지만, 무책임한 군중에 흡수되어 처벌받지 않으리라는 게 확실해지면 완전히 자유롭게 그 본능을 따를 것이다. 대개 같은 인간에게는 이런 파괴적 본능을 행사하지 못하기 때문에 우리는 동물들에게 행사하고 만다. 널리 퍼져 있는 군중의 사냥 취미와 잔혹한 행위는 똑같은 근원을 갖고 있다. 방어 수단이 없는 희생물을 서서히 도살하는 군중은 극도로 비열한 잔혹성을 드러낸다. 철학자가 볼 때 이런 잔인성은 몇십 명씩 모여 사냥개들이 불운한 수사슴을 추격하여 배를 가르는 것을 보며 희열을 느끼는 사냥꾼의 잔혹함과 밀접한 관계가 있다.

군중은 살인과 방화 등 모든 종류의 범죄를 저지를 수 있지만, 또한 고립된 개인이 할 수 있는 것보다 훨씬 더 고귀한 헌신이나 희생, 이타 행위를 할 수도 있다. 군중을 이룬 개인에게 영광과 명예, 종교, 조국의 감정에 대해 언급하며 영향을 끼치면 흔히 그 개인은 자기 목숨을 바치기까지 한다. 역사에는 십자군이나 프랑스혁명의 와중인 1793년에 활약한 의용군들과 유사한 예가 무수히 많다. 집단만이 위대한 이타 행위와 희생 행위를 할 수 있다. 역사를 보면 얼마나 많은 군중이 자신은 거의 이해하지 못하는 신념과 이념, 구호를 위해 목숨을 던졌던가! 군중이 파업하는 것은 쥐꼬리만 한 임금을 몇 푼이라도 올려 받기 위해서라기보다는 어떤 명령에 복종하기 위해서다. 개인적 이익은 군중을 움직일 만큼 강력한 동기로 작용하는 경우가 매우 드문 반면 고립된 개인에게는 거의 유일한 동기로 작용한다. 군중이 대부분 그들의 두뇌로는 이해할 수 없는 수많은 전쟁에 뛰어들어 사냥꾼이 거울로 부리는 최면 걸린 종달새처럼 너무나 쉽게 자기 목숨을 내던지게 하는 것이 자신의 이익이 아니라는 것은 확실하다.

심지어 세상에서 가장 흉악한 악당들도 단지 모여 군중을 이루기만 했는데도 대단히 엄격한 도덕적 원칙을 지키는 일이 빈번하다. 역사학자 텐은 1793년 9월의 학살자들이 마음만 먹으면 얼마든지 빼돌릴 수도 있었던 희생자들의 지갑이나 보석류를 거둬들여 혁명위원회의 책상 위에 올려놓았다는 사실을 지적했다. 1848년

2월혁명이 발생했을 때 튈르리 궁전[22]에 우르르 난입, 고래고래 소리를 질러대던 가난한 군중이 한 개만 훔쳐서 팔아도 오랫동안 배불리 먹고살 만한 돈을 받을 수 있을 호화찬란한 귀중품에 일절 손을 대지 않았다고 한다.

개인이 군중에 섞이면 이처럼 도덕적 인간이 된다는 것은 물론 지속적이지는 않지만 그래도 빈번하게 관찰되는 법칙이다. 이 규칙은 내가 방금 인용한 것보다 훨씬 덜 심각한 상황에서도 관찰된다. 나는 극장에서 군중이 연극의 주인공(영웅)이 과장된 덕성을 갖추기를 바란다고 이미 말했다. 심지어 열등한 인간들이 모인 집회에서도 대개 사람들이 매우 근엄한 척하는 것을 흔히 관찰할 수 있다. 직업적인 도락가나 뚜쟁이, 빈정거리기 좋아하는 깡패조차 조금 음탕한 장면을 보거나 외설스러운 말을 들으면 그것들이 평소 자신들의 습관적인 말버릇에 비하면 훨씬 무해한데도 흔히 못마땅하다는 표정으로 뭐라고 구시렁댄다.

그러므로 군중은 흔히 저열한 본능에 자신을 내맡겼을 때도 이따금 고귀한 도덕적 행위의 모범을 보여준다. 그러나 무욕無慾이나 체념, 현실적이거나 공상적인 어떤 이상에 대한 절대적 헌신이 도덕적 미덕이라고 본다면, 군중은 가장 현명한 철학자들도 좀처럼 도달하기 어려운 그런 덕성을 흔히 소유하기도 한다고 말할 수 있다. 물론 군중은 그런 덕성을 무의식적으로 실행에 옮기지만, 그거

---

22 프랑스 파리 튈르리 공원과 루브르 궁 사이에 있던 궁전으로 1871년 화재로 소실되었다.

야 뭐 중요하겠는가. 그리고 군중이 이성적 논리보다는 특히 무의식으로 인도된다고 유감스러워할 필요도 없다. 만약 군중이 때때로 이성적인 사고를 하고 당장 눈앞에 보이는 자신들의 이해관계를 고려했다면 우리 지구상에서 그 어떤 문명도 발달하지 못했을 것이고 인류 역사도 존재하지 않을 것이다.

3.   군중의 사상, 추론, 상상력

• 군중의 사상—기본적 사상과 부수적 사상—모순을 이루는 사상들이 어떻게 동시에 존속할 수 있는가?— 우월한 사상이 군중에게 접근하기 위해 겪어야 하는 변화—사상의 사회적 역할은 사상이 포함할 수 있는 진리의 부분과는 무관하다

• 군중의 추론—군중은 추론의 영향을 받을 수 없다—군중의 추론은 항상 매우 열등한 단계에 있다—군중이 결합하는 사상은 유사나 연속의 외관만을 가질 뿐이다

• 군중의 상상력—군중이 발휘하는 상상력의 힘—군중은 이미지를 통해 상상하며, 이 이미지들은 아무 연관 없이 연속된다—군중은 특히 사물의 경이로운 측면에 깊은 인상을 받는다—경이로운 것과 전설적인 것은 문명의 진정한 버팀대다—군중의 상상력은 항상 정치인이 보유한 권력의 토대였다—군중의 상상력을 자극할 수 있는 사실들은 어떻게 나타나는가?

군중의 사상

나는 앞서 나온 저서[23]에서 사상이 민족의 진화에서 담당하는 역할을 연구하면서 모든 문명은 거의 쇄신되지 않는 몇 가지 기본 사상의 소산임을 보여주었다. 또한 그런 사상이 어떻게 군중의 영혼 속에 자리를 잡는지, 그 속으로 뚫고 들어가면서 어떤 어려움을 겪는지, 그리고 일단 침투한 사상이 얼마나 큰 힘을 발휘하는지를 설명했다. 마지막으로 우리는 역사를 뒤흔든 엄청난 격변이 대부분 그런 기본 사상의 변화에서 비롯되었다는 사실도 확인했다.

이전 저서에서 이 주제를 충분히 다루었기 때문에 나는 여기서 같은 주제를 다시 다루지는 않고 그냥 군중이 받아들일 수 있는 사상에 대해서, 그리고 군중이 어떤 형태로 그 사상을 이해하는지에 관해 몇 마디 하고자 한다.

그 사상은 두 부류로 구분된다. 첫째 부류는 당대의 영향을 받아서, 예를 들면 어떤 인물이나 교리에 심취하다가 우연히 갖게 된 일시적 사상이다. 둘째 부류는 예를 들면 과거의 종교적 신념과 현대의 민주주의 사상, 사회 사상 등 환경과 유전, 여론이 매우 견고한 안정성을 부여한 기본 사상이다.

이런 기본 사상은 천천히 흘러가는 거대한 강줄기에 비유할 수도 있을 것이다. 반면에 일시적 사상은 강줄기의 수면에서 끝없이 변하며 요동치는 작은 파도 같아서 흘러가는 강줄기보다 눈에는

23　르 봉이 이 책을 출간하기 1년 전에 펴낸《민족 진화의 심리 법칙》을 가리킨다.

잘 띄지만 실제로 중요하지는 않다.

　우리 조상이 받아들였던 위대한 기본 사상은 현재 점점 더 심하게 흔들리고 있다. 견고함을 완전히 상실했고, 견고함 위에 서 있던 제도 역시 심하게 흔들렸다. 그런 와중에 내가 방금 말한 일시적이고 조잡한 많은 사상이 매일같이 만들어지고 있다. 그러나 그것 중 극소수만 눈에 띄게 성장하여 주도적인 영향력을 획득할 수 있게 될 듯하다.

　군중에게 어떤 사상이 암시되든지 간에 그 사상은 매우 절대적이고 단순한 형태를 지녀야만 우세해질 수 있다. 따라서 그 사상은 이미지화되어 나타나는데, 이런 모습을 해야만 대중에게 접근할 수 있기 때문이다. 이렇게 이미지로 나타낸 사상은 어떤 유사 논리나 연속 논리로도 연관되지 않으며, 상자 안에 겹쳐놓았다가 끄집어내는 환등기의 렌즈처럼 서로 대체될 수 있다. 그래서 군중 사이에서는 전혀 모순되는 사상도 유지될 수 있다. 때에 따라서 군중은 자신의 지적 능력 속에 축적된 각종 사상 중 한 가지의 영향하에 놓이게 될 것이고, 그 결과 이전과는 전혀 다른 행동을 할 수도 있다. 군중은 비판정신을 갖추지 못했기 때문에 그것이 모순을 이룬다는 사실을 전혀 인지하지 못한다.

　군중에게서만 이런 현상이 나타나는 것은 아니다. 고립된 많은 개인에게서도 역시 이 같은 현상이 관찰되고, 원시인뿐만 아니라 정신의 어떤 측면을 통해 원시인과 수준이 비슷해지는 사람들[예를 들면 종교적 광신도들]에게서도 같은 현상을 목격할 수가 있다. 나는 유럽에 있는 대학에서 교육을 받고 모든 학위를 취득한 교양 있는

힌두교도들에게서 그런 현상을 관찰한 적이 있다. 그들이 대대로 물려받은 종교적, 사회적 사상으로 이루어진 확고부동한 토대 위에 그 같은 사상과는 아무 관계가 없는 서양 사상의 토대가 얹혀졌다[그렇지만 유산으로 물려받은 사상을 변질시키지는 않았다]. 시대가 바뀔 때마다 전자나 후자가 번갈아가며 일련의 행위나 말로 표출되었고, 한 개인이 명백한 모순을 보여주었다. 그러나 이런 모순은 실제적이라기보다는 표면적인 것이었다. 오직 유전된 사상만이 고립된 개인의 행동 동기가 될 만큼 강력하기 때문이다. 인간의 행위가 때에 따라 완전한 모순을 이루는 것은, 인간이 인종 혼합으로 서로 다른 유전적 성향 사이에 존재할 때뿐이다. 물론 이런 현상이 심리학적으로 매우 중요하기는 하지만 여기서 더 살펴볼 필요는 없을 것 같다. 그런 현상을 완전히 이해하려면 적어도 10년 정도는 여행하며 관찰해야 할 것이다.

군중은 사상이 극히 단순한 형태를 취해야만 그 사상에 접근할 수 있다. 그러므로 사상은 대부분 철저히 변화해야만 군중의 인기를 얻게 될 것이다. 특히 조금 수준이 높은 철학 사상이나 과학 사상을 군중이 이해할 수 있는 수준까지 한층 한층 낮추려면 방대한 수정 작업이 필요하다는 것을 우리는 확인할 수 있다. 이 같은 수정 작업은 군중의 범주라든지 그 군중이 어느 민족에 속해 있느냐에 따라 달라질 수 있다. 그러나 수정은 항상 사상을 최대한 축소하고 단순화하는 방향으로 이루어져야 한다. 그러므로 사회적 관점에서 보면 실제로는 사상의 위계가 거의 존재하지 않는다. 말하자면 높거나 낮은 수준의 사상이 거의 존재하지 않는다는 것이다. 어떤 사상이 처음에는 아무리 위대하거나 진실하다 하더라도 군중의 이해력에 포섭되어 그들에게 영향을 미치는 순간, 그 사상을 고양시켜 위대하게 만드는 모든 것을 거의 박탈당하기 때문이다.

그러므로 사회적 관점에서 볼 때 어떤 사상의 위계적 가치는 중요하지 않다. 고려해야 할 것은 그 사상이 유발한 효과다. 중세의 그리스도교 사상이나 18세기의 민주주의 사상, 또는 오늘날의 사회 사상은 물론 수준이 아주 높지는 않다. 철학적으로 따져보면 그런 사상은 내용이 좀 빈약한 잘못된 사상으로밖에 간주할 수 없다. 그러나 그 사상들은 지금까지 매우 중요한 역할을 해왔고 앞으로도 그럴 것이며, 향후 오랫동안 국가를 이끌어나가는 데 가장 주요한 요인 중 하나가 될 것이다.

비록 사상이 변모를 겪어 군중이 이해할 수 있게 된다 하더라도 그 사상이 영향을 미치려면 나중에 연구될 여러 가지 과정을 거쳐 무의식 속으로 침투, 하나의 감정이 되어야만 하는데, 그러자면 시간이 꽤 오래 걸린다.

어떤 사상이 교양을 가진 사람의 정신에 영향을 미쳤으므로 그 사상의 타당성이 입증되었다고 믿어서는 안 된다. 가장 명백한 논증조차도 대다수 사람에게는 거의 영향을 못 미치는 것을 보면 이 점을 금세 깨달을 수 있다. 어떤 논증이 누가 봐도 명백하다면 교양을 갖춘 사람은 그것을 듣고 받아들일 수 있을 것이다. 그러나 다른 생각을 받아들였던 그는 무의식을 통해 그가 처음 가지고 있던 생각으로 금방 다시 돌아갈 것이다. 며칠 후 그를 다시 만나면 그는 정확히 똑같은 단어들을 사용해가며 옛날에 했던 주장을 다시 편다. 실제로 그는 이미 감정으로 변한 이전 사상의 영향을 받고 있다. 그리고 그렇게 감정화된 사상만이 우리 행동과 발언의 심층적 원인에 영향을 미칠 수 있다. 군중도 마찬가지다.

하지만 어떤 사상이 다양한 과정을 거쳐 군중의 정신에 침투하게 되면 그 사상은 도저히 저항할 수 없는 힘을 획득하여 아무도 거스르지 못하는 연쇄효과를 발휘한다. 프랑스혁명으로 이어진 철학 사상은 군중의 정신 속에 자리 잡기까지 거의 백 년이 걸렸다. 그러나 이 철학 사상이 일단 군중의 정신에 뿌리를 내리자 아무도 거역할 수 없는 힘을 발휘했다는 사실은 이미 잘 알려졌다. 프랑스 국민이 사회적 평등을 쟁취하고 추상적 권리와 이상적 자유를 실현하기 위해 일제히 궐기하자 모든 왕조가 위기에 처했고 서양세계는 뿌리째 흔들렸다. 20년 동안 민족들은 서로를 공격했고, 유럽인은 칭기즈칸이나 티무르[24] 같은 사람이라도 두려움에 몸을 떨었을 처절한 대살육을 겪었다. 하나의 사상이 널리 전파되어 이토록 엄청난 결과를 초래하는 장면을 세계는 결코 목격한 적이 없었다.

사상이 군중의 정신에 뿌리를 내리기까지 오랜 시간이 걸리지만 거기서 다시 빠져나오는 데도 역시 그만큼 오랜 시간이 걸린다. 그러므로 사상의 관점에서 보면 군중은 학자나 철학자보다 항상 몇 세대씩 늦다. 오늘날의 정치인은 누구나 내가 방금 인용한 기본 사상이 오류를 안고 있다는 사실을 잘 알고 있지만, 그런 사상이 여전

---

24 Timur(1336~1405), 이슬람교를 신봉한 투르크족 정복자. 타메툴란이라고도 불렸다.

히 아주 강력한 영향력을 발휘하고 있기 때문에 그들 자신도 이미 더는 믿지 않는 진리의 원칙에 따라 통치할 수밖에 없다.

군중의 추론 능력

군중이 이성적으로 추론하지 않으며 이성적 추론의 영향도 받지 않을 것이라고 단언하기는 어렵다. 그러나 그들이 사용하는 논법과 그들에게 영향을 미칠 수 있는 논법은 논리적 관점에서 볼 때 수준이 크게 떨어지기 때문에 오직 유추작용에 의해서만 그 논법에 이성적 추론이라는 이름을 붙일 수가 있다.

수준 높은 추론과 마찬가지로 군중의 수준 낮은 추론도 연상을 토대로 이루어진다. 그러나 군중이 연상한 사상들 사이에는 오직 표면상의 유사 관계나 연속 관계만 존재할 뿐이다. 군중이 결합하는 사상들은 투명한 물체인 얼음을 입에 넣으면 녹는다는 사실을 경험을 통해 알게 되자 역시 투명한 물체인 유리를 입에 넣으면 녹을 것이라고 결론 내리는 에스키모의 추론이나 용맹한 적의 심장을 꺼내 먹으면 자기도 그렇게 용맹해질 것이라고 상상하는 야만인들의 추론, 그리고 고용주에게 착취당하자 세상의 모든 고용주는 노동자들을 착취한다고 곧장 결론지어 버리는 노동자의 추론처럼 연이어진다.

오직 표면상의 관계밖에 갖지 않는 상이한 사실을 연결하고 특수한 사례를 즉각 일반화해버리는 것, 바로 이것이 군중의 추론이 띠는 특성이다. 군중을 다룰 줄 아는 사람들은 언제나 이런 종류의 추론방법을 그들에게 사용한다. 오직 이런 추론 방법만이 군중에게 영향을 줄 수 있다. 군중은 연속되는 논리적 추론을 전혀 이해하지 못하며, 바로 이런 이유 때문에 군중이 이성적인 추론을 하지 않거나 잘못 추론하며 이성적 추론의 영향을 받지 않는다고 말해도 무방한 것이다. 어떤 연설문들은 그냥 한 번만 읽어봐도 논리가 매우 빈약한 것을 알 수가 있는데도 군중에게는 엄청난 영향력을 발휘했다. 하지만 그런 연설문이 철학자에게 읽히기 위해서가 아니라 집단을 설득하기 위해 쓰였다는 사실은 망각되고 있다. 군중과 긴밀하게 소통하는 연설가는 그들을 매혹하는 이미지를 환기할 줄 안다. 그가 성공하면 그의 목적은 달성된 것이다. 장광설로 채워진 책 스무 권은 설득해야만 하는 군중의 두뇌에 가 닿는 몇 마디 문장만큼의 가치조차 없다.

군중은 논리적으로 추론할 능력이 없기 때문에 일체 비판 정신을 발휘할 수가 없다는 말을, 즉 진실과 오류를 구분할 수 없으며 그 어떤 것에도 정확한 판단을 내릴 수 없다는 말을 굳이 덧붙일 필요는 없을 것이다. 군중은 오로지 자신에게 강요된 판단만 받아들일 뿐 토론을 통해 내려진 판단은 절대 수용하지 않는다. 이런 관점에서 볼 때 군중의 수준을 능가하지 못하는 사람들도 많다. 어떤 견해가 쉽게 일반적인 의견이 되는 것은 특히 대다수 사람들이 그들 자신의 논리에 따라 어떤 특별한 견해를 갖는 것이 불가능하기 때문이다.

군중의 상상력

추론할 수가 없는 사람들의 경우와 마찬가지로 군중의 표상적 상상력은 매우 강력하고 무척 활동적이며 깊이 감동한다. 어떤 인물이나 사건, 사고가 그들의 마음에 환기한 이미지는 거의 현실만큼이나 생생하다. 군중은 잠자는 사람이랑 비슷하다. 잠을 자는 동안에는 이성을 발휘할 수 없어 강렬한 이미지가 그의 머릿속에 출현한다. 만일 성찰로 이어질 수만 있다면 그 이미지는 순식간에 사라져버릴 것이다. 하지만 군중은 성찰이나 추론할 능력이 없으므로 사실 같지 않은 일을 체험하지 못한다. 그런데 군중에게 가장 큰 인상을 주는 것 역시 도저히 일어날 법하지 않은 일이다.

그래서 사건의 경이적이고 전설적인 측면이 군중에게 극도로 강렬한 인상을 안겨주는 것이다. 어떤 문명이든 자세히 분석해보면 그 문명의 진정한 버팀목은 경이로운 것과 전설적인 것임을 알 수 있다. 역사를 살펴보면 항상 외관이 실재보다 훨씬 더 중요한 역할을 했고, 비현실적인 것이 현실적인 것보다 우세했다.

오직 이미지를 통해서만 생각할 수 있는 군중은 오직 이미지에 의해서만 감동한다. 그들을 공포로 몰아넣거나 매혹하여 행동하게 하는 것은 오직 이미지뿐이다.

그러므로 이미지를 눈에 가장 잘 띄는 형태로 보여주는 연극 공연은 언제나 군중에게 엄청난 영향을 미친다. 고대 로마의 백성은 빵과 연극 공연을 행복의 이상으로 여겨 이들 말고는 아무것도 바라지 않았다. 시대가 바뀌어도 이런 이상은 거의 달라지지 않았다.

군중이 가진 온갖 종류의 상상력을 연극 공연처럼 강하게 자극하는 것은 없기 때문이다. 극장에서는 모든 관객이 동시에 똑같은 감정을 체험한다. 이런 감정이 즉시 행동으로 옮겨지지 않는 것은, 완전한 무의식 상태에 빠진 관객이 자신이 환상에 사로잡혀 상상의 모험을 하며 웃거나 울었다는 사실을 알 수가 없기 때문이다. 그러나 그런 이미지에 의해 암시된 감정은 때로는 매우 강력하여 마치 습관적인 암시처럼 행동으로 표출되려는 경향을 보인다. 어느 대중극장과 관련된 이야기가 자주 사람들 입에 오르내리는데, 이 극장에서는 음울한 비극만 공연하기 때문에 거기서 배반자 역할을 맡은 배우가 연극 공연을 마치고 극장에서 나갈 때면 그가 연극에서 저지른 범죄[그렇지만 상상에 불과한]에 분노한 관객들이 그에게 린치를 가할 가능성에 대비하여 그를 보호해야만 했다고 한다. 나는 바로 이것이야말로 군중의 정신 상태를 가장 잘 보여주는, 그리고 특히 군중이 얼마나 쉽게 암시에 걸리는지를 가장 잘 보여주는 사례라고 생각한다. 비현실적인 것은 현실적인 것만큼 군중에게 영향을 미친다. 군중은 현실적인 것과 비현실적인 것을 구분하지 않으려는 성향을 명백히 보여주기 때문이다.

정복자들의 권력과 국가의 힘도 군중의 상상력에 기반을 두고 있다. 그들의 상상력에 영향을 미치면 그들을 끌고 갈 수 있다. 불교와 기독교, 이슬람교의 창시, 종교개혁, 프랑스혁명, 그리고 현재 이뤄지고 있는 사회주의 세력의 위협적인 침투 등 역사적으로 중대한 모든 사실은 군중의 상상력이 받은 강렬한 감동의 직접적이거나 간접적인 결과들이다.

그러므로 절대 독재자들을 포함한 모든 시대, 모든 나라의 모든 중요한 정치가들은 군중의 상상력을 그들이 가진 권력의 토대로 간주, 그 상상력을 거슬러가며 통치하려고 시도하지 않았다. 나폴레옹은 프랑스 국무회의에서 다음과 같이 말한 적이 있다.

나는 가톨릭교도로 개종함으로써 방데의 반란[25]을 진압할 수 있었습니다. 또 회교도가 됨으로써 이집트에 확고히 자리 잡을 수 있었으며, 교황권 지상주의자가 됨으로써 이탈리아 성직자들도 나를 지지하게 되었지요. 만일 유대민족을 다스려야 한다면 나는 솔로몬 왕의 신전을 재건할 것입니다.

알렉산드로스 대왕과 카이사르 이후로 군중의 상상력이 어떻게 감동받는지를 나폴레옹보다 더 잘 이해한 사람은 아마도 없을 것이다. 그는 늘 군중의 상상력을 사로잡는 데 골몰했다. 전쟁에서 승리를 거두었을 때도, 열띤 토론을 벌일 때도, 연설할 때도, 무슨 행동을 할 때도 그 생각을 했다. 아마도 그는 죽어가면서도 그런 생각에 빠져 있었을 것이다.

---

25 프랑스혁명기에 발생한 왕당파의 반란으로 일명 '방데 전쟁'으로 불린다. 왕당파는 백색군, 혁명파는 청색군으로 구분되었다. 프랑스 서부에 있는 방데 지역의 농민들에 의해 1793년 시작되어 1801년에 공식적으로 막을 내리기까지 정확한 숫자는 알 수 없지만 30~40만에 이르는 사망자를 냈다. 브르타뉴와 멘, 앙주, 노르망디에서 발생한 슈아누리 반란과 밀접한 관련이 있으며, 이들의 반란은 '서부 전쟁'으로 총칭되기도 한다.

그렇다면 군중의 상상력을 어떻게 감동시킬 것인가? 곧 알게 될 것이다. 일단은 군중의 지성이나 이성에 호소하려다가는, 즉 논리적으로 증명하려다가는 군중의 상상력을 결코 감동시킬 수 없다는 말만 해두자. 안토니우스[26]가 카이사르의 암살범들에 대해 분노하도록 군중을 선동하는 데 성공한 것은 유창한 웅변이 아니라 군중 앞에서 그의 유언장을 낭독하고 그의 시체를 보여주었기 때문이었다.

군중의 상상력을 감동시키는 모든 것은 일체의 부차적인 해석이 필요하지 않거나, 아니면 어떤 경이롭고 신비하기 그지없는 몇 가지 사실을 동반하는 강렬하고 매우 선명한 이미지의 형태로 나타난다. 예를 들자면 위대한 승리라든지 엄청난 기적, 흉악한 범죄, 거창한 희망 같은 것이다. 군중에게는 그런 것을 뭉뚱그려서 소개해야지 이들의 발생 경위를 알려주어서는 안 된다. 잡다한 범죄나 사소한 사건은 아무리 많이 발생해도 군중의 상상력을 자극하지 않는다.

반면에 단 한 건의 흉악범죄나 대형 사고는 비록 사소한 사건 백

---

26 Marcus Antonius(BC 82~BC 30), 로마공화정 시대의 정치가이자 군인이다. 율리우스 카이사르의 충성스러운 부하로 카이사르 군대 지휘관이자 행정가였고, 카이사르 사후 옥타비아누스, 레피두스와 함께 제2차 삼두정치를 실시했다. 제2차 삼두정치는 기원전 33년에 중단되고 안토니우스와 옥타비아누스는 불화를 일으켜서 두 진영은 내전에 돌입한다. 두 진영이 맞붙은 악티움 해전에서 옥타비아누스의 군대에 대패했고 이어서 알렉산드리아에서도 패배했다. 기원전 30년 안토니우스는 자살하고 그의 연인이자 함께 옥타비아누스에게 대항한 이집트의 클레오파트라도 자살했다.

건이 초래한 피해를 합한 것보다 훨씬 미미한 피해를 초래할망정 군중의 상상력에는 엄청난 충격을 가할 것이다. 몇 년 전에 파리에서만 몇 주 만에 무려 5천 명의 목숨을 앗아간 유행성 독감도 프랑스 군중의 상상력에는 거의 영향을 주지 않았다. 왜냐하면 이 엄청난 인명 피해가 어떤 가시적인 이미지로 표현되지 않고 일주일 단위로 집계된 사망자 통계로만 발표되었기 때문이다. 그러나 만일 예를 들어 파리의 에펠탑이 무너지는 것 같은 매우 가시적인 사고가 같은 날 공공장소에서 발생하여 5천 명이 아닌 500명이 목숨을 잃는다면 군중의 상상력은 엄청난 충격을 받을 것이다. 대서양을 횡단하던 선박이 연락이 끊겨 조난당한 것으로 추정되자 군중의 상상력이 받은 충격은 일주일이나 지속되었다. 그런데 공식 통계를 보면 1894년 한 해에만 범선 850척과 증기선 203척이 침몰하거나 실종되었다. 그러나 대서양 횡단선이 입었을 수도 있을 인명 피해와 재산 손실보다 훨씬 더 큰 규모의 피해를 본 이 연속적인 소규모 해난 사고에 대해 군중은 단 한 순간도 관심을 보이지 않았다.

그러므로 군중의 상상력에 충격을 가하는 것은 사건 자체가 아니라 그런 사건이 어떻게 분류되어 소개되느냐 하는 것이다. 요컨대 사건은 응축되어 군중의 마음을 꽉 채운 채 떠나지 않는 강렬한 이미지를 생산해내야 한다. 군중의 상상력을 사로잡는 기술을 아는 사람은 그들을 지배하는 기술도 안다.

4.   군중의 확신이 띠는 종교적 형태

종교적 감정을 구성하는 것 — 종교적 감정은 신의 숭배와는 무관하다 — 종교적 감정의 특징 — 종교의 형태를 띠는 확신의 힘 — 여러 가지 예 — 군중의 신은 결코 사라지지 않았다 — 군중의 신들이 다시 태어날 때 띠는 새로운 형태 — 무신론의 종교적 형태 — 역사적 관점에서 이 같은 개념이 갖는 중요성 — 종교개혁과 바르톨로뮤 축일, 공포정치 그리고 이와 유사한 모든 사건은 군중이 품는 종교적 감정의 결과이지 고립된 개인이 발휘하는 의지의 결과가 아니다

앞에서 군중은 이성적으로 추론하지 않는다는 것, 사상을 일괄적으로 받아들이거나 거부한다는 것, 토론이나 반론을 허용하지 않는다는 것, 그리고 그들을 대상으로 하는 암시는 그들의 모든 이해영역으로 침투하여 즉시 행동으로 옮겨지는 경향을 가졌다는 것을 보여주었다. 또 그들이 어떤 이상을 적절하게 암시받으면 그 이상을 위해 자신을 희생할 준비가 되어 있다는 사실도 보여주었다. 그

리고 그들이 오직 과격하고 극단적인 감정만 느낀다는 것을, 그들이 느끼는 공감이 순식간에 숭배로 바뀌고 반감도 일순간에 증오로 돌변한다는 것을 보여주었다. 이 모든 일반적인 현상은 군중이 품고 있는 확신의 성격을 예측하게 한다.

군중의 확신을 조금 더 면밀히 검토해보면, 종교의 시대뿐만 아니라 지난 세기의 정치적 대격변기에도 역시 그러한 확신은 언제나 종교적 감정이라는 이름 말고는 더 나은 이름을 붙일 수 없는 특별한 형태로 나타난다.

이 감정은 우월해 보이는 자를 숭배하고, 그자가 가지고 있다고 추정되는 마술적인 힘을 두려워하며, 그자가 내리는 명령에 맹목적으로 복종하고, 그자가 내세우는 신조에 반론을 제기하지 못하며, 그자의 신조를 전파하려 하고, 그 신조를 추종하지 않는 모든 사람을 적으로 간주하는 등 매우 단순한 특징을 가지고 있다. 이런 감정이 보이지 않는 신에 적용되든, 돌이나 나무로 만든 우상에 적용되든, 어떤 영웅이나 정치적 이념에 적용되든, 그것이 앞에서 제시한 성격을 드러낸다면 바로 그 순간부터 종교적 본질을 갖게 된다. 초자연적인 것과 불가사의한 것도 똑같은 정도로 이 감정 속에 존재한다. 그리하여 군중은 당장 자신을 열광시키는 정치적 신조나 승리를 거둔 지도자에게 무의식적으로 신비한 힘을 부여한다.

사람이 어떤 신을 섬길 때만 종교적인 것은 아니다. 정신적 능력을 모조리 동원, 열의를 다하고 자기 뜻을 굽혀가며 자기 생각과 행동의 목표이자 안내자가 되는 어떤 사상이나 인물에 봉사하는 것 역시 종교적이다.

종교적 감정은 필연적으로 비관용과 광신을 동반한다. 지상에서의 행복이나 영원한 행복의 비밀을 안다고 믿는 사람들은 반드시 이런 성향을 드러낸다. 이 두 가지 특징은 어떤 확신에 자극받아 집단을 이룬 모든 인간에게서 발견된다. 공포정치를 자행한 프랑스의 자코뱅 당원들도 근본적으로는 종교재판소의 가톨릭교도들만큼이나 종교적이었으며, 그들의 잔혹한 열의는 모두 같은 원천에서 비롯되었다.

군중의 확신은 종교적 감정에 고유한 맹목적 순종과 완강한 비관용성, 과격한 선동 욕구 같은 특징을 가진다. 그러므로 군중의 신념은 모두 종교적 형태를 보인다고 말할 수 있다. 군중이 찬양하는 영웅은 그들에게는 신이나 다름없는 존재다. 나폴레옹도 15년간 신처럼 추앙받았으며, 그만큼 완전한 숭배자를 가졌던 신은 결코 없었다. 그리고 그 어떤 신도 그처럼 쉽게 사람들을 죽음에 몰아넣지는 않았다. 다신교와 기독교의 신들조차 자신들이 사로잡은 영혼들에 대해 나폴레옹만큼 절대적인 지배력을 행사하지는 못했을 것이다.

모든 종교적, 정치적 신념을 만든 자들이 이를 창시할 수 있었던 이유는, 인간이 숭배하고 복종하면서 행복해하고 자신의 우상을 위해서라면 목숨이라도 바칠 각오를 하게 하는 광신적 감정을 군중에게 고취하는 데 성공했기 때문이다. 역사의 전환기에는 언제나 이런 일이 발생했다. 퓌스텔 드 쿨랑주[27]는 로마령 갈리아에 대

---

[27] Fustel de Coulanges(1830~1889), 프랑스의 역사학자. 대표작인 《고대도시》(1864)에서 고대 그리스와 로마를 비교 연구하여 종교가 공동체의 형성과 결합을 유지하

한 탁월한 연구서에서 로마제국이 유지된 것은 결코 군사력에 의해서가 아니라 로마제국이 고취시킨 종교적 찬미였다고 정확히 지적했다. 그는 다음과 같이 말한다.

백성들에게 그토록 미움을 사면서도 500년이나 유지된 체제는 세계사에서 그 유례를 찾아볼 수 없을 것이다. (…) 로마제국이 고작 30개 군단으로 1억 명이나 되는 사람들을 복종시켰다는 사실을 설명하기란 쉬운 일이 아니다.

그렇게 많은 이들이 복종한 것은, 로마제국의 위용을 상징하는 황제가 만장일치로 신처럼 숭배되었기 때문이다. 로마제국의 가장 작은 마을에도 황제를 모시는 제단이 있었다고 한다.

그 당시 로마제국 전역에 사는 사람들의 영혼 속에서는 황제를 자신의 신으로 섬기는 새로운 종교가 출현했다. 기독교 시대가 시작되기 몇 년 전, 60개의 도시국가에 의해 대표되는 갈리아 전체가 리옹이라는 도시 근처에 아우구스투스 황제를 숭배하는 신전을 공동으로 건설했다. (…) 갈리아 도시국가들이 모여 선출한 사제

는 원리라고 규정했다. 이후 1875~1892년 발간된《고대 프랑스 정치제도사》에서는 봉건제도를 비롯, 프랑크 왕국의 여러 제도가 로마에 그 기원을 두고 있다고 주장했다.《로마제국의 갈리아》와《게르만족의 침략과 로마제국의 멸망》,《프랑크 왕국》등의 저서도 있다. 르 봉이 여기서 언급하는 저서는《로마제국의 갈리아》다.

들은 그들을 대표하는 유명인사들이었다. (…) 이 모든 것을 두려움과 노예근성 탓으로 돌릴 수는 없다. 모든 민족이 노예로 살지는 않으며, 300년 동안 그래 왔다. 황제를 숭배한 자들은 신하들이 아니라 로마였다. 로마뿐만 아니라 갈리아와 에스파냐, 그리스와 아시아도 황제를 숭배했다.

오늘날에는 군중의 영혼을 정복한 위인을 숭배할 때 제단을 세우는 것이 아니라 동상을 세우거나 그림으로 그리는데, 군중은 이렇게 해서 옛날에 위인들을 숭배했던 것과 별 차이 없이 지금도 위인을 숭배한다. 역사철학을 어느 정도 이해하려면 반드시 이런 군중심리학의 기본 요소를 잘 파악해야 한다. 군중에게는 신이 되든지, 아니면 아무것도 안 되든지 해야 한다.

그리고 이 현상을 이성이 확실히 굴복시킨 낡아빠진 미신으로 치부하지는 말아야 한다. 감정은 이성을 상대로 줄기차게 벌여온 투쟁에서 단 한 번도 굴복한 적이 없다. 군중은 신과 종교라는 단어를 더는 듣고 싶어 하지 않는다. 장구한 세월이 흐르는 동안 이들의 이름으로 노예처럼 살아왔던 것이다. 그러나 군중이 지난 백 년 동안 소유했던 만큼 많은 물신物神을 소유한 적은 없었으며, 오래된 신들을 기리는 동상과 제단이 그렇게까지 많이 세워진 적도 없었다. 최근에 '불랑제 장군 지지 운동'이라는 이름으로 진행된 대중운동을 연구해본 사람은 군중의 종교적 본능이 얼마나 쉽게 부활하는지를 알 수 있었을 것이다. 심지어는 시골 여인숙에도 그 영웅의 초상화가 걸려 있었다. 그는 모든 불의와 온갖 해악을 물리칠 수 있는 능력을 갖춘 인물로 믿어졌다. 그리하여 수많은 사람이 그를 위해서라면 기꺼이 목숨을 바쳤을 것이다. 만일 그의 성격이 그의 전설을 조금이라도 받쳐줄 힘만 가졌더라면 그는 역사에서 큰 자리를 차지했을 것이다!

그래서 군중에게는 종교가 반드시 필요하다는 것은 두말할 필요가 없다. 왜냐하면 정치적 신념과 종교적 신념, 사회적 신념은 오직 군중을 반론으로부터 보호해주는 종교적 형태를 띨 때에만 그들의 마음속에 자리 잡기 때문이다. 설령 군중으로 하여금 무신론을 받아들이게 하는 게 가능하다 하더라도 그 역시 종교적 감정의 편협한 광신성을 드러낼 것이고, 외부로 표현되는 형태도 얼마 안 있어 예배가 되고 말 것이다. 실증주의를 추종하는 한 소수파의 변화 과정은 이에 관한 흥미로운 증거를 우리에게 제공한다. 이 소수파에게 일어난 일이 한 허무주의자에게 일어났는데, 통찰력을 가진 도스토옙스키는 이 허무주의자에 관한 이야기를 우리에게 들려준다. 어느 날 이성의 빛을 받아 계몽된 그는 교회의 제단을 장식하고 있던 신들과 성자들의 성상을 부숴버리고 촛불도 꺼버린 다음 단 한 순간도 망설이지 않고 부서진 성상들을 뷔히너[28]와 몰레스호트[29]

---

28 Georg Büchner(1813~1837), 독일의 극작가. 자연주의자와 표현주의자의 선구자로 통한다. 정치 활동에도 참여했는데, 현대연극의 여러 과제를 가장 먼저 다룬 극작가로 유명하다. 주요 작품으로 《당통의 죽음》이나 《보이체크》 등이 있다.

29 Jacob Moleschott(1822~1893), 네덜란드의 생리학자. 생명을 기계적, 화학적으로 설명했고 특히 사상이 뇌의 인소에서 비롯된다고 주장했다. 그리고 세계는 근본물질의 운동이며 만물은 자연법칙에 의해 규정된다고 설명했다. 《생명의 순환》이 대표 저서다.

같은 몇몇 무신론자의 저서로 대체한 후 경건한 마음으로 촛불을 다시 켰다. 그런데 이처럼 그가 종교적 신념의 대상을 바꿨다고 해서 과연 그의 종교적 감정까지 변했다고 단언할 수 있을까.

거듭 말하건대, 군중의 확신이 항상 결국에는 취하게 마련인 이 종교적 형태를 충분히 파악하지 않으면 매우 중요한 역사적 사건을 제대로 이해할 수 없다. 박물학적 관점보다는 오히려 심리학적 관점에서 연구해야 하는 사회적 현상도 있다. 우리의 위대한 역사학자 텐도 프랑스혁명을 오직 박물학적 관점으로만 연구한 나머지 이 대사건이 발생한 실제 원인을 제대로 이해하지 못하는 경우가 자주 있었다. 그는 사실들을 완벽하게 관찰했지만, 군중심리학을 연구하지 않았기 때문에 그 원인으로 거슬러 올라가는 데는 항상 실패했다. 그는 사건들의 잔혹하고 무질서하며 가차없는 측면에 질겁했기 때문에 이 역사적 사건의 주인공들이 고삐 풀린 본능을 마음껏 발산하며 미쳐 날뛰는 광포한 무리에 불과하다는 생각밖에는 하지 못했다. 프랑스혁명의 난폭성과 대량학살, 선동 욕구, 모든 왕에 대한 선전포고는, 그 혁명이 단지 군중의 정신에 새로운 종교적 신념을 정착시키는 과정에 불과했다는 것을 깨달아야만 비로소 설명될 수 있을 것이다. 종교개혁과 바르톨로뮤 축일(1572년 8월 24일)에 벌어진 신교도 대학살, 종교전쟁, 스페인의 종교재판, 자코뱅당의 공포정치 역시 필연적으로 새로운 신념의 정착에 반대하는 자들을 모조리 무자비하게 불태워 죽이거나 칼로 베어 죽이게 하는 종교적 감정에 고무된 군중이 만들어낸 동일한 현상이었다. 죽음의 위협 앞에서도 흔들리지 않을 만큼 굳건한 종교적 확신을 가진 사람들에게는 종교재판이라는 방법을 썼다. 만일 그들이 다른 방법을 썼다면 그처럼 확실한 종교적 확신을 품지 않았을 것이다.

내가 방금 인용한 것과 유사한 격변은 군중의 영혼이 그것들을 나타나게 할 때에만 발생할 수 있다. 절대적 권력을 가진 독재자라도 그런 격변을 유발할 수는 없을 것이다. 바르톨로뮤 축일의 대학살을 왕 한 사람이 저질렀다고 말하는 역사학자들은 자신들이 왕의 심리도 모르고 군중의 심리도 모른다는 것을 자백하는 셈이다. 그런 격변이 현실에서 이루어지도록 할 수 있는 것은 오직 군중의 영혼뿐이다. 가장 전제적인 국왕이 휘두르는 가장 절대적인 권력도 그런 격변의 순간을 조금 앞당기거나 지연시키는 정도밖에는 하지 못한다. 왕들이 바르톨로뮤 축일에 대학살을 저지르거나 종교전쟁을 일으킨 게 아니듯이 공포정치도 로베스피에르[30]나 당통[31], 생쥐

30 Robespierre(1758~1794), 프랑스혁명을 주도한 혁명 정치가로 법학자이기도 했다. 공포정치를 행하다가 오히려 테르미도르의 쿠데타로 반대파에게 처형당했다. 루소의 이상을 실현하고자 한 자코뱅파의 지도자로 사실상 독재정치를 행하여 프랑스를 지배했고 숙청을 통한 공포정치로 많은 반대파를 단두대에 보냈기 때문에 '피로 물든 손'이라고 불렸다. 결국, 자신도 1794년 단두대의 희생양이 된다.

31 Georges Jacques Danton(1759~1794), 프랑스혁명기의 정치가. 샹파뉴에서 출생한 그는 로베스피에르, 마라와 함께 '프랑스 대혁명의 3거두'라고 불린다. 법률을 공부하여 변호사가 되었다가 혁명이 일어나자 지도자로서 활약했다. 웅변가로서도 알려졌으며, 특히 "적을 쳐부수기 위해서는 하나에도 용기, 둘에도 용기다"라고 한 연설은 유명하다. 1790년 자코뱅당에 가입하여 혁명 재판소를 설치하고 왕당파를 처형했다. 그러나 로베스피에르와 뜻이 맞지 않는 일이 잦았고 결국 1794년에 전세가 호전되기 시작하자 3월부터 시작된 혁명 세력 내의 좌우파에 대한 탄압 중에 "외국인과 결탁하여 뇌물을 받고 반혁명 세력을 도와준 혐의"로 혁명 재판을 받고 단두대에서 처형당했다.

스트[32]에 의해 저질러진 것이 아니었다. 그런 사건들의 저변에는 언제나 군중의 영혼이 발견될 뿐 왕들의 권력은 결코 발견되지 않는다.

---

32 Saint-Just(1767~1794), 프랑스의 정치가. 프랑스혁명기에 로베스피에르와 함께 공포정치를 이끌었지만 이후 반대파에게 처형당했다.

1. 군중의 견해와 신념을 결정하는 간접 요인

군중이 품는 신념의 예비 요소들 ─ 군중이 품는 신념의 탄생은 이전에 이루어진 작업의 결과다 ─ 이 신념을 탄생시키는 여러 가지 요인에 관한 연구

• 인종 ─ 인종이 해내는 주도적 역할 ─ 인종은 조상의 암시를 표현한다

• 전통 ─ 전통은 인종의 정신 상태를 종합한 것이다 ─ 전통의 사회적 중요성 ─ 전통은 처음에는 필요했다가 어떤 점에서 해를 끼치는가 ─ 군중은 전통 사상을 가장 끈질기게 고수한다

• 시간 ─ 시간은 신념의 정립에 이어 신념의 파괴를 연속적으로 준비한다 ─ 시간 덕분에 질서는 혼란에서 벗어날 수 있다

• 정치적, 사회적 제도 ─ 제도의 역할에 대한 잘못된 생각 ─ 제도의 영향력은 대단히 미약하다. 제도는 결과지 원인이 아니다 ─ 군중은 그들이 가장 훌륭하다고 생각하는 제도를 선택할 수가 없다 ─ 제도는 전혀 다른 것을 하나의 같은 제목으로 묶는 분류표라고 할 수 있다 ─ 제도는 어떻게 만들어질 수 있는가 ─ 예

를 들면 중앙집권제처럼 이론적으로는 안 좋은 몇몇 제도가 어떤 민족에게는 꼭 필요하다

• 교육 ─ 교육이 군중에게 미치는 영향에 대한 현재의 잘못된 생각 ─ 통계지표 ─ 라틴계 민족이 시행하는 교육의 부정적인 역할 ─ 교육이 끼칠 수 있는 영향 ─ 여러 민족이 제공하는 실례

앞에서 우리는 군중의 정신구조를 살펴보았다. 우리는 그들이 느끼고 생각하고 추리하는 방식을 알게 되었다. 이제 여기서는 군중의 견해와 신념이 어떻게 형성되고 확립되는지를 살펴보기로 하자.

군중의 견해와 신념을 결정하는 요인은 간접 요인과 직접 요인의 두 부류로 나뉠 수 있다.

간접 요인은 군중이 어떤 확신은 받아들이고 또 어떤 확신은 절대 그들의 정신에 침투하지 못하게 할 능력을 부여한다. 이 요인들은 그 힘과 결과가 놀라움을 불러일으키는 새로운 사상이 싹틀 수 있는 토양을 마련해준다. 어떤 사상은 군중 사이에서 때때로 아연실색할 만큼 갑작스럽게 급증하여 실천되기도 한다. 그러나 이는 표면적인 효과에 불과하고, 그 이면에서 어떤 오랜 사전 작업이 이루어졌는지를 알아내야 한다.

직접 요인은 이 오랜 작업에 덧붙여져[이 작업이 이루어지지 않으면 직접 요인은 효과를 발휘할 수 없을 것이다] 군중을 적극 설득하도록 해준다. 다시 말하자면 사상에 형태를 부여하고, 그 사상이 모든 영향력을 발휘할 수 있도록 해주는 것이다. 집단이 어느 날 불현듯

결연한 의지에 불타올라 봉기하게 할 것도 바로 이런 직접 요인이다. 이 요인이 소요나 파업을 일으키도록 하기도 한다. 또한 절대다수가 단 한 사람에게 권력을 몰아주거나 정부를 전복시키도록 하기도 한다.

우리는 역사상의 모든 큰 사건에서 이 두 가지 요인이 연속적으로 작용하는 것을 확인할 수 있다. 프랑스혁명[가장 충격적인 대사건 중에서 하나만 인용하자면]의 간접 요인으로는 철학자들의 저술과 귀족들의 수탈, 학문 사상의 발달 등을 들 수 있다. 이렇게 준비된 군중의 영혼은 그러고 나자 웅변가들의 연설이라든지 왕당파가 내놓은 무의미한 개혁안에 대한 저항 등 직접적인 요인에 쉽게 고무되었던 것이다.

간접 요인 중에는 군중의 모든 신념과 견해의 저변에 존재하는 일반 요인도 있다. 인종이라든가 전통, 시간, 제도, 교육이 그런 것들이다.

이제부터 이런 여러 가지 요인이 어떤 역할을 하는지 검토해보자.

인종

인종은 중요성에서 다른 모든 요인을 압도하는 요인이므로 최우선으로 고려해야 한다. 이 요인은 앞서 언급한 나의 저서에서 충분히 다루었기 때문에 굳이 여기서 재론할 필요는 없을 것 같다. 나는 역사적 인종이 무엇인지를 보여주었다. 그리고 그 인종의 성격이 형성되었을 때 어떻게 그 인종이 유전법칙에 의해 강력한[신념과 제도, 예술 등 요컨대 그 인종의 문명을 구성하는 모든 요소가 그 영혼의 외적 표현에 불과할 정도의] 힘을 가지게 되는지도 보여주었다. 이어서 나는 인종의 힘은 엄청나게 강력하여 그 어떤 요소도 가장 심대한 변화를 겪지 않으면 한 민족에게서 다른 민족으로 이식될 수 없다는 것을 보여주기도 했다. [이 명제는 여전히 매우 새롭고, 역사가 이 명제 없이는 전혀 이해될 수 없기 때문에 나는 이전에 쓴 책《민족 진화의 심리 법칙》에서 이 명제를 증명하는 데 네 개의 장을 할애했다. 이 책의 독자는 겉보기와는 달리 언어와 종교, 예술 등 문명의 모든 요소는 이 민족에서 저 민족으로 결코 아무 문제 없이 전해질 수 없다는 사실을 알게 될 것이다.] 어떤 시기의 환경과 상황, 사건들은 그 시기의 사회적 암시를 표현한다. 그런 암시는 상당한 영향력을 지닐 수 있다. 그러나 그 같은 암시들이 인종의 암시들, 즉 조상들이 주는 암시들과 상반될 때 그 암시가 발휘하는 영향은 언제나 일시적인 것에 불과하다.

나는 이 책의 몇몇 장을 할애해 민족의 영향력을 재검토하고, 이런 영향력이 군중의 영혼에 고유한 특징을 지배할 정도로 강력하다는 사실을 보여줄 것이다. 여러 나라의 군중이 신념과 행동에서 매우 큰 차이를 보이고 똑같은 영향을 받지 않는 것은 바로 이 같은 사실 때문이다.

전통

전통은 과거의 사상과 욕구, 감정을 나타낸다. 전통은 인종의 총합체이며, 그 무게 전체로 우리를 압박한다.

과거가 존재의 진화에 엄청난 영향을 미친다는 것을 발생학이 증명한 이후로 생물학은 변화했다. 역사학계 역시 이런 개념이 더욱 확대되면서 적잖은 변화를 겪었다. 그러나 이 개념은 아직 충분히 전파되지 않아서 오늘날 많은 정치가는 '사회는 자신의 과거와 단절할 수 있으며 오직 이성의 빛만을 안내자로 삼음으로써 완전히 새롭게 만들어질 수 있다'고 믿었던 지난 세기 이론가들의 사상에서 단 한 발짝도 벗어나지 못하고 있다.

민족은 과거가 창조해낸 유기적 조직체로서 다른 모든 유기체와 마찬가지로 오직 유전 형질들이 서서히 축적되어야만 변화될 수 있다.

사람들을 이끌어나가는 것은, 특히 사람들이 군중을 이루었을 때 그들을 이끌어나가는 것은 바로 전통이다. 그리고 내가 앞에서 거듭 말했듯이, 그들이 그런 전통의 구성요소 가운데 쉽게 변화시킬 수 있는 것은 오직 이름과 외면적인 형태뿐이다.

그렇더라도 유감스러워해서는 안 된다. 전통이 없으면 민족의 영혼이나 문명도 형성될 수 없을 것이기 때문이다. 그리하여 인간이 존재한 이후로 그의 가장 중요한 두 가지 관심은 그가 물려받은 여러 전통의 그물을 만들고, 이어서 그 유익한 효과가 사라지면 파괴해버리는 것이었다. 전통이 없으면 문명도 없다. 이 전통을 천천히 파괴하지 않으면 진보도 이뤄지지 않는다. 안정성과 가변성 사이에서 정확한 균형을 잡는 것이야말로 어려운 일이다. 그 일은 엄청나게 어렵다. 어떤 민족이 관습이 자신들에게 너무 확고히 뿌리를 내리도록 여러 세대에 걸쳐 그냥 내버려 두면 더는 변화하지 못하고 중국처럼 정체 상태에 빠질 수도 있다. 그런 경우에는 폭력혁명도 아무 소용이 없다. 부서진 사슬의 파편들이 다시 접합되듯 과거가 아무 변화 없이 영향력을 회복하든지, 아니면 파편들이 여전히 흩어져 있는 무정부 상태가 곧 쇠퇴로 이어지기 때문이다.

그러므로 과거의 제도를 유지하되 거의 감지되지 않을 정도로 조금씩 변화시키는 것이 바로 민족의 이상이다. 그 같은 이상을 실현한다는 건 쉬운 일이 아니다. 고대 로마인과 현대의 영국인만이 그런 이상에 그나마 근접하여 실현했을 따름이다.

전통 사상을 지독할 정도로 끈질기게 고집하며 변화를 매우 완강하게 거부하는 보수주의자들이 바로 군중이며, 특권 신분을 구성하는 군중의 범주가 특히 그런 태도를 보여준다. 나는 앞에서 군중의 보수적 기질을 강조하면서 가장 과격한 반란도 단지 단어들을 바꾸는 선에서 막을 내리고 만다는 사실을 증명해 보였다. 교회가 파괴되고 성직자들이 추방되거나 단두대의 이슬로 사라지는 등 가톨릭교에 대해 전반적인 박해가 이루어졌던 18세기 말에 낡은 종교 사상이 그 힘을 완전히 잃었다고 생각할 수도 있겠지만, 폐지된 종교의식을 많은 사람의 요구에 못 이겨 겨우 몇 년 만에 다시 허용해야만 했다. [텐이 인용한 푸르크로이라는 관습주의자 출신이 쓴 보고서는 이 같은 관점에서 볼 때 매우 설득력이 있다. "주일을 지키고 교회에 나가는 사람들을 어디서나 볼 수 있다는 것은 곧 프랑스인의 대다수가 옛 풍습으로 되돌아가고 싶어 한다는 것을 의미하므로 이 전국적인 추세를 막으려고 해봤자 아무 소용이 없다. (…) 국민 대부분이 종교와 예배, 성직자를 필요로 한다. 나 자신도 이런 오류를 저질렀지만, 교육이 종교적 편견을 타파할 수 있을 만큼 광범위하게 시행될 수 있다고 믿는 것은 몇몇 현대 철학자들의 오류에 불과하다. 종교적 편견이야말로 수많은 불행한 사람들에게 위안을 주는 원천이기 때문이다. 따라서 성직자와 제단, 예배를 대다수 국민에게 허용해야 할 것이다.] 잠시 모습을 감추었던 낡은 전통들은 다시 영향력을 회복했다.

그 어떤 사례도 군중의 정신을 지배하는 전통의 위력을 위의 사례만큼 잘 보여주지는 못한다. 가장 무시무시한 우상이 신전에서 사는 것도 아니고, 가장 독재적인 폭군이 왕궁에서 사는 것도 아니다. 우상이나 폭군은 모두 단 한 순간에 무너질 수 있기 때문이다. 그러나 우리 영혼 속에 군림하는 보이지 않는 지배자들은 우리가 아무리 저항해도 꿈쩍하지 않으며, 다만 오랜 세월이 흐르는 동안 쇠약해져 서서히 사라질 뿐이다.

시간

시간은 생물학적 문제뿐만 아니라 사회적 문제에도 가장 강력한 영향을 미치는 요인 가운데 하나다. 시간이야말로 단 하나의 진정한 창조자요 위대한 파괴자이다. 시간은 모래알로 산맥을 만들었으며 지질학적 시대의 하찮은 단세포 생물을 존엄성을 갖춘 인간으로까지 끌어올렸다. 수백 년의 세월이 지났는데도 변화하지 않는 현상은 없다. 흰개미가 시간만 충분하다면 몽블랑산이라도 평평하게 만들 수 있을 것이라는 말은 결코 과장이 아니다. 어떤 존재가 시간을 자기 마음대로 조종할 수 있는 마력을 소유한다면 신도들이 오직 신만이 지녔다고 믿는 권능도 가질 수 있을 것이다.

그러나 여기서는 군중의 견해가 만들어지는 과정에서 시간이 미치는 영향만을 다루기로 한다. 이런 관점에서 본 시간의 영향력은 실로 엄청나다. 인종처럼 거대한 힘은 시간에 좌우되며 시간 없이는 형성될 수 없다. 시간은 모든 신념을 만들어내고 키우고 없앤다. 모든 신념은 시간에 의해 힘을 얻지만, 또한 시간에 의해 그 힘을 잃기도 한다.

특히 시간은 군중의 견해와 신념을 혹은 적어도 그것이 싹틀 토양을 마련한다. 그래서 일부 사상은 어떤 시대에는 실현될 수 있지만, 또 다른 시대에는 실현되지 못할 수도 있다. 시간이 신념과 사고의 거대한 잔해를 모아놓으면 그 위에서 어느 한 시대의 사상이 탄생한다. 사상이 아무렇게나 우발적으로 싹을 틔우지는 않는 것이다. 사상은 머나먼 과거에 뿌리를 박고 있다. 사상이 꽃을 피우는 것은 시간이 사상의 만개를 준비했기 때문이다. 사상의 발생 과정을 이해하려면 반드시 과거로 거슬러 올라가야만 한다. 사상은 과거의 딸이요 미래의 어머니지만 언제나 시간에 매여 있다.

그러므로 시간은 우리의 진정한 지배자이며, 만물이 변화하도록 하기 위해서는 시간이 작용하도록 내버려 두기만 하면 된다. 오늘날 우리는 군중의 위협적인 열망과 그 열망이 예고하는 파괴와 격변에 크게 불안해하고 있다. 시간은 그 자체만으로도 균형을 다시 회복시킬 수 있을 것이다. 그래서 라비스[1]의 다음과 같은 주장은 매우 타당하게 보인다.

하루아침에 수립된 체제는 없다. 정치 조직과 사회 조직의 확립은 수백 년을 필요로 하는 일이다. 봉건제는 수백 년 동안 일정한 형태도 없이 혼란스러운 상태로 머물러 있다가 그 자체의 규칙을 발견했다. 절대군주제 역시 몇백 년 동안 그런 상태로 머물러 있다가 정상적인 통치 방법을 발견했다. 그리고 그런 기다림의 시절에는 엄청난 혼란이 발생했다.

정치제도와 사회제도

제도가 사회의 결함을 고칠 수 있고, 제도와 정부가 완전해지면 국민도 발전하며, 법령으로 사회를 변화할 수 있다는 생각은 아직도 널리 퍼져 있다. 바로 이 같은 생각이 프랑스혁명의 출발점이었으며, 현재 통용되는 사회 이론의 기반을 이루고 있다.

아무리 지속적인 경험이라도 이처럼 심각한 공상을 뒤흔들어놓

---

1 Ernest Lavisse(1842~1922), 프랑스의 역사학자. 저서로 《프로이센 역사 연구》와 《독일의 세 황제》, 《프리드리히 대왕의 청소년기》 등이 있다.

는 데 성공하지는 못했다. 철학자들과 역사학자들이 나서서 그런 생각이 얼마나 터무니없는지를 증명하려고 애썼지만 헛일이었다. 그렇지만 제도는 사상과 감정, 관습의 산물이며, 법전을 고쳐도 바뀌지 않는다는 사실을 보여주는 것은 어려운 일이 아니었다. 머리카락이나 눈동자 색깔을 자기 마음대로 선택하지 못하듯이 제도도 자기가 원하는 대로 선택하지 못한다. 제도와 정부는 인종의 산물이다. 어떤 시대의 창조자가 아니라 그 시대의 피조물이다. 민족은 어떤 시대에 그들이 부리는 변덕대로 통치되는 것이 아니라 그들의 민족성이 요구하는 대로 통치된다. 어떤 하나의 정치체제를 만들려면 수백 년이 걸리고, 또 그 체제를 바꾸려면 몇백 년이 걸린다. 제도는 타고난 덕성이 전혀 없다. 그 자체로 좋지도 않고 나쁘지도 않다. 어떤 일정한 순간에 특정 민족에게 좋은 제도도 다른 민족에게는 극도로 안 좋을 수 있다.

그러므로 어떤 민족이 실제로 자신들의 제도를 바꾼다는 건 불가능한 일이다. 어떤 민족은 폭력 혁명을 대가로 치러가며 제도의 이름은 바꿀 수 있을지 모른다. 그러나 단언컨대 제도의 본질은 달라지지 않는다. 이름이라는 것은 사건의 본질에 어느 정도 접근해가는 역사학자라면 관심을 둘 필요가 거의 없을 정도로 하찮은 꼬리표에 불과하다. 예를 들면 전 세계 국가 가운데 가장 민주적인 영국은 입헌군주제를 채택하고 있지만 [미합중국에서 가장 진보적인 공화주의자들도 이 사실을 인정한다. 이 같은 견해가 미국에서 발행되는 《포럼》 최근호에서 솔직하게 표현되었고 《리뷰 오브 리뷰》 1894년 12월 호에 다시 실렸다. 그 내용은 다음과 같다. "심지어 귀족정치에 대한 가장 맹렬한 적대자들조차 오늘날 영국이 세상에서 가장 민주적인 나라, 개인들의 권리가 가장 존중받는 나라, 개인이 가장 많은 자유를 누리는 나라라는 사실은 절대 잊지 않을 것이다.") 가장 억압적인 독재정치가 만연하는 아메리카의 스페인계 공화국들은 공화제를 채택하고 있다는 사실로도 증명된다. 어떤 민족의 운명을 결정하는 것은 민족성이지 정부가 아니다. 나는 앞서 나온 책(《민족 진화의 심리 법칙》)에서 확실한 사례를 제시하면서 이런 견해를 확립하려 노력했다.

그러므로 제도를 꼼꼼하게 만드느라 시간을 낭비하는 것은 결국 유치한 짓이요 무지한 수사학자의 헛짓거리에 불과하다. 우리가 필요성과 시간이라는 두 가지 간접 요인이 작용하도록 지혜를 발휘한다면 이 요인이 제도를 만드는 일을 하게 될 것이다. 앵글로색슨족이 바로 이렇게 했는데, 그들의 저명한 역사학자 매콜리[2]는 모든 라틴계 국가의 정치인들이 깊이 명심해야 할 구절에서 바로 그렇게 말한다. 그는 순수이성의 관점에서 볼 때 부조리와 모순이 뒤섞인 혼돈으로 보이는 법률이 어떤 이익을 제공할 수 있는지를 보여준 다음 유럽과 아메리카 라틴계 민족들의 격동에 휩쓸려 사라져버린 몇십 개의 제도와 잉글랜드를 비교하고, 잉글랜드의 제도들은 결코 사변적 논리에 의해서가 아니라 즉각적인 필요에 따라 아주 서서히 변화되어왔을 뿐이라고 지적한다.

---

2 Thomas Macaulay(1800~1859), 영국의 역사학자이자 정치가. 인도 총독의 고문으로서 법 앞에서 모든 인간이 평등하다고 주장하고 영어 교육과 인도 형법전 작성 등 인도를 통치하는 데 중요한 제안을 했다. 대표 저서로는 《제임스 2세가 살해당하고 난 이후의 잉글랜드 역사》가 있다.

균형에 대해서는 일체 신경 쓰지 말고 최대한 유용성에 대해서만 신경 쓸 것. 단지 그것이 변칙이라는 이유만으로 변칙을 배제하지 말 것. 상당한 정도의 불편함이 느껴질 때 말고는 절대 새로운 것을 도입하지 말 것. 불편을 없앨 정도로만 혁신할 것. 개선해야 하는 특수한 경우보다 더 광범위한 제안은 일절 하지 말 것. 바로 이것이 존의 시대부터 빅토리아 시대까지[3] 250차례에 걸쳐 열린 국회에서 토의를 이끌어온 규칙이다.

각 민족의 법률과 제도가 그들의 욕구를 어느 정도까지 표현하는지를, 그러므로 이들이 급격히 바뀌어서는 안 된다는 것을 보여주기 위해서는 하나씩 검토해야 할 것이다. 예를 들어 우리는 중앙집권화의 장점과 결점에 관한 글을 철학적 관점에서 쓸 수도 있을 것이다. 그러나 매우 다양한 인종으로 구성된 민족이 천 년씩이나 애를 써서 이 같은 중앙집권화를 서서히 이룩했다는 것을 안다면, 그리고 과거의 모든 제도를 혁파하겠다는 목적을 가진 대규모 혁명도 이런 중앙집권화를 어쩔 수 없이 고려해야만 했을 뿐 아니라 이를 지나칠 정도로 강조했다는 사실을 확인한다면, 우리는 중앙집권화가 절박한 필요성의 소산이며 민족의 존재 조건 자체라는 사실을 기꺼이 인정하고, 나아가 중앙집권체제를 파괴해야 한다고 말하는 정치인들의 빈약한 정신적 능력을 불쌍히 여기게 될 것이다. 설사

---

3   존(1166~1216)의 재위 기간인 1199~1216년부터 빅토리아(1819~1901)가 왕위에 오른 1837년 이후 매콜리가 활동한 1859년 이전까지를 말한다.

정치가들이 우연히 중앙집권체제를 무너뜨리는 데 성공했다 하더라도, 곧이어 치열한 내전[심각한 사회문제들이 발생하여 혼란기로 접어든 프랑스에서 다양한 분파를 탄생시킨 근본적인 종교적 정치적 내분들과 프랑스혁명 기간에 명백히 표출되었다가 프로이센-프랑스전쟁의 막바지에 다시 표면화되기 시작한 분파주의 경향들을 비교해보면 프랑스를 구성하는 다양한 민족성이 완벽하게 혼합되기까지는 아직 한참 멀었다는 것을 알 수 있으리라. 프랑스혁명기의 강력한 중앙집권화와 전통적인 대교구들을 뒤섞어 인위적인 행정구역으로 재편성하는 작업은 확실히 매우 유익했다. 만일 오늘날 예지력이 결핍된 정신의 소유자들이 입버릇처럼 주장하고 있는 지방분권화가 성공한다면 그 즉시 피비린내 나는 혼란과 무질서가 찾아올지도 모른다. 프랑스 역사를 완전히 잊어버리지 않는 한 이 사실을 등한시할 수는 없다.]이 벌어져 그 결과 과거보다 훨씬 억압적인 새로운 중앙집권체제가 즉시 수립될 것이다.

여기서 군중의 영혼에 깊은 영향을 줄 수 있는 수단을 제도에서 찾아서는 안 된다는 결론을 내리기로 하자. 민주적 제도를 갖춘 미국 같은 나라는 크게 번영하고 있는 반면 아메리카의 스페인계 공화국 같은 나라들은 똑같은 제도를 갖추었으면서도 한심할 정도의 무정부 상태에 머물러 있다. 이 제도는 미국 같은 나라의 위대함과는 무관하듯 아메리카 스페인계 공화국들의 몰락과도 무관하다. 민족은 각기 자신들의 민족성에 지배되므로, 이 민족성에 맞추어 만들어내지 않은 모든 제도는 잠시 빌려 입은 옷이나 한번 쓰고 버리는 가면 같은 것에 불과할 뿐이다. 물론 행복을 가져다주는 초자연적 능력을 가졌다고 여겨지는[성자들의 유골이 그런 능력을 가졌다고 여겨지듯이] 제도를 강요하기 위한 참혹한 전쟁과 폭력 혁명이 일어났었고 앞으로도 일어날 것이다. 따라서 어떤 의미에서는 제도들이 그 같은 격변 사태를 일으키기 때문에 군중의 정신에 영향을 미친다고 말할 수도 있다. 그러나 현실적으로 제도는 영향을 미치지 않는다. 왜냐하면 제도는 승리를 거두든 아니면 패배하든 그 자체로는 아무런 가치도 없기 때문이다. 군중의 정신에 영향을 주는 것은 환상과 언어다. 특히 이 비현실적이고 강력한 언어가 가진 놀라운 지배력을 곧 보여줄 것이다.

학습과 교육

어느 한 시대를 지배하는 사상[앞에서 이런 사상이 숫자는 얼마 안 되지만 상당한 영향력을 발휘한다는 사실을 보여주었다]의 맨 앞줄에는 다음과 같은 사상이 자리 잡고 있다. 즉 교육이 인간을 엄청나게 변화시켜 그들을 개선하고 심지어는 평등하게까지 만드는 결과를 얻을 수 있다는 것이다. 이 같은 주장이 계속해서 되풀이되다 보니 결국 확고부동한 민주주의의 교리가 되었다. 옛날에 교회 교리에 손을 대기가 어려웠던 만큼이나 지금은 민주주의 교리에 손을 대기가 어려울 것이다.

그러나 다른 많은 점에서처럼 이 점에서도 민주주의 사상은 심리학이나 경험의 여건과 일치하지 않았다. 특히 허버트 스펜서를 비롯한 여러 명의 탁월한 철학자들은 교육이 인간을 더 도덕적으로 만들거나 더 행복하게 만들지 못하는 것은 물론 인간이 물려받은 본능이나 정념을 변화시키지 못하고 때로는[교육의 방향이 잘못될 경우] 유익하기보다는 오히려 훨씬 더 큰 해를 끼칠 수도 있다는 사실을 별다른 어려움 없이 증명해 보였다. 통계학자들은 각종 교육이 보편화되면서 범죄 발생률도 증가했고 무정부주의자를 비롯한 사회의 적들이 학교에서 자주 상을 탄다고 주장하면서 그 같은 견해를 뒷받침한다. 아돌프 기요라는 유명한 재판관의 최근 조사 결과를 보면, 현재 문맹자인 범죄자가 천 명인 데 비해 교육받은 범죄자는 3천 명에 달하며, 최근 50년 동안 인구 10만 명당 범죄자의 수가 227명에서 552명으로 늘어서 133퍼센트나 증가했음을 알 수 있다. 기요는 프랑스에서 도제식 교육기관을 대신하여 설립된 무상 의무 교육기관에 다니는 청소년들의 범죄율이 특히 증가했다는 동료 재판관들의 의견에도 동의했다.

　잘 계획된 교육이 피교육자의 도덕적 수준을 향상시키는 것까지는 아니더라도 최소한 그의 직업적 능력을 계발하는 데는 매우 유익하고도 실용적인 결과를 거둘 것이 틀림없다. 그러나 이런 주장을 편 사람은 지금까지 아무도 없었다. 불행히도 라틴계 민족은 특히 최근 25년 전부터 크게 잘못된 원칙에 따라 교육을 해오고 있으며, 브레알[4]이나 쿨랑주, 텐 같이 뛰어난 학자들의 관찰에도 불구하고

4　Michel Bréal(1832~1915), 프랑스의 고전문헌학자로서 현대 의미론의 개척자들 가운데 한 명으로 평가된다. 1864년에 콜레주 드 프랑스의 비교문법학 교수가 됐다. 주요 저서로는《라틴어 어원 사전》과《라틴어 문법》,《의미론》등이 있다.

계속해서 터무니없는 실수를 저지르고 있다. 나는 전에 펴낸 여러 권의 저서[5]에서 프랑스의 현 교육제도가 다수의 피교육자를 사회의 적으로 변모시켰을 뿐만 아니라 사회주의 형태 중에서도 최악의 형태를 신봉하는 자들을 대거 배출했다는 사실을 보여준 적이 있다.

이런 교육제도[라틴식 교육제도라고 불러도 무방할]가 드러내는 첫 번째 위험은, 이 제도가 교과서를 달달 외면 지능이 발달한다는 근본적인 심리학적 오류에 기반을 두고 있다는 것이다. 이때부터 교육을 받는 학생들은 교과서를 최대한 많이 암기하려고 애썼다. 그리하여 초등학교에 입학해서 박사학위를 따거나 교원자격증을 딸 때까지 청소년들은 판단력이나 창의력을 단 한 차례도 발휘해보지 못한 채 오로지 책을 암기하는 데만 몰두해야 한다. 그런 청소년에게 교육은 암기와 복종에 불과하다. 전직 교육부장관인 쥘 시몽은 다음과 같이 썼다.

수업을 듣는 것, 문법이나 요약집을 암기하는 것, 복습하는 것, 모방하는 것, 이런 것들이야말로 아무리 애를 써봤자 결국 교사는 절대 오류를 범하지 않는다고 믿는 일종의 신앙 행위나 다름없어 우리를 정신적으로 쇠약하고 무능한 존재로밖에 만들지 못하는 우스꽝스러운 교육이다.

---

5 1881년에 출간한 《인간과 사회》를 가리키는 것으로 보인다. 이후 르 봉은 사회주의 심리와 교육 심리에 관한 연구를 더욱 구체화하여 1898년에는 《사회주의 심리》를, 1902년에는 《교육 심리》를 펴냈다.

이런 교육이 단지 쓸모없기만 하다면, 초등학교에서 꼭 필요한 것을 배우는 대신 프랑크왕국 클로타르 왕가의 족보나 네우스트리아와 아우스트리아의 싸움[6], 동물분류법 따위를 배우는 불행한 아이들에게 그저 동정심만 표하고 말 수도 있을 것이다. 그러나 문제는 이런 교육이 훨씬 심각한 위험을 안고 있다는 데 있다. 그런 교육을 받은 사람들에게 자신들이 태어난 상황에 대한 극도의 증오심을 심어주고 거기서 탈출하려는 강렬한 욕망을 자극하기 때문이다. 노동자는 더는 노동자로 남아 있으려 하지 않고 농부도 더 이상 농사를 지으려 하지 않는다. 또한 중류 계층에서도 최하층에 속하는 사람들은 자기 아들이 가질 수 있는 직업은 오직 나라에서 월급을 주는 공무원밖에 없다고 생각한다. 프랑스의 학교들은 인생을 살아가도록 준비시키는 대신에 오직 공무원이 되는 데 필요한 교육만 시키는데, 인생의 진로를 스스로 결정한다거나 창의성을 발휘하지 않아도 공무원 시험에 합격할 수 있기 때문이다. 이런 교육 제도는 자신의 운명에 불만스러워하고 언제든지 반란을 일으킬 준비가 되어 있는 프롤레타리아 군단을 사회계층의 하부에 양성한다. 또한, 사회계층의 상부에 자리 잡은 부르주아들은 경솔하고 회의적이며 복지국가를 맹목적으로 신뢰한다. 하지만 이들은 국가를 끊임없이 조롱하고 자기들이 저지른 잘못을 습관처럼 정부 책임

---

6   유럽 중세 초기의 프랑크왕국 메로빙거 왕조(6~8세기) 시대에는 왕국의 서부를 네우스트리나 네우스트라시로, 동부를 아우스트라시아로 불렀는데, 두 지역은 서로 왕국의 주도권을 다투는 경쟁 관계에 있었다.

으로 전가하면서도 정작 당국의 배려 없이는 아무 일도 해내지 못한다.

국가는 교과서의 힘을 빌려 각종 졸업장이나 자격증을 소지한 사람들을 대량으로 생산해내지만 그들 중 아주 적은 숫자만 이용하고 다른 사람들은 실업 상태로 방치한다. 그 결과 국가는 전자들을 먹여 살리는 데 급급하여 나머지 사람들을 적으로 만들어버린다. 지금 사회계층 피라미드의 최하층부터 최상층에 이르기까지, 즉 말단 서기에서부터 대학교수와 도지사에 이르기까지 졸업장이나 자격증을 가진 무수히 많은 사람이 일자리를 얻으려고 치열한 경쟁을 벌이는 중이다. 사업가들이 식민지에 파견할 직원을 찾지 못해 어려움을 겪는 와중에도 구직자 몇천 명이 말단 공무원이라도 시켜달라고 아우성친다. 교원자격증을 소지하고 있으면서도 발령을 받지 못한 남녀가 센구區에만 2만 명이나 되지만, 그들은 시골이나 공장에서 일하는 것을 창피하게 생각하면서 자신들을 먹여 살려줄 것을 국가에 요구한다. 채용 인원이 제한되어 있기 때문에 불평불만을 품은 사람들의 숫자는 엄청나게 많을 수밖에 없다. 이런 사람들은 지도자가 누구건, 어떤 목표를 노리건 간에 상관없이 여차하면 혁명이라도 일으킬 태세를 갖추고 있다. 아무짝에도 쓸모없는 지식을 획득하는 것이야말로 인간이 반란을 일으키게 할 수 있는 가장 확실한 방법이다. [이는 라틴족들에게만 나타나는 현상이 아니다. 확고한 고급 관리 체제가 나라를 이끌어가고 프랑스에서와 마찬가지로 두꺼운 교과서를 단 한 자도 안 틀리고 암송하는 것이 유일한 시험 과목인 과거 시험을 통해 고급 관리가 되는 중국에서도 이런 현상을 관찰할 수 있다. 교육받은 실업자들은 현재 중국에서 엄청난 국가적 재난으로 여겨진다. 인도에서도 동일한 현상을 관찰할 수 있다. 영국이 인도인들에게 본토에서처럼 본격적인 교육을 하기 위해서가 아니라 그냥 읽고 쓰는 수준의 기초적인 것만 가르치려는 목적에서 학교 문을 연 이후로 교육을 받은 '바부'라고 불리는 특수한 계층이 생겨났지만, 그들은 취업에 실패하자 영국 당국의 철천지원수로 바뀌었다. 취업 여부와는 상관없이 바부들에 대한 영국의 교육이 최초로 만들어낸 결과는 그들의 도덕 수준이 엄청나게 저하되었다는 것이었다. 이것이 바로 내가《인도 문명》이라는 저서에서 길게 강조했으며 이 거대한 반도를 방문한 모든 작가도 관찰한 사실이다.]

이런 추세를 바꾸기에는 이미 너무 늦었다는 건 분명한 사실이다. 민족을 가르치는 최후의 교육자라고 할 수 있는 경험만이 우리가 어떤 잘못을 저질렀는지를 우리에게 보여줄 것이다. 또한, 경험만이 우리의 가증스러운 교과서들과 민망스러운 선발시험을 직업교육[우리의 젊은이들이 절대 안 가려고 하는 농촌이나 공장, 식민지 회사로 데려갈 수 있는]으로 대체해야 한다는 필요성을 입증할 수 있을 것이다.

오늘날 식견을 갖춘 사람들이 요구하는 직업교육은 과거에 우리 조상이 받았으며 의지와 창의력, 기업정신으로 세계를 지배하는 민족들이 오늘날에도 여전히 받고 있는 교육이다. 내가 나중에 그중 가장 중요한 부분을 인용하게 될 책을 쓴 위대한 사상가 텐은 거기서 과거 프랑스의 교육제도가 오늘날 영국과 미국에서 시행하는 교육과 거의 흡사하다는 사실을 보여주고, 라틴족과 앵글로색슨족의 교육제도를 훌륭히 비교함으로써 두 교육 방법이 만들어낸 결과를 분명하게 밝혀낸다.

설사 프랑스의 전통적인 교육이 인생 낙오자들과 불평분자들밖에 배출해내지 못한다 하더라도, 엄청난 양의 지식을 피상적으로 흡수하고 수많은 교과서의 내용을 완벽하게 암기하여 지적 수준이 향상되기만 한다면 그런 교육의 모든 약점을 그대로 받아들여야 한다는 주장에 동의할 사람이 있을지도 모른다. 그러나 그런 교육이 과연 정말로 지적 수준을 향상시킬 수 있을까? 유감이지만 절대 그렇지 않다! 인생을 성공적으로 이끄는 조건은 판단력과 경험, 창의력, 인격이며, 책에서는 이런 것들을 획득할 수 없다. 책은 참고할 때 보는 사전 같은 것일 뿐, 그 내용을 머릿속에 잔뜩 집어넣고 있어봤자 아무 도움도 안 되는 것이다.

어떻게 해야 직업교육은 지능을 전통적 교육으로는 거의 도달하기 불가능한 수준까지 발달시킬 수 있을까? 텐은 이 문제에 대한 훌륭한 해결책을 들려준다.

사상은 자연스럽고 정상적인 환경에서만 형성될 수 있다. 사상의 싹을 틔워 키워내는 것은, 젊은이가 공장과 광산, 법원, 자습실, 건설현장, 병원에서, 그리고 공구와 자재들, 공사를 보면서, 혹은 고객들과 노동자들, 공사, 잘 만들어지거나 잘못 만들어진, 혹은 돈이 많이 들어가거나 거의 안 들어간 제작물 앞에서 매일같이 받는 무수한 감각적 인상들이다. 바로 이것들이야말로 그렇게 눈과 귀, 손 그리고 심지어는 후각으로 느끼는 아주 미세하고 특별한 지각들로서, 이 젊은이의 의지와는 상관없이 수집되고 은밀하게 가공된 다음 그의 정신 속에 조직되어 곧바로 혹은 나중에 새로운 조합이라든가 단순화, 효율화, 개선 혹은 발명 등을 그에게 암시한다. 프랑스의 젊은이는 많은 것을 얻을 수 있는 나이에 이렇게 소중한 접촉의 기회를, 사회에 동화되는 데 필수적인 모든 요소를 박탈당한다. 그 결과 최소한 7~8년은 학교에 꼼짝없이 붙잡혀 있어야 하므로 사물과 인간 그리고 이것들을 다루는 여러 가지 방법들에 대한 정확하고 예리한 개념이 제공해줄 수 있을 직접적이고 개인적인 경험을 해볼 기회도 박탈당한다. (…) 이 젊은이들의 십중팔구는 그들의 인생에서 효과적이고 중요하며 결정적이기까지 한 몇 년을 그렇게 헛되게 보내버린다. 더구나 시험장에 나타난 젊은이들의 절반이나 3분의 2는 시험에서 낙방한다. 그리고 시험에 합격하여 학위를 받거나 자격증, 졸업장을 딴 젊은이 중에서도 절반이나 3분의 2는 탈진 상태에 있는 것으로 짐작된다. 어떤 날은 무려 두 시간이나 의자에 앉거나 칠판 앞에 선 채 여러 과목을 몰아서 배우며 인류의 모든 지식이 저장된 살아 있는 창고가 되기를 강요당하는 등 지나친 요구를 받는다. 실제로 그들은 이날 두 시간 동안은 지식의 창고였다. 그러나 한 달만 지나면 더는 지식의 창고가 아니다. 이제 그들은 시험을 다시 치를 수조차 없다. 그들이 획득한 지식은 그 양이 너무 많고 무거워 그들의 정신 밖으로 계속 빠져나오는데도 새로운 지식이 그 자리를 채우지 않기 때문이다. 그들은 정신적 활기도 잃어버린다. 또한, 그들의 풍부한 성장 잠재력도 고갈된다. 겉으로는 완숙해 보여도 대개는 속이 텅

비어 있다. 이런 인간은 결혼하여 생활은 건실하게 할지 몰라도 다람쥐 쳇바퀴 돌듯 늘 고만고만하게 살아갈 뿐이다. 자기가 맡은 일은 잘 해내지만, 그걸로 끝이다. 이것이 바로 프랑스 교육이 거둔 평균적인 수확이다. 요컨대 투자한 노력에 비해 성과가 너무 형편없다는 얘기다. 영국이나 미국에서는 반대로 1789년 이전에 프랑스에서 시행된 것 같은 교육이 이뤄지고 있는데, 그런 교육은 투자한 노력에 버금가거나 그 노력을 웃도는 결실을 얻는다.

그러고 나서 이 저명한 역사학자는 프랑스의 교육제도와 앵글로색슨계 국가들의 교육제도 사이에 존재하는 차이점을 우리에게 보여준다. 수많은 특수학교가 있는 프랑스와는 달리 앵글로색슨계 국가들에는 그런 학교가 없다. 그런 국가들의 교육은 책에 의해서가 아니라 실습 위주로 이루어진다. 예컨대 엔지니어에 대한 교육은 학교에서가 아니라 오직 공장에서만 진행되는 것이다. 그렇게 함으로써 각자는 자신의 지능에 따라 직공이 될 수도 있고 작업반장이 될 수도 있으며 적성이 맞으면 엔지니어도 될 수 있다. 이런 교육과정은 열아홉이나 스무 살에 겨우 몇 시간 동안 치르는 시험으로 한 개인의 인생을 완전히 결정하는 교육과정에 비하면 훨씬 민주적일 뿐만 아니라 사회에도 대단히 유익하다.

병원이나 광산, 공장, 건축사무소, 법률사무소 등에 어릴 때 들어간 학생들은 프랑스에서 서기가 법률사무소에서 그렇게 하는 것처럼 혹은 도제가 공장에서 그렇게 하는 것처럼 차근차근 단계를 밟아나가면서 실무를 익힌다. 그들은 실습을 시작하기 전에 미리 일반적이고 개괄적인 교육을 받음으로써 튼튼한 토대를 갖춘 다음 관찰 단계에 들어간다. 더구나 거의 대부분은 자유 시간에는 기술을 가르쳐주는 강의도 원하는 대로 받을 수 있기 때문에 일상적인 현장 체험을 보완할 수도 있다. 이런 제도 덕분에 학생들의 실무능력은 그들의 능력이 허용하는 수준까지, 그리고 그들이 장차 해내야 할 임무와 당장 적응하려고 하는 특별한 작업이 요구하는 방향으로 발달한다. 영국이나 미국에서는 젊은이들이 이렇게 해서 자신의 능력을 최대한으로 발휘한다. 이런 젊은이는 25살이 아니라 그보다 더 어린 나이에도 쓸모 있는 엔지니어가 될 수있을 뿐만 아니라 자신의 사업체까지도 운영할 수 있다. 말하자면 톱니바퀴뿐만 아니라 엔진도 될 수 있다. 이런 실습 교육과 상반되는 교육이 이루어지고 시간이 가면 갈수록 중국과 점점 더 닮아가는 프랑스에서는 막대한 인적자원이 낭비되고 있다.

이 위대한 철학자는 프랑스의 라틴식 교육제도와 실생활 간에 날로 커지는 괴리에 대해 다음과 같은 결론을 내린다.

유년기, 소년기, 청년기로 나뉜 3단계 교육과정에서 학생들을 의자에 앉혀놓고 교과서 위주로 하는 이론 교육은, 학생이 나중에 진입하게 될 성년기와 그가 장차 어른이 되어 담당하게 될 직책은 고려하지 않은 채, 그리고 그가 머지않아 던져질 현실세계도, 그가 미리 적응하든지 아니면 순응해야 할 주변의 사회도, 인간이라면 누구나 스스로 지키고 굳건히 서기 위해서는 사전에 구비하고 무장하고 훈련하고 단련시켜야 하는 투쟁도 배제해버린 채 시험에 합격하여 학위와 졸업장, 자격증을 획득할 목적으로, 오직 그것만을 목적으로 최악의 수단에 의해, 반자연적이고 반사회적인 제도의 적용으로 실습교육의 한없는 유예와 기숙사 제도, 인위적인 연습, 기계적인 주입, 과로에 의해 점점 더 길어지고 과중해졌다. 프랑스 학교들은 이처럼 필수적인 설비를, 다른 모든 것보다도 더 중요한 이 습득물을, 이처럼 견고하게 뭉쳐진 상식과 의지, 용기를 젊은이들에게 제공하지 못한다. 아니, 그와는 정반대다. 프랑스의 학교는 젊은이들이 장차 사회에 자리 잡을 수 있는 결정적인 조건을 갖추도록 도와주기는커녕 오히려 방해한다. 그 결과 그들이 세상에 나가 실제 활동의 영역에 첫발을 내디뎌도 거의 대부분은 고통스러운 좌절만을 연속적으로 겪을 뿐이다. 그러다 보면 프랑스의 젊은이들은 정신적으로 깊은 상처를 입은 채 오랫동안 기분이 상하고 때로는 회복할 수 없을 만큼 망가져버린다. 무척 힘들고 위험한 시련이다. 정신적, 도덕적 균형이 무너지고 다시는 회복 못 할 위기에 빠질 수도 있다. 그러다가 너무 지독한 환멸이 갑작스레 쇄도한다. 실망도 너무 크고 환멸도 너무 쓰라리다. [텐,《현대의 제도》 2권, 1891 참조. 이 글은 텐이 거의 마지막으로 쓴 글이다. 이 글은 이 위대한 철학자가 오랫동안 겪은 체험의 결과를 훌륭히 요약하여 보여준다. 유감스럽게도 외국에서 살아보지 않은 프랑스 대학교수들은 이 글을 완전히 이해하지는 못한다. 지금 상황에서 교육은 어떤 한 국민의 정신 상태에 영향을 미치기 위해 우리가 가지고 있는 유일한 수단이지만, 현재 프랑스의 교육제도가 프랑스를 급속히 퇴보시키는 위험한 요인이며, 젊은이들을 고양시키기보다는 추락시키고 타락시킨다는 사실을 이해할 수 있는 사람이 프랑스에 거의 없다고 생각해야만 한다는 것은 참으로 통탄할 일이다.]

　그런데 내가 위에서 설명한 내용이 군중심리학과 무관한 것은 아닐까? 절대 그렇지 않다. 오늘은 군중 사이에서 싹을 틔우고 있으며 내일이면 활짝 꽃을 피울 사상과 신념을 이해하고자 한다면 그들이 자라나는 토양이 어떻게 마련되는지를 알아야 하기 때문이다. 어느 나라의 젊은이들이 무슨 교육을 받는가를 보면 그 나라가 나중에 어떻게 될지 알 수 있다. 그렇지만 프랑스에서 현세대에게 행해지는 교육을 보면 정말 우울한 예측을 할 수밖에 없다. 군중의 정신 상태를 개선하거나 악화시키는 것은 부분적으로 학습과 교육이다. 그러므로 현 교육제도가 어떻게 군중의 정신 상태를 형성했는지를, 그리고 무관심하고 중립적인 군중이 어떻게 해서 이상주의자들과 웅변가들이 주는 일체의 암시에 기꺼이 복종할 준비가 되어 있는 거대한 불평불만 세력으로 서서히 변해가는지를 보여주어야 할 것이다. 오늘날 불평분자와 무정부주의자가 커나가는 곳도 교실이고, 라틴계 민족이 장차 다가올 쇠퇴의 시간을 맞이할 준비를 하는 곳도 교실이다.

2. 군중의 견해와
신념을 결정하는 직접 요인

• 이미지, 단어, 문구 ─ 말과 문구의 마술적인 힘 ─ 단어의 힘은 단어가 연상시키는 이미지와 연관되어 있을 뿐 단어의 실제 의미와는 무관하다 ─ 이 이미지들은 시대에 따라 다르고 인종에 따라 다르다 ─ 단어들의 마모 ─ 매우 자주 쓰이는 몇몇 단어의 의미가 갖는 수많은 변이의 예들 ─ 옛것을 지칭하는 단어들이 군중에게 안 좋은 느낌을 불러일으킬 때 그 단어에 새로운 이름을 붙이는 정치적 유용성 ─ 인종에 따라 달라지는 단어의 의미 ─ 유럽과 미국에서 서로 다른 민주주의라는 단어의 의미

• 환상 ─ 환상의 중요성 ─ 환상의 중요성은 모든 문명의 토대에서 발견된다 ─ 환상의 사회적 필요성 ─ 군중은 항상 진실보다 환상을 더 좋아한다

• 경험 ─ 오직 경험만이 군중의 영혼에 필요한 진리를 심어주는 한편 위험해진 환상을 파괴할 수 있다 ─ 경험은 오직 자주 반복된다는 조건에서만 영향을 미친다 ─ 군중을 설득하기 위해 경험이 치러야 하는 대가

• 이성 — 이성은 군중에게 전혀 아무 영향도 미치지 않는다 — 군중의 무의식적 감정에 영향을 미쳐야만 그들에게도 영향을 미칠 수가 있다 — 역사에서 논리가 맡는 역할 — 일어날 법하지 않은 사건들의 비밀스러운 원인

우리는 방금 군중의 정신에 특별한 감수성을 부여함으로써 어떤 감정과 사상이 거기서 꽃을 피우도록 하는 간접적이며 예비적인 요인인지 살펴보았다. 이제 우리가 해야 할 일은 직접 작용할 수 있는 요소를 연구하는 것이다. 이 장에서 우리는 이 요인들을 어떻게 다루어야 온전히 효과를 발휘할 수 있는지를 보게 될 것이다.

이 책 제1부에서 우리는 집단의 감정과 사상, 추론방식을 알아보았다. 그렇게 해서 쌓은 지식을 토대로 군중의 정신에 깊은 영향을 미칠 방법을 개괄적으로 추론해낼 수 있을 것이다. 우리는 무엇이 군중의 상상력을 자극하는지를, 그리고 암시[특히 이미지의 형태로 주어지는 암시]의 힘이 얼마나 크고 그 감염력이 얼마나 강력한지를 이미 알고 있다. 그러나 암시들이 매우 다양한 기원을 가질 수 있는 만큼 군중의 정신에 영향을 줄 수 있는 요인도 상당히 다를 수가 있다. 따라서 요인들을 따로따로 살펴보아야 한다. 이는 무용한 연구방법이 아니다. 그런데 어찌 보면 군중은 고대 우화에 나오는 스핑크스와 조금 흡사하다. 즉 군중심리학자가 우리에게 제기하는 문제를 해결하든지, 아니면 그 문제에 잡아먹혀야 한다.

이미지, 단어, 문구

앞의 연구에서 우리는 군중의 상상력이 특히 이미지의 영향을 잘 받는다는 것을 알았다. 우리는 이런 이미지를 항상 가지고 있지는 않지만, 단어와 문구를 적절히 사용하면 환기시킬 수도 있다. 이미지들은 교묘한 솜씨로 잘 조작하기만 하면 과거에 마술사들이 부여했던 신비한 마력을 발휘할 수가 있다. 군중의 마음속에 사나운 태풍이 몰아치게 할 수도 있고 그 태풍을 진정시킬 수도 있다. 지금까지 단어와 문구의 위력에 희생된 인간의 뼈만 쌓아 올려도 이집트 쿠푸 왕[7]보다 훨씬 높은 피라미드를 건설할 수 있을 것이다.

단어의 위력은 단어가 상기하는 이미지와 밀접한 관계가 있을 뿐, 단어가 실제로 갖는 의미와는 전혀 관련이 없다. 그 의미를 규정하기가 결코 쉽지 않은 단어가 때로는 가장 큰 영향력을 발휘한다. 예를 들자면 민주주의와 사회주의, 평등, 자유같이 막연하여 아무리 두꺼운 책으로도 그 의미를 정확하게 규정하기 어려운 단어가 그렇다. 그러나 꼭 그 단어들이 모든 문제를 해결해주는 열쇠라도 되는 것처럼 마술적인 힘이 그들의 음절에 달라붙는다. 그런 단어들은 가장 다채로운 무의식적 욕망과 그 욕망들이 실현되리라는 희망을 종합한다.

---

7   Khufu(재위 BC 2589~BC 2566), 이집트 제4왕조의 파라오. 세계 7대 불가사의 중 유일하게 남아 있는 기자의 대피라미드를 건설했다. 하지만 이런 거대한 유물을 남긴 쿠푸 자신의 유물로는 7.6cm의 작은 상 하나밖에 남지 않았다.

이성과 논증은 어떤 특정한 단어와 문구에 맞설 수가 없다. 이런 단어와 문구를 군중 앞에서 엄숙하게 발설한다고 치자. 그 즉시 군중은 존경심이 가득한 표정으로 머리를 조아린다. 많은 사람은 이를 자연의 힘이나 초자연적인 위력으로 간주한다. 이런 단어와 문구는 사람들의 정신 속에 웅대하고 모호한 이미지가 떠오르도록 하지만, 그 모호함이 바로 단어와 문구의 신비한 힘을 만들어낸다. 우리는 웅대하고 모호한 이미지를 이동식 신전에 감추어져 신자들이 몸을 부들부들 떨며 다가가는 무시무시한 신상에 비교할 수 있다.

단어가 환기하는 이미지는 단어의 의미와 무관하므로 시대와 민족에 따라 달라진다. 어떤 단어에는 어떤 이미지가 일시적으로 고정된다. 즉 단어라는 것은 이미지가 나타나게 하는 초인종에 불과한 것이다.

모든 단어와 모든 문구가 이미지를 환기하는 위력을 지닌 것은 아니다. 이미지를 환기하고 나자 약화되어 군중의 마음에 더는 아무 자극도 주지 못하는 단어와 문구도 있다. 그 결과 그런 단어와 문구는 공허한 메아리에 지나지 않게 될 것이며, 이들을 사용하는 사람이 사고하지 않아도 되는 데에만 쓰일 것이다. 우리는 젊었을 때 배우는 약간의 문구나 일반적 논거만 어느 정도 알고 있으면 이것저것 생각하느라 피곤해하지 않고도 능히 인생을 헤쳐갈 수 있다.

어떤 특정한 언어를 연구해보면, 그 언어를 구성하는 단어는 시대가 바뀌어도 매우 느리게 변화한다는 것을 알 수 있다. 하지만 그런 단어가 환기하는 이미지나 그 이미지와 결합하는 의미는 끊임없이 변한다. 이것이 바로 내가 다른 저서에서 어떤 언어를, 특히 멸망한 민족의 언어를 완벽하게 번역하기는 절대 불가능하다는 결론에 도달한 이유다. 우리가 프랑스어를 라틴어나 그리스어, 산스크리트어로 번역하려 한들, 심지어는 이삼백 년 전에 프랑스어로 쓰인 책을 이해하려고 노력한들 과연 그런 노력이 성공할 수 있을까? 우리는 현대 생활을 하는 우리 뇌 속에 저장되어 있는 이미지와 개념을, 먼 옛날 우리와 다른 조건에서 생활한 인종의 정신 속에 존재했던 상이한 이미지와 개념으로 바꿔놓을 뿐이다. 프랑스혁명을 일으킨 사람들은 자기들이 고대 그리스인과 로마인을 모방한다고 믿었다. 하지만 그들이 기껏 한 일이라고는 고대인이 사용하던 단어에 그것이 결코 갖지 않았던 의미를 부여한 것뿐이었다. 고대 그리스인의 제도와 오늘날 그에 해당하는 단어가 지칭하는 제도 사이에 과연 어떤 유사성이 존재할 수 있겠는가? 공화정이란 철저히 예속된 노예 군중을 지배하는 군소 독재자들의 결합으로 형성되는 본질적으로 귀족적인 제도였다. 이 지방자치적 귀족제도는 노예제에 기초를 두고 있었으며 노예제 없이는 단 한 순간도 존재할 수가 없었다.

그리고 자유라는 단어에 대해 말해보자. 사고의 자유가 존재한다는 생각조차 할 수가 없었으며 도시국가의 신과 법률, 관습에 이의를 제기하는 것보다 더 중대하고 이례적인 범죄는 없었던 고대인이 그 단어에 부여한 의미와 우리가 부여하는 의미가 과연 얼마나 유사할 수 있을까? 또한, 조국이라는 단어를 예로 들어보면, 아테네나 스파르타 사람의 정신 속에서 이 단어는 경쟁 관계에 있었으며 항상 전쟁 중이었던 도시국가들로 이루어진 그리스의 숭배가 아니라 아테네나 스파르타의 숭배를 의미했다. 나아가 서로 다른 언어를 사용하고 다른 종교를 믿으며 경쟁하던 여러 부족과 민족으로 분할된, 그리하여 그들 가운데 한 부족이나 민족과 언제든지 쉽사리 동맹을 맺을 수 있던 카이사르에게 차례로 정복당했던 고대 갈리아인들에게 조국이라는 단어는 과연 어떤 의미로 이해되었을까? 오직 로마만이 갈리아에 정치적, 종교적 단일성을 부여함으로써 이 나라에 조국을 주었다. 굳이 먼 옛날로 거슬러 올라갈 필요 없이 그냥 2세기 정도만 거슬러 올라가 보자. 서슴없이 외세와 손을 잡고 반란을 일으켜 왕에게 거역했던 콩데 공작[8] 같은 프랑스 귀족들이 조국이라는 단어에 부여한 의미가 과연 오늘날 프랑스 사람들이 생각하는 조국이라는 단어에 부여하는 의미와 같을까? 그리고 망명자들이 이 조국이라는 단어에 부여한 의미도 지금 우리가 이 단어에 부여하는 의미와 상당히 다르지 않았을까? 봉건법은 가신들을 영토가 아니라 영주에게 귀속시켰고 영주가 있는 곳이 곧 진정한 조국이기 때문에 자기들이 프랑스 체제에 반대하는 것이 곧 명예의 법칙(도덕을 의미)에 따르는 것이라고 이 망명자들은 믿었으며, 또 실제로도 자신들의 이 같은 관점에 따랐다.

---

8 Condé(1621~1686), 흔히 대콩데 공작으로 불린다. 1641년에 일어난 30년 전쟁 때 프랑스군 총사령관으로 스페인군과 싸워 전쟁 영웅이 되었으며, 루이 14세가 미성년이었을 때는 프롱드 난을 일으키기도 했다.

이렇게 시대가 바뀌면서 의미가 바뀐 단어는 많으며, 우리는 오랫동안 노력을 해야만 옛날 사람들이 그 단어를 어떻게 이해했었는지를 알 수가 있다. 오랫동안 많은 책을 읽어야만 겨우 '왕'이나 '왕가' 같은 단어가 우리의 먼 조상에게 어떤 의미를 가졌는지 겨우 이해할 수 있다는 것은 사실이다. 그러니 훨씬 복잡한 의미가 있는 단어의 경우에는 어떻겠는가.

그래서 단어는 시대와 민족에 따라 달라질 수 있는 가변적이고 일시적인 의미밖에 갖지 못한다. 단어를 통해 군중에게 영향력을 행사하려고 할 때는 군중이 어떤 일정한 순간에 그 단어에 부여하는 의미를 알아야지, 그 단어가 예전에 띠었거나 다른 정신구조를 가진 개인이 부여했을 수 있는 의미를 알 필요는 없다.

따라서 정치적 격변이나 신념의 변화가 이뤄지고 난 뒤에 군중이 어떤 단어가 환기하는 이미지에 깊은 반감을 품게 되었을 때 진정한 의미의 정치가가 가장 먼저 해야 할 일은 사실 자체[사실들은 유전을 통해 물려받은 정신구조와 너무 밀접하게 연관되어 있어서 바뀔 수도 있으므로]에는 일체 손대지 말고 이를 표현하는 단어만 바꾸는 것이다. 판단이 정확한 토크빌[9]은 훨씬 나중에 프랑스의 집정정

---

9 Alexis-Charles-Henri Maurice Clérel de Tocqueville(1805~1859), 프랑스의 정치학자이자 역사가, 정치가. 자유주의적 정치 전통을 대표하는 인물로서 7월 왕정과 2차 공화정 등 프랑스의 정치에 적극 참여했다. 19세기 초반의 미국 정치사회 제도에 대한 탁월한 연구서 《미국의 민주주의》(4권, 1835~1840)를 저술하고 나폴레옹 3세의 1851년 쿠데타 이후 정계에서 은퇴하여 《구체제와 프랑스혁명》을 썼다.

부와 황제정부[10]가 특히 옛 제도 대부분을 새로운 단어로 명명하는 일에 몰두했다는 사실을 지적했다. 바꿔 말하면, 군중의 상상력에 좋지 않은 이미지를 불러일으키는 단어를 그런 이미지를 환기하지 않을 만큼 새로운 단어들로 바꾸었다는 것이다. '인두세'라는 단어는 '토지세'로, '간접세'는 '소금세'로, '상납금'은 '간접세 및 종합세'로, '장인세와 동업조합세'는 '영업세'로 바뀐 것이다.

그러므로 정치인들이 해야 할 가장 중요한 일 가운데 하나는, 군중이 옛 이름으로 부르기를 싫어하는 것에 그들이 좋아하는 혹은 최소한 누가 봐도 수긍할 만한 이름을 붙여주는 것이다. 단어는 엄청난 힘이 있기 때문에 혐오스럽기 짝이 없는 사물이라도 잘 선택된 단어로 지칭하기만 하면 군중은 그것을 받아들인다. 역사학자 텐도 자코뱅 당원들이 당시 큰 인기를 끌었던 단어인 자유와 박애를 내세움으로써 "다오메[11]에 버금가는 독재정치를 자행했고 스페인의 종교재판소와 닮은 재판소를 설치했으며 고대 멕시코에서 저질러졌던 것과 맞먹는 대학살을 저지를 수 있었다"고 정확히 지적했다. 통치자는 변호사와 마찬가지로 특히 단어를 잘 다루는 기술이 있어야 한다. 이런 기술이 안고 있는 가장 큰 어려움 가운데 하

---

10 프랑스 집정정부의 초대 집정관을 지낸 나폴레옹은 1804년 5월 프랑스제국을 선포하여 황제로 등극했고, 같은 해 11월에 실시한 국민투표는 이 같은 결정에 찬성했다. 이 황제정부는 1814년 나폴레옹이 엘바섬으로 떠나면서 막을 내렸고, 이어서 부르봉 왕가의 왕정복고 시대가 시작되었다.

11 Dahomey, 아프리카 중서부에 있는 나라 베냉Benin의 옛 이름.

나는, 거의 대부분 같은 단어라도 여러 사회계층에 대해 매우 다른 의미를 갖는다는 점이다. 이 다양한 사회계층은 표면적으로는 같은 단어를 사용한다. 하지만 그 언어는 결코 똑같지 않다.

앞의 사례에서 시간을 단어의 의미를 변화하는 주요 요인으로 들었다. 그런데 만일 인종이라는 요소도 주요한 요인으로 들게 되면, 같은 시기에 똑같이 문명화되었어도 인종이 다른 민족은 똑같은 단어가 완전히 다른 사상과 일치하는 경우가 허다한 것을 알 수 있다. 이런 차이는 여행을 자주 하지 않으면 이해할 수 없으므로 더는 언급하지 않겠다. 다만 각 민족에 따라 가장 다른 의미가 있는 것은 바로 군중이 가장 많이 사용하는 단어들이라는 사실만은 지적하고자 한다. 예컨대 '민주주의'와 '사회주의'가 그런 단어인데, 이 두 단어는 오늘날 자주 사용되고 있다.

실제로 이 두 단어는 라틴족의 영혼과 앵글로색슨족의 영혼 속에서 완전히 대립하는 사상 및 이미지와 일치한다. 라틴족에게 민주주의라는 단어는 특히 국가로 대표되는 공동체의 의지와 창의력 앞에서 개인의 의지와 창의력이 소멸하는 것을 의미한다. 그래서 라틴족 국가는 모든 것을 이끌고 중앙집권화하고 독점하고 만들어내는 일을 맡는다. 급진주의자와 사회주의자, 군주주의자 등 모든 정파가 예외 없이 계속하여 국가에 호소한다. 반대로 앵글로색슨계 국가들, 그중에서도 특히 아메리카에서 민주주의라는 단어는 반대로 개인의 의지가 크게 발달하고 국가의 존재는 거의 소멸하여 경찰과 군대, 외교 관계를 제외한 어느 분야에서도[심지어는 교육 분야에서도] 국가가 이끌어나가도록 내버려 두지 않는다는 것을 의미한다. 요컨대 민주주의라는 단어가 한 민족에게는 개인의 의지와 창의력이 소멸하고 국가가 우위에 선다는 것을 의미하는 반면 또 다른 민족에게는 개인의 의지와 창의력이 지나칠 정도로 발달하고 국가는 완전히 소멸한다는 것을 의미한다. 말하자면 같은 단어가 완벽히 다른 뜻을 갖는 것이다. [나는《민족 진화의 심리 법칙》에서 라틴계 민족이 품는 민주주의의 이상과 앵글로색슨계 민족이 품는 민주주의의 이상 간에 존재하는 차이를 충분히 설명한 적이 있다. 폴 부르제가 최근에 펴낸 여행기《저 바다 너머》에도 나와 거의 동일한 결론이 피력되어 있다.]

환상

문명의 여명기부터 지금까지 군중은 언제나 환상의 영향을 받아왔다. 군중은 환상을 만들어내는 사람에게 가장 많은 신전과 동상, 제단을 바쳤다. 옛날의 종교적 환상과 지금의 철학적, 사회적 환상 등이 경이로운 환상들은 지금까지 지구상에서 꽃을 피워온 모든 문명의 상부에서 언제나 발견된다. 칼데아[12]와 이집트의 신전들, 중세의 종교적 건축물들도 이런 환상의 이름으로 건축되었고, 1세기 전에는 또 유럽 전체가 환상의 이름으로 대혼란을 겪었으니 우리의 정치적, 예술적, 사회적 개념들 가운데 환상의 강력한 영향을 받

---

12 Chaldea, 페르시아만 연안에 있던 고대 왕국으로 바빌론의 11번째 왕조.

지 않은 건 단 하나도 없다. 엄청난 혼란을 겪은 끝에 그 같은 환상을 극복하는 사람도 있겠지만, 그런 환상은 그 뒤에라도 언제 어느 때 다시 나타날지 모른다. 그 같은 환상이 없었다면 원시적이고 야만적인 상태를 벗어날 수 없었을 것이고, 그런 환상이 없었더라면 얼마 안 있어 다시 그런 상태로 다시 전락하고 말 것이다. 환상이란 의심의 여지 없이 허망한 것에 불과하다. 그러나 민족들로 하여금 찬란한 예술과 위대한 문명을 꽃피우게 하는 모든 것을 창조해내지 않을 수 없게 했던 것은 바로 이런 환상이었다.

  박물관과 도서관을 파괴하고 종교적 영감을 받아 창조된 모든 작품과 예술적 기념물을 무너뜨려 교회 앞 포석 위에 굴러다니도록 한다면, 인류의 위대한 꿈에서 과연 무엇이 남아 있게 될까? 인간들에게 적절한 희망과 환상을 심어주는 것이야말로 신들과 영웅들, 시인들의 존재 이유다. 인간은 희망과 환상 없이는 존재하지 못하기 때문이다. 지난 50년간은 과학이 이런 과업을 수행하는 듯 보였다. 하지만 과학은 많은 걸 약속하지도 못하고 그렇다고 해서 거짓말을 능숙하게 잘 하는 것도 아니어서 이상의 굶주린 심장들 속으로 끌려들어가고 말았다.[13]

  지난 세기의 철학자들은 우리 조상이 장구한 세월 동안 품어왔

---

13 다니엘 르쉬외르(Daniel Lesuer, 1860~1920). 프랑스의 시인 겸 소설가. 시집 《4월의 꽃》으로 인정받아 프랑스아카데미 회원에 등록되었다.

던 종교적, 정치적, 사회적 환상을 파괴하는 데 열광적으로 몰두했다. 그리고 그런 환상을 파괴함으로써 희망과 인내의 원천을 깡그리 말려버렸다. 그들은 그렇게 희생된 환상의 뒤편에서 맹목적이고 음험하며 잔인한 자연의 힘을 발견했다. 이 자연력은 약자에게 무자비하며 동정이라는 걸 할 줄 모른다.

철학은 지금까지 발전에 발전을 거듭해왔지만 군중을 매혹할 수 있는 그 어떤 이상도 그들에게 제시하지 못했다. 그러나 군중은 무슨 대가를 치르는 한이 있더라도 반드시 환상을 품어야 하므로 꼭 불꽃을 향해 몰려드는 불나방처럼 본능적으로 환상을 보여주는 웅변가들을 향해 걸어갔다. 언제나 민족을 진화시키는 주요한 요인은 바로 진실이 아닌 오류다. 오늘날 사회주의가 강력한 힘을 발휘하는 것도 사회주의가 여전히 지속하는 단 하나의 환상을 구성하기 때문이다. 모든 것이 과학적으로 증명되고 있는 오늘날에도 사회주의는 계속 성장하고 있다. 사회주의의 가장 큰 힘은 현실에 대해 잘 모르는 자들이 감히 인간에게 행복을 약속하기 위해 그것을 옹호한다는 사실에서 나온다. 사회주의의 환상은 오늘날 과거가 쌓아 올린 폐허 더미 위에 군림하면서 미래까지 지배하려 한다. 군중은 결코 진실을 갈망하지 않는다. 그들은 마음에 들지 않는 자명한 사실을 외면한 채 오히려 오류를 신처럼 섬긴다[만일 그 오류가 자신들을 매혹한다면]. 그들을 환상에 빠트릴 줄 아는 사람은 쉽게 그들의 지배자가 되고, 반대로 그들이 환상에서 깨어나도록 애쓰는 사람은 언제나 그들에게 희생되고 만다.

체험

체험은 진실이 군중의 정신에 확고히 뿌리내리도록 하고 너무 위험해진 환상을 파괴하는 데 효력을 발휘할 수 있는 거의 유일한 과정이다. 그렇지만 체험은 반드시 대단히 광범위하게, 그리고 자주 반복되어야 한다. 한 세대가 겪은 체험은 대부분 다음 세대에게는 쓸모가 없다. 그래서 증명 자료로 인용된 역사적 사실은 아무 소용도 없는 것이다. 어느 정도의 영향력을 발휘하기 위해서, 그리고 군중의 정신에 확고히 뿌리를 내리고 있는 어떤 오류를 뒤흔드는 데만이라도 성공하기 위해서 경험이 시대에서 시대를 거치며 어느 정도까지 반복되어야 하는지를 증명하는 것이 그런 역사적 사실의 유일한 쓰임새다.

틀림없이 우리 세기(19세기)와 이전의 세기(18세기)는 미래의 역사가들에 의해 진기한 체험의 시대로 인용될 것이다. 이렇게 많은 체험이 이루어진 적은 일찍이 없었다.

체험 가운데 가장 거대한 것은 프랑스혁명이었다. 몇백만 명이 학살당하고 유럽 전역이 2년 동안 극도의 혼란을 겪고 나서야 사람들은 순수이성의 명령에 따라 한 사회를 꼭대기부터 밑바닥까지 철저히 쇄신하는 건 불가능한 일이라는 사실을 알게 되었다. 독재자가 자신을 찬양하는 국민에게 큰 고통을 안겨준다는 사실을 실험적으로 증명하는 데는 50년 사이에 두 차례 치명적 체험이 필요했지만, 사람들은 이처럼 확실한 사실조차 잘 믿지 않는 듯했다. 그러나 첫 번째 체험은 3백만 명의 희생과 외세 침입을 초래했고, 영토 분할을 야기한 두 번째 체험은 상비군의 필요성을 일깨웠다. 얼마 전에는 세 번째 체험을 할 뻔했다. 하지만 이 체험은 언젠가 다시 이루어질 게 확실하다. 1870년 이전에 일깨워졌던 것처럼 엄청난 규모의 독일 군대가 일종의 위험하지 않은 국민방위대가 아니라는 사실[이런 경우에 군중의 여론은 내가 앞에서 그 메커니즘을 보여준 적이 있는 상이한 것의 엉성한 연합으로 형성된다. 그 당시 프랑스의 국민방위대는 군사훈련을 전혀 받지 않은 온순한 상점 주인들로 구성되어 있어서 신뢰를 받을 수가 없었기 때문에 그와 비슷한 이름을 가진 모든 것은 똑같은 이미지를 연상시켰고, 따라서 역시 위험하지 않다고 간주했다. 당시 일반여론이 대부분 그랬던 것처럼 군중의 지도자들도 군중과 똑같은 오류를 저질렀다. E. 올리비에가 최근에 펴낸 책에도 수록된 1867년 12월 31일의 국회 연설에서 군중의 여론을 추종하기만 하고 결코 주도하지 못하던 티에르라는 정치인은 같은 말만 되풀이했다. 즉 프러시아는 프랑스와 비슷한 규모의 정규군 외에 전투력이 프랑스의 국민방위군과 비슷하여 경계하지 않아도 된다고 판단되는 국민방위군을 보유하고 있다는 것이었다. 그러나 이 정치가가 내린 이 같은 판단은 철도가 미래에 별다른 쓸모가 없을 것이라는 그의 예견만큼이나 부정확했다.]을 프랑스 국민이 모두 받아들이도록 하기 위해서는 참혹한 전쟁에서 너무나 값비싼 대가를 치러야만 했다. 보호무역이 이를 채택한 국민을 피폐하게 한다는 사실이 인정되려면 적어도 20년은 재난이나 다름없는 경험을 해야만 할 것이다. 이런 사례는 무수히 인용할 수 있다.

이성

군중의 정신에 영향을 주는 무수한 요인을 열거할 때 만일 이성의 영향력이 가진 부정적 가치를 반드시 지적할 필요가 없다면 이성을 굳이 언급하지 않을 수도 있다.

우리는 앞에서 군중은 이성적 논리의 영향을 받지 않는다는 것, 그리고 대충 행해진 관념연상밖에는 이해하지 못한다는 것을 알았다. 그러므로 군중을 감동시키는 방법을 잘 아는 연설가는 언제나 그들의 감정에 호소하지 이성에는 절대 호소하지 않는다. 논리의 법칙은 군중에게 아무 영향도 미치지 못하기 때문이다. [파리가 프러시아 군대에게 포위당해 있던 당시, 프랑스 육군원수 V가 당시 프랑스 정부가 들어서 있던 루브르궁으로 호송되는 장면을 목격하던 날 나는 군중을 감동시키는 기술을 처음 관찰했고, 논리의 법칙은 이런 문제에서 별다른 힘을 발휘하지 못한다는 사실을 알게 되었다. 분노한 군중은 V가 파리 방어 요새들의 설계도를 작성하여 프러시아군에게 팔아넘겼다고 주장했다. 그러나 정부각료 가운데 아주 유명한 연설가인 G. P가 나서더니 이 죄수를 즉시 처형하라고 요구하는 군중 앞에서 일장연설을 했다. 나는 그 연설가가 V 장군이야말로 방어 요새들을 축성한 사람들 가운데 한 명이며 특히 그 설계도는 이미 모든 서점에서 판매되고 있다고 말함으로써 고발이 부당하다는 사실을 지적할 것이라고 기대했다. 하지만 당시 젊었던 내게는 너무나 놀랍게도 그의 연설 내용은 예상을 크게 빗나갔다. 그는 죄수를 향해 다가가며 이렇게 외쳤다. "재판이 열릴 것이며 준엄한 판결이 내려질 것입니다! 국방부가 여러분 대신 수사를 하도록 맡겨봅시다! 그동안 우리는 범인을 가두어두겠습니다!" 군중은 일단 만족한 듯 진정하여 곧 해산했고, 15분 뒤에 V 원수는 무사히 자기 집으로 돌아갈 수 있었다. 그 연설가가 군중을 상대로 당시 매우 젊었던 나로서는 아주 큰 설득력을 발휘할 것이라고 기대했던 논리적인 주장을 펼쳤더라면 틀림없이 V 원수는 군중의 손에서 벗어나지 못했을 것이다.] 군중을 완벽하게 설득하려면 가장 먼저 군중을 흥분시키는 감정을 철저히 파악하고 그 감정을 함께 나누는 척한 다음 현저히 암시적인 관념을 간단히 결합함으로써 감정을 변화시키도록 애써야 한다. 필요하면 뒤로 돌아갈 줄도 알아야 하며, 무엇보다도 군중이 매 순간 어떤 감정을 품는지를 간파해야 한다. 말을 하는 그 순간에 발생하는 효과에 맞추어 자신의 언어를 계속 수정해야 하므로 처음에 연구하고 준비한 모든 연설은 하기도 전에 무용지물이 되어버린다. 그런 연설문을 그대로 읽기만 하는 연설가는 청중의 생각이 아닌 자기만의 생각을 따라가는 셈이고, 이런 사실만으로도 그 연설은 전혀 효과를 발휘하지 못한다.

어느 정도 정연한 논리적 설명에 익숙한 논리적 정신의 소유자는 군중에게 연설할 때 이 같은 설득 방법에 의존할 수밖에 없어서 자신의 논증이 그들에게 효과를 발휘하지 못하면 놀라게 된다. 어느 논리학자는 다음과 같이 썼다.

삼단논법을 토대로, 즉 항등식의 조합을 토대로 도출된 통상적인 수학적 결론이 필요하다. 이 같은 필요성은 설사 무생물이 항등식의 조합을 이해할 수 있는 능력을 지녔다 하더라도 무생물의 동의 자체를 강제할 것이다.

이 말은 의심할 나위 없는 사실이다. 하지만 군중 역시 무생물과 다를 바 없이 항등식의 조합을 머릿속으로 따라갈 수도 없고, 심지어는 이해할 수도 없다. 예를 들어 야만인이나 어린이 같은 미개한 정신의 소유자를 이성적 논리로 설득해보라. 그러면 이런 논증 방법이 얼마나 무기력한지 깨닫게 될 것이다.

감정을 상대로 이성적 논리를 전개해야 할 때 그 논리가 얼마나 설득력이 없는지를 알기 위해 굳이 미개한 존재까지 관찰할 필요는 없을 것이다. 그냥 가장 간단한 논리에도 어긋나는 종교적 미신이 오랜 세월 동안 버텨왔다는 사실만 상기하도록 하자. 거의 2천 년 동안 가장 명석한 천재들도 그런 미신의 법칙에 머리를 숙였고, 근대에 와서야 그 미신이 과연 진실한지 의문시되기 시작했다. 중세와 르네상스 시대에도 계몽된 인간이 많았다. 하지만 이성을 발휘, 미신이 얼마나 유치한가를 보여주는 사람도 없었고, 악마가 나쁜 짓을 저지른다든가 마녀를 반드시 화형에 처해야 한다는 주장에 일말의 의혹이나마 표한 사람도 없었다.

이성은 결코 군중을 이끌어나갈 수 없다는 사실을 유감스러워할 필요가 있을까? 감히 그렇다고 단언하지는 못할 것이다. 인간의 이성은 필시 인간의 환상이 불러일으키는 열정과 대담함을 발휘하여 인간을 문명화의 길로 데려가는 데 성공하지는 못했을 것이다. 우리를 인도하는 무의식의 산물인 이 환상은 분명히 인간에게 필요하다. 각 인종은 그들의 운명을 결정하는 법칙이 정신구조 속에 있으며, 아마도 거부할 수 없는 충동으로 심지어는 가장 비이성적인 것으로 보이는 충동 때문에 이 법칙에 복종할 것이다. 그 결과 때로는 민족이 마치 도토리를 도토리나무로 키우거나 혜성이 궤도를 따라가도록 하는 힘과 유사한 신비스러운 힘에 따르는 것처럼 보이기도 한다.

이런 힘을 조금이라도 예감하려면 그 같은 변화를 이따금 이루어 내는 것처럼 보이는 고립된 사실들 속에서가 아니라 민족의 진화과정 전체 속에서 그 힘을 찾아야 한다. 고립된 사실만 고찰하면 역사가 있을 법하지 않은 우연의 결과로 보일 수도 있다. 그럴 경우 갈릴리의 한 무식한 목수가 2천 년 동안 전지전능한 신이 될 수 있었고 가장 중요한 문명이 그의 이름으로 건설되었다는 것은 도저히 있을 법하지 않은 일이 되어버린다. 또한, 사막에서 등장한 소수의 아랍 부족이 과거 그리스 로마 세계의 대부분을 정복하고 알렉산더 대왕의 제국보다 더 광대한 제국을 건설할 수 있었다는 것 역시 있을 법하지 않은 일이 되고 만다. 그리고 매우 오래되고 철저히 계층화되어 있던 유럽에서 무명의 포병대위가 많은 민족과 왕을 지배하는 데 성공할 수 있었다는 것 역시 있을 법하지 않은 일이 되는 것이다.

그러니 이성은 철학자들에게 맡기자. 하지만 인간을 통치하는 데 개입하라고 그들에게 너무 지나치게 요구하지는 말자. 지금까지 모든 문명을 움직이는 주요한 힘이었던 명예와 희생정신, 신앙, 조국애, 영예에 대한 애착 같은 인간의 감정은 대부분 이성과는 아무 관계 없이, 그리고 대부분은 이성의 뜻에 반하여 만들어졌기 때문이다.

3. 군중의 지도자와
그들의 설득 수단

- 군중의 지도자 ─ 군중을 이루는 사람들이 지도자에게 복종하려는 본능적 욕구 ─ 지도자의 심리 ─ 오직 지도자만이 신념을 만들어내고 군중에게 어떤 조직을 제공할 수 있다 ─ 지도자의 과도한 독재 ─ 지도자의 분류 ─ 의지의 역할
- 지도자의 행동 수단 ─ 확언, 반복, 전염 ─ 이 여러 가지 요인이 각각 해내는 역할 ─ 전염은 어떻게 한 사회의 하위계층에서 상위계층으로 옮겨갈 수 있는가? ─ 군중의 여론은 얼마 지나지 않아 전체의 여론이 된다
- 위엄 ─ 위엄의 정의와 분류 ─ 획득된 위엄과 개인적 위엄 ─ 위엄은 어떻게 사라지는가

이제 우리는 군중의 정신구조에 대해 알게 되었으며, 어떤 동기가 군중의 정신에 영향을 미칠 수 있는지도 알게 되었다. 이제 우리에게는 이 동기가 어떻게 적용되어야 하는지, 그리고 누구에 의해 유용하게 사용될 수 있는지를 알아내야 하는 일이 남아 있다.

군중의 지도자

동물이든 사람이든 살아 있는 존재는 일정한 수가 모이기만 하면 본능에 따라 우두머리의 권위에 자신들을 맡겨버린다.

인간으로 이루어진 군중의 실제 우두머리는 대개 지도자에 불과하지만, 그는 그런 자격으로도 매우 중요한 역할을 맡는다. 그의 의지는 여론을 형성하고 일치시키는 핵심이라고 할 수 있다. 그는 이질적인 군중을 조직화하는 첫 번째 요인으로 그들을 파벌로 조직할 준비를 한다. 그러면서 군중을 끌고 나간다. 군중은 주인 없이는 아무것도 할 수 없는 노예나 마찬가지다.

지도자는 대개 처음에는 지도를 받는 사람이었다. 그는 어떤 사상에 최면이 걸렸다가 그 사상의 신봉자가 된다. 그 사상에 완전히 사로잡힌 그는 오직 그 사상에만 몰두하고 그 사상에 어긋나는 의견은 전부 오류나 미신으로 치부해버린다. 예를 들자면 로베스피에르가 그런 경우였는데, 그는 루소[14]의 철학 사상에 최면이 걸려

---

14 Rousseau Jean Jacques(1712~1778), 프랑스의 사상가로서 스위스 제네바에서 출생했다. 가난한 시계공의 아들로 태어나 어머니가 그를 낳다가 죽자 아버지가 양육했다. 10살에는 아버지마저 집을 나가 숙부에게 맡겨졌으며, 장사꾼들 심부름 따위를 하면서 소년기를 보냈다. 16살 때 제네바를 떠나 청년기를 방랑 생활로 보냈는데, 이 기간에 바랑 남작부인을 만나 모자간의 사랑과 이성 간의 사랑이 기묘하게 뒤섞인 듯한 관계를 맺고, 집사로 일하면서 공부할 기회를 잡았다. 1742년 파리로 나와 디드로 등과 친교를 맺고 진행 중인《백과전서》의 간행에도 협력했다. 1749년 디종의 아카데미 현상 논문 당선작인《학문과 예술론》을 출판하여 사상가로서 인정받게 되었다. 그 뒤《인간불평등기원론》(1755)과《정치 경제론》(1755),《언어기원론》등을 쓰면서 디드로를 비롯하여 진보를 기치로 내세우는 백

그 사상을 선전하기 위해 종교재판이 사용했던 방법들을 썼다.

지도자는 대부분 사상가가 아니라 행동가다. 그들은 날카로운 통찰력을 갖추지도 못했으며, 그렇다고 해서 앞으로 그런 통찰력을 갖출 가능성도 없다. 통찰력이란 일반적으로 회의와 무위로 이어지기 때문이다. 그들은 거의 발광하기 일보 직전에 있는 신경증 환자들과 쉽게 흥분하는 자들, 정신병자에 가까운 자 중에서 나온다. 일체의 이성적 논리는 그들의 확신 앞에서는 전혀 먹혀들지 않는다[그들이 옹호하는 사상이나 추구하는 목표가 아무리 터무니없어도]. 멸시와 박해도 그들에게는 아무 영향을 미칠 수 없거나, 아니면 그들을 더욱 흥분시킬 뿐이다. 그들은 자기 개인과 가족의 이익 등 모든 걸 다 희생시킬 수 있다. 그들에게서는 자기보존 본능마저 완전히 말살되며, 그들이 흔히 원하는 유일한 보상은 순교다. 그들이 품고 있는 신념의 강력함은 그들이 하는 말에 매우 강력한 암시력을 부여한다. 다수의 군중은 자신의 존재를 그들에게 부각시킬

과전서파 철학자나 볼테르 등과의 견해 차이를 분명히 드러냈다. 독자적 입장에 선 루소는 다시 서간체 연애소설《신엘로이즈》(1761), 인간의 자유와 평등을 논한 《사회계약론》(1762), 소설 형식의 교육론《에밀》(1762) 등의 대작을 차례로 출판했다. 그러나《에밀》이 출판되자 파리대학교 신학부가 고발, 파리 고등법원은 루소에 대하여 유죄를 선고하고 체포령을 내려 스위스와 영국 등으로 도피해야만 했다. 영국에서 흄과 격렬한 논쟁을 벌인 후 프랑스로 돌아와 각지를 전전하면서 자전적 작품인《고백록》을 집필했다. 1768년, 1745년부터 함께 지내온 테레즈 르바세르와 정식으로 결혼했다. 그 후 파리에 정착,《고독한 산책자의 몽상》을 쓰기 시작했으나 완성하지 못하고 파리 북쪽 에르므농빌에서 죽었다. 그가 죽은 지 11년 후에 프랑스혁명이 일어났는데, 그의 자유민권 사상은 혁명 지도자들의 사상적 지주가 되었다.

줄 아는 강력한 의지의 소유자가 하는 말에 귀 기울일 준비가 항상 되어 있다. 군중을 형성한 인간은 일체의 의지력을 상실한 채 의지력을 갖춘 개인에게 본능적으로 의존하기 때문이다.

민족에게 지도자가 없었던 적은 결코 없었다. 하지만 모든 지도자는 추종자를 만들어낼 수 있을 만큼 강력한 확신에 고무되어야 한다. 이런 지도자들은 대개 능란한 웅변가여서 오직 개인적인 이익만을 추구하고 저열한 본능을 부추기며 군중을 설득하려 애쓴다. 그들이 이런 식으로 발휘할 수 있는 영향력은 매우 클 수도 있지만 언제나 일시적일 뿐이다. 은둔자 피에르[15]의 추종자들, 루터주의자들, 사보나롤라[16] 추종자들, 프랑스혁명을 일으킨 사람들같이 군중의 영혼을 흔들 만큼 확신에 가득 찬 인간은 우선 어떤 신조에 홀리고 나야만 비로소 남들도 홀릴 수 있다. 그때야 신념이라고

15 Pierre l'Ermite(1053~1115), 11세기 프랑스의 수도사. 클레르몽 종교회의에서 십자군 원정에 나설 것을 설교하고 1096년의 십자군운동을 이끌었다.

16 Girolamo Savonarola(1452~1498), 이탈리아의 종교개혁자. 페라라에서 태어나 30세가 되던 해인 1475년 도미니쿠스 교단에 들어갔으며, 1491년 피렌체의 산마르코 수도원으로 옮긴 후 공화주의 사상과 정치적 자유주의를 기조로 한 설교로 당시 피렌체의 참주僭主 로렌초 데 메디치를 공격, 교회와 속세의 도덕적 부패를 비난하여 민심을 사로잡았다. 1494년 프랑스 왕 샤를 8세의 이탈리아 침입 때 잘 대처했으며, 이로써 피에로 데 메디치의 망명 후에는 중산계급을 주체로 지도자가 되어 정권을 잡았다. 그는 귀족정치를 배격하고 신정정치적 민주제를 시행했으며 종교개혁을 실현하기 위한 법률을 제정했다. 그러나 교회의 권위에 반항하다가 1497년 교황 알렉산데르 6세에게 파문당했으며, 이어 피사와의 전쟁에서 패배하고 메디치파의 모략으로 인심을 잃어 1498년 5월 23일 화형당해 죽었다. 그에 대한 역사적 평가는 다양하지만, 16세기 르네상스의 미술과 문학, 사상에 미친 영향은 크다.

불리는 그 엄청난 힘을 군중의 영혼 속에 심어줄 수 있고, 이 신념은 인간을 그가 꾸는 꿈의 완전한 노예로 만들 수 있다.

종교적 신념이든, 정치적 신념이든, 사회적 신념이든, 어떤 작품에 대한 신념이든, 어떤 인물에 대한 신념이든 혹은 어떤 사상에 대한 신념이든, 신념을 만들어내는 것은 언제나 강대한 지도자들의 역할이었으며, 그러므로 그들의 영향력도 항상 엄청났던 것이다. 인간이 발휘할 수 있는 모든 힘 중에서도 가장 강력한 힘은 언제나 신념이었으므로 복음서가 산을 움직일 힘을 신념에 부여하는 것은 당연한 일이다. 인간에게 어떤 신념을 부여한다는 것은 곧 그의 힘을 열 배로 늘리는 일이다. 역사상 큰 사건은 오직 자기 자신만 믿는 보잘것없는 자들에 의해 이루어졌다. 따라서 세계를 지배한 대형 종교나 북반구에서 남반구까지를 지배한 광대한 제국들을 건설한 것은 학식을 갖춘 자도 아니었고 철학자도 아니었으며 더더구나 회의론자는 아니었다.

그러나 지금 우리가 인용한 사례와 관련된 것은 강대한 지도자들인데, 이런 지도자들은 매우 드물어서 역사를 통해 볼 때 그 숫자를 쉽게 손으로 꼽을 수 있을 정도다. 이런 지도자들은 위로는 인간을 능란하게 조종하며 군건한 권력을 행사하는 자부터 아래로는 담배 연기 자욱한 선술집에서 그걸 현실에 적용하면 틀림없이 모든 꿈과 희망을 실현해줄 것이라고 주장하며 자기도 그 뜻을 잘 모르는 구호나 문구를 쉬지 않고 떠벌리면서 동료를 서서히 현혹하는 노동자에 이르는 모든 유형의 지도자 중에서도 가장 높은 자리를 차지한다.

가장 높은 곳에서 가장 낮은 곳에 이르는 사회의 모든 영역에서 개인은 고립 상태를 벗어나자마자 바로 지도자가 만들어놓은 법의 지배하에 들어가고 만다. 대다수 인간, 특히 군중 속의 인간은 자신의 전문 분야가 아닌 그 어떤 주제에도 명백하고 논리적인 사상을 갖추지 못한다. 그들은 자신을 스스로 인도할 능력이 없다. 그래서 지도자가 그들을 인도하는 안내자 역할을 한다. 부득이한 경우, 독자들을 위해 여론을 조성하고 곰곰이 따져보지 않아도 되는 상투적 문구를 그들에게 공급해주는 정기간행물이 지도자를 대체할 수 있다.

지도자는 독재적인 권위를 행사하며, 이렇게 해야만 권위를 인정받는다. 자신들의 권위를 뒷받침할 수단이 전혀 없는 데도 매우 난폭한 노동자 계급이 그들의 말에 복종하는 것을 흔히 볼 수 있었다. 그들은 노동자의 노동시간과 임금인상률을 정하고, 파업할 것인지 안 할 것인지를 결정하며, 파업이 지정된 시간에 시작하여 끝내도록 한다.

공권력이 도전받고 약해짐에 따라 지도자들이 공권력을 점차 대체하는 것이 오늘날의 추세다. 이 새로운 지배자들의 독재는 군중이 다른 정부에 복종한 것보다 훨씬 더 고분고분하게 그들에게 복종하게 한다. 무슨 사건이 일어나서 지도자가 사라지고 즉시 교체되지 않으면 군중은 다시 응집력도 없고 저항력도 없는 집단이 되어버린다. 최근에 파리 승합마차 마부들이 파업을 벌였을 때 이 파업을 주도한 지도자 두 사람을 체포하자마자 파업은 즉시 중단되었다. 군중의 영혼을 지배하는 것은 자유에 대한 욕구가 아니라 노예 상태에 대한 욕구다. 그들은 복종하고 싶은 욕구에 잔뜩 사로잡혀 있기 때문에 자기가 그들의 지도자라고 공언하는 사람에게 본능적으로 복종한다.

지도자는 두 가지 부류로 명확히 구분할 수 있다. 첫 번째 부류는 정력적이며 강하지만 일시적인 의지를 가진 지도자이다. 첫 번째 부류보다 훨씬 더 드문 두 번째 부류는 강하면서도 지속적인 의지력을 가진 지도자이다. 첫 번째 부류의 지도자는 난폭하고 용감하고 대담하다. 이들은 특히 위험을 무릅쓴 채 군중을 이끌어나가고 능숙한 솜씨로 그들을 통솔하며 이제 막 군중의 일원이 된 사람들을 영웅으로 만드는 재주가 있다. 예를 들면 제1제정 시대의 네이[17] 와 뮈라[18]가 그런 경우다. 그리고 최근의 가리발디[19]도 이런 부류에 속하는데, 그는 재능은 타고나지 못했지만 훈련된 군대가 지키

---

17 Michel Ney(1769~1815), '붉은 얼굴의 사나이'로 불렸으며 나폴레옹이 '용장 중의 용장'으로 부른 그는 프랑스혁명전쟁과 나폴레옹전쟁에 프랑스군 지휘관으로 참전했다. 특히 엘싱겐 전투로 유명하며 러시아 영토를 마지막으로 떠나며 용맹을 발휘한 장군이다. 나폴레옹이 처음 임명한 18명의 프랑스 육군 원수 가운데 한 명이었다.

18 Joachim Murat(1767~1815), 나폴레옹이 가장 아끼던 육군 원수 가운데 한 명이었고, 1808년에서 1815년까지는 나폴리 왕을 지내며 이탈리아 민족주의를 고취했다. 카롤린 보나파르트와 결혼하여 나폴레옹의 처남이기도 하다.

19 Giuseppe Garibaldi(1807~1882), 마치니의 청년이탈리아당에서 활동하다 1834년에 마치니의 혁명운동에 동참, 실패해 프랑스로 망명한다. 이후 리오그란데와 우루과이의 혁명전쟁에 참여하다가 1848년에 이탈리아 통일운동이 일어나자 의용대를 조직하여 참전하고 나폴레옹 3세의 무력간섭에 대한 방어전을 지휘했다. 1859년에는 '붉은 셔츠대'를 조직하여 시칠리아 왕국을 정복했다. 1860년 다시 진군하여 칼라브리아와 나폴리 지방을 점령하고 사르데냐 왕인 비토리오 에마누엘레 2세에게 바침으로써 이탈리아 통일에 기여했다.

던 나폴리를 소수의 병력으로 점령하는 데 성공할 정도로 정력적이고 모험적인 지도자였다.

그러나 이런 부류의 지도자가 아무리 강력한 힘을 가졌다 할지라도 그 힘은 일시적이어서 그 힘을 만들어낸 자극제보다 오래가지 못한다. 그 같은 힘으로 활발히 활동하던 이 영웅들은 평범한 일상생활로 복귀하면 대개는 내가 방금 인용했던 사람들과 다를 바 없이 놀랄 만큼 허약한 인물이 되어버린다. 다른 사람을 너무나 능숙하게 이끌었던 그들이 일상생활에서는 깊이 생각할 줄도 모르고 가장 단순한 상황에도 제대로 대처하지 못하는 듯 보인다. 이들은 누군가가 자신을 끊임없이 이끌어주고 자극하며, 자신보다 우월한 어떤 인간이나 사상이 있고, 잘 계획된 행동 노선을 취할 수 있는 조건에서만 자신의 역할을 제대로 수행하는 지도자이다.

두 번째 부류의 지도자는 지속적인 의지력이 있어서 화려한 면은 덜하지만 훨씬 더 큰 영향력을 발휘할 것이다. 이런 부류의 지도자는 성인 바울이라든지 마호메트, 콜럼버스, 레셉스[20] 등 진정한 종교의 창시자와 대규모 사업의 주도자들이다. 이들이 지적이건 편협하건 그건 중요하지 않다. 세상은 항상 그들의 것이기 때문이다. 그들이 소유하고 있는 지속적인 의지력은 매우 드물고 강력

---

20 Ferdinand Marie de Lesseps(1805~1894), 프랑스의 외교관 및 기술자. 1825년에 외교관이 된 후 리스본 주재 영사와 마드리드 주재 공사를 역임했다. 수에즈운하를 계획하고 사이드 파샤의 인가를 얻어 1859년부터 1869년까지 10년에 걸쳐 완성했다. 1888년에 파나마운하도 계획했으나 재정 및 정치적 어려움으로 포기했다. 그러나 이 사업은 그 후 미국 정부가 이어받아 완성했다.

한 능력이기 때문에 모든 것이 그 앞에서 굴복한다. 그토록 강력하고 지속적인 의지력이 어떻게 될 것인지는 아무도 알지 못한다. 자연도, 신도, 인간도 그런 의지력에 저항하지 못하는 것이다.

강력하고 지속적인 의지력이 무엇을 할 수 있는지를 보여준 가장 최근의 실례가 바로 두 개의 세계를 갈라놓은 레셉스인데, 그는 3천 년 전부터 위대한 왕들이 시도했으나 성공하지 못했던 과업(수에즈운하 건설)을 완수했다. 나중에 그는 이와 유사한 과업(파나마운하 건설)을 시도했다. 하지만 그에게도 노년이 찾아왔고, 결국은 모든 것이, 심지어는 의지조차도 사라져버리고 말았다.

오직 의지력 하나만으로 해낼 수 있는 일이 무엇인지 보여주기 위해서는 수에즈운하를 파내기 위해 극복해야만 했던 난관의 역사를 상세히 소개하는 것으로 충분할 것이다. 그 과정을 직접 목격한 카잘리스 의사[21]는 불멸의 지도자 레셉스가 이야기하는 이 거창한 사업의 전말을 다음과 같이 짧은 글로 요약했다.

그는 운하 건설에 얽힌 일련의 사건을 날짜와 일화 별로 내게 얘기해주었다. 그는 자신이 극복해야만 했던 모든 난관과 자기가 가

---

21 Henri Cazalis(1840~1909), 프랑스의 의사이자 상징주의 시인. 시집 《빈 잭》(1872)과 《환상》(1875), 《멜랑콜리아》(1878), 《찬가 비평》(1885)을 펴내고 《아르누보》를 썼다. 쉴리 프뤼동과 함께 프랑스 풍경과 미학 보호협회를 만들었다. 폴 샤바가 그린 《빌 다브레이에 있는 알퐁스 르메르의 집에서》라는 그림에 르콩트 드 릴이나 쉴리 프뤼동, 폴 부르제 등 파르나스파 시인들과 함께 그려져 있다. 1862년에서 1871년까지 스테판 말라르메와 편지를 주고받았다. 카미유 생상스를 비롯한 많은 음악가가 그의 시를 음악으로 만들었다.

능하게 했던 모든 불가능했던 것들, 일체의 저항, 자신에 반대하는 사람들의 결탁, 역경, 전화위복, 패배 등 모든 저항에 대해 털어놓고 그 어떤 것도 자신을 결코 절망에 빠트리거나 좌절시키지 못했다고 덧붙였다. 이어서 그는 자신에게 맞서 쉴 새 없이 공격했던 영국과 늘 망설이기만 하던 이집트와 프랑스, 초기 공사단계부터 다른 누구보다도 더 극렬히 반대하고 나서며 노동자에 대한 식수 공급을 거부하여 그들을 목타게 만들었던 프랑스 영사를 회상했다. 그리고 처음부터 적대감을 표출하면서 과학적 지식을 토대로 재난이 일어날 것이라고 자신하며 마치 몇 날 며칠 몇 시에 개기일식이 일어날 거로 예측하듯 그 재난을 계산하고 예고하던 해군 장관이나 기술자 등 경험과 학식을 갖춘 그 모든 대단한 인물들을.

이 모든 위대한 지도자의 생애를 이야기하는 책에 많은 이름이 등장하지는 않을 것이다. 하지만 이 이름들은 문명과 역사에서 가장 중요한 사건들의 맨 앞에 등장했다.

지도자의 활동 수단: 확언, 반복, 감염

군중을 지금 당장 감동하게 해 그들이 예컨대 왕궁을 약탈한다거나 목숨을 걸고 요새나 바리케이드를 사수하는 등의 행동을 해야겠다는 결정을 내리도록 하려면 가장 신속한 암시[예를 들어주는 것이 그중에서도 가장 강력한 효과를 발휘한다]를 통해 그들에게 영향을 미쳐야 한다. 그러나 그럴 경우 군중이 적당한 상황에서 이미 암시에 걸릴 준비가 되어 있어야 하고, 무엇보다도 군중을 이끌어나가려는 지도자가 내가 뒤에서 위엄이라는 이름으로 부르게 될 자질을 갖추고 있어야 한다.

그러나 사상이나 신조[예를 들면 현대의 사회 이론 같은]를 군중의 정신에 주입하려 할 때 지도자들은 서로 다른 수단을 사용한다. 그들은 확언과 반복, 감염 등 가장 확실한 세 가지 방법에 의존한다. 이 방법들은 다소 느리게 작용하지만, 그 효과는 일단 발생하기만 하면 상당히 오래간다.

일체의 이성적 논리와 증명에서 자유로운 순수하고 간결한 확언은 군중의 정신에 어떤 사상을 주입할 수 있는 가장 확실한 수단 가운데 하나다. 확언이 간결하면 간결해질수록 확언의 외면을 구성하는 증거와 증명은 더욱 불충분해지지만 오히려 권위는 더 커진다. 모든 시대의 종교경전과 법전은 항상 간결한 확언으로 만들어졌다. 어떤 정치적 대의를 옹호해야만 하는 정치가들과 광고를 통해 상품을 판매하는 기업가들도 확언의 가치를 잘 알고 있다.

그러나 확언은 지속해서 그리고 가능하다면 똑같은 용어로 반복되어야만 실질적인 효과를 발휘한다. 나는 나폴레옹이 유일하게 신뢰할 수 있는 수사법은 오직 반복뿐이라는 말을 했던 것으로 알고 있다. 확언된 것은 반복을 통해 군중의 정신에 자리를 잡고, 군중은 결국 이를 증명된 진실로 받아들인다.

반복이 높은 식견을 갖춘 사람들에게 어느 정도 큰 영향을 미치는지를 안다면 반복이 군중에게도 영향력을 발휘하리라는 것을 쉽게 이해할 수 있다. 같은 얘기도 자꾸 반복되다 보면 결국 우리 행동의 동기가 생성되는 무의식적 심층에 서서히 각인되고, 반복의 힘은 바로 이런 사실에서 기인한다. 그 후 일정한 시간이 지나면 우리는 누가 반복된 주장을 했는지를 더 이상 알지 못하고 결국 그 주장을 믿어버리고 만다. 광고의 놀라운 힘은 바로 여기서 생겨난다. X라는 상표의 초콜릿이 최고라는 광고를 백 번 천 번 반복해서 읽다 보면 어디를 가든지 그 광고가 귀에 들려오는 듯하여 끝내는 정말 그 초콜릿이 최고라고 확신하게 된다. Y라는 상표의 밀가루가 잘 낫지 않는 병에 걸린 사람들을 대부분 살렸다는 광고 문안을 천 번이나 읽었다고 치자. 그럴 경우, 만일 같은 병에 걸리면 우리는 그 밀가루를 한번 먹어보고 싶은 유혹을 느낄 것이다. 만약 A는 악명 높은 깡패고 B는 정말 정직한 사람이라는 기사를 똑같은 신문에서 항상 읽는다면 결국은 그게 사실이라고 믿어버리게 될 것이다[두 인물을 수식하는 형용사가 완전히 정반대로 나오는 다른 신문을 자주 읽어보지 않는 한]. 확언과 반복은 우월을 가릴 수 없을 만큼 각각 강력한 위력을 발휘한다.

어떤 확언이 충분히 반복되어 일체감이 형성되면 사람들이 여론의 흐름이라고 부르는 것이 만들어지고 강력한 감염 메커니즘이 작동한다[모든 경쟁 회사를 다 사버릴 수 있을 만큼 돈이 많은 금융 회사에서 그러는 것처럼]. 사상과 감정, 정서, 신념은 군중 사이에서 세균만큼이나 강력한 감염력을 발휘한다. 이런 현상은 심지어 군집을 이룬 동물들 사이에서도 관찰될 만큼 지극히 자연스럽다. 말 한 마리가 얼굴에 경련을 일으키면 같은 마구간 안에 있던 다른 말들도 그 말을 따라 할 것이다. 몇 마리의 양이 느닷없이 공포에 사로잡혀 무질서하게 움직이기 시작하면 곧바로 양 떼들이 모두 이 몇 마리의 양을 따라 할 것이다. 군중을 이룬 인간들도 모든 감정이 순식간에 전염된다. 그래서 별안간 공포에 사로잡히는 것이다. 정신착란증같이 두뇌를 혼란에 빠뜨리는 모든 병도 그 자체로 감염된다. 정신병을 치료하는 의사들의 정신병 발병률이 높다는 것은 익히 알려진 사실이다. 예를 들면 광장공포증 같은 광증의 형태가 인간에게서 동물로 전염된다는 연구결과가 최근에 인용되기도 했다.

개인이 반드시 똑같은 시간에 똑같은 장소에 있어야만 감염되는 것은 아니다. 모든 사람의 정신을 한 방향으로 향하게 하며 거기에 군중 고유의 특성을 부여하는 사건들의 영향을 받는 사람들은 먼 거리에서도 감염되는데, 이 같은 현상은 이런 사람들의 정신이 내가 앞에서 연구했던 간접 요인의 영향을 받으면 더욱 분명히 관찰된다. 예컨대 1848년 파리에서 일어난 혁명도 유럽 전역으로 급속히 확산하면서 여러 왕정을 뒤흔들어놓았다.

사회현상에 엄청난 영향을 끼치는 모방은 사실상 단순한 감염효과에 불과하다. 모방이 미치는 영향에 관해서는 다른 책에서 보여주었으니, 내가 지금으로부터 15년 전에 얘기했으며 그 이후로 다른 저자들이 최근의 출판물에서 상술한 바를 재인용하는 것으로 만족하련다.

동물들과 마찬가지로 인간도 천성적으로 모방을 잘한다. 인간에게 모방은 하나의 욕구다. 물론 모방을 아주 쉽게 할 수 있어야 한다는 조건하에서 말이다. 우리가 이른바 유행이라고 부르는 것의 영향력을 대단히 강력하게 하는 것이 바로 이 같은 욕구다. 여론이든, 사상이든, 문학적 표현이든 혹은 단순히 의복이든 간에, 과연 누가 그런 것의 지배에서 벗어날 수 있겠는가? 합리적 논증이 아니라 모델을 가지고 군중을 이끌어나가는 법이다. 시대마다 큰 영향을 미치는 행동을 하는 소수의 개인이 존재하고, 무의식적인 군중은 그들을 모방한다. 그렇지만 이 개인들이 기존의 사상에서 너무 많이 벗어나면 안 될 것이다. 그러면 그들을 모방하기가 너무 어려워질 수 있고 그들의 영향력도 완전히 사라져버리고 말 것이기 때문이다. 그래서 시대를 너무 앞서간 인간은 대개 자신의 시대에 전혀 아무 영향도 끼치지 못한다. 그 간극이 너무 크기 때문이다. 똑같은 이유로 유럽인은 자신들의 문명이 가진 모든 장점에도 동양인에게 별다른 영향을 미치지 못한다. 유럽인과 동양인은 서로 너무나 다르기 때문이다.

과거와 상호모방의 이중 작용은 결국 같은 나라에서 같은 시대를 사는 모든 인간을 매우 비슷하게 만들어버리기 때문에 심지어는 철학자와 지식인, 작가들처럼 그런 것에서 완전히 벗어났을 것처럼 보이는 사람도 사고와 스타일이 너무나 닮아 보여 그들이 어떤 시대에 사는지를 단번에 알아볼 수 있다. 그래서 어떤 개인과 오랜 시간 대화를 나눠보지 않아도 그가 무슨 책을 읽고 있는지, 어떤 직업에 종사하는지, 어떤 환경에서 생활하는지를 알 수 있다.

[귀스타브 르 봉, 《인간과 사회》, 2권, 1881, 116쪽]

감염력은 개인에게 특정한 여론뿐만 아니라 지각방식까지 강제할 정도로 강력하다. 특정한 시기에 어떤 작품, 예컨대《탄호이저》[22] 같은 작품이 멸시당했다가 몇 년이 지나면 처음에 그 작품을 비방했었던 바로 그 사람들이 감탄사를 늘어놓게 하는 것이 바로 감염이다.

군중의 여론과 신념은 감염으로 전파되는 것이지 이성적 추론으로 전파되는 것이 아니다. 현재 노동자가 가진 개념은 확언과 반복, 감염을 통해 선술집에서 만들어진다. 어느 시대에나 군중의 신념은 거의 똑같은 방식으로 만들어졌다. 르낭[23]은 "이 술집 저 술집 돌아다니면서 자신들의 사상을 유포하는 사회주의 노동자들"을 기독교의 창시자들에 비유하고 있는데, 정확한 비유다. 그리고 이미 볼테르는 "가장 비천한 천민들이 기독교라는 종교를 백 년 이상 믿었다"라고 말했다.

내가 앞에서 인용한 것과 유사한 예를 보면 감염은 서민계급에 영향을 끼치고 나서 사회의 상층계급으로 옮겨간다. 오늘날 사회

---

22 독일의 작곡가 리하르트 바그너(Richard Wagner, 1813~1883)가 탄호이저에 관한 독일 전설에 기초하여 작곡하고 대본을 쓴 3막짜리 오페라. 1845년에 드레스덴의 궁정극장에서 본인의 지휘로 상연되었다. 바그너의 명성은 이 작품으로 유럽 전역에 확고해지게 되었다.

23 Renan(1823~1892), 프랑스의 사상가, 종교사가, 언어학자. 1860년 기독교의 기원을 밝히기 위해 시리아에 가서 학술 탐험을 하고 돌아왔으며, 25년에 걸쳐《기독교 기원사》7권을 완성했다. 그중에서 예수 그리스도를 영감을 받은 철학자로 그린《예수전》이 유명한데, 많은 물의를 일으켰다. 그는 종교에서 초자연적 설명을 배척하고 '자연이 곧 신적神的'이라 했으며 인간 본래의 자연성을 도덕적이라고 보는 점에서 자연주의적 경향을 보인다. 저서에《이스라엘 민족사》등이 있다.

주의자들의 교의도 그 같은 경우인데, 이 교의는 분명히 그 첫 희생자들이 될지도 모를 사람들의 지지를 받기 시작했다. 감염의 메커니즘은 너무나 강력해서 한번 작동하면 개인의 이해조차 소멸하여 버린다.

그러므로 우세한 여론이 아무리 터무니없어 보인다 해도 하층계급의 여론은 결국 최상류계층까지 대단히 강력하게 이식되고 마는 것이다. 군중의 신념은 항상 그 사상이 생긴 사회에는 별다른 영향을 미치지 않은 채 남아 있는 어떤 우월한 사상에서 비롯된다는 사실을 상기해본다면, 상류계급에 대한 하층계급의 이런 반작용은 더더욱 이상해 보인다. 그런 사상에 사로잡힌 지도자들은 이를 독점하고 왜곡하여 파벌을 만들며, 이 파벌은 그 사상을 다시 왜곡하여 군중에게 전파한다. 그러면 군중은 이 사상을 계속해서 점점 더 많이 왜곡한다.

군중의 진실이 된 이 사상은 이를테면 그 발원지로 거슬러 올라가서 민족의 상층계급에 영향력을 행사한다. 세계를 이끌어나가는 것은 인간의 지성이다. 그러나 지성은 세계를 너무 멀리 끌고 간다. 사상을 만들어내는 철학자들이 흙으로 돌아가고 나서 오랜 세월이 지난 뒤에서야 그 사상은 내가 방금 인용한 메커니즘이 효과를 발휘하여 결국 승리를 거두게 된다.

위엄

확언과 반복, 감염을 통해 유포된 사상이 엄청난 힘을 갖게 되는 것은 결국 위엄이라고 이름 붙여진 신비로운 힘을 획득하기 때문이다.

사상이든, 아니면 인간이든, 세계를 지배한 모든 것은 '위엄'이라는 단어가 표현하는 저항할 수 없는 힘을 통해 강제되었다. 위엄은 우리가 그 모든 의미를 알고 있지만, 너무나 다양하게 적용되기 때문에 정의하기가 쉽지 않은 단어다. 위엄은 존경이나 두려움 같은 몇 가지 감정을 포함할 수 있다. 위엄은 이따금 그런 감정의 토대가 될 수도 있지만, 그런 감정 없이도 완전히 독자적으로 존재할 수 있다. 최대의 위엄을 갖추고 있는 것은 예를 들면 알렉산더 대왕이나 카이사르, 마호메트, 부처처럼 죽은 사람들이다. 말하자면 우리가 더는 두려워하지 않는 존재이다. 다른 한편에는 예를 들면 인도의 지하사원에 있는 무시무시한 신상들처럼 우리가 좋아하지는 않지만 대단한 위엄을 가진 존재들이 있다.

현실에서 위엄은 어떤 인물이나 작품, 사상이 우리의 정신에 행사하는 지배력의 일종이다. 이런 지배력은 우리의 비판정신을 완전히 마비시키고 우리의 영혼을 놀라움과 존경심으로 가득 채운다. 다른 모든 감정과 마찬가지로 위엄이 유발하는 감정도 설명하기가 어렵지만, 최면술에 걸린 사람이 겪는 최면 상태와 같은 종류임이 틀림없다. 위엄은 가장 강력한 지배력이다. 신도, 왕도, 여자도 위엄 없이는 결코 군림하지 못한다.

다양한 유형의 위엄은 습득한 위엄과 개인적 위엄으로 크게 나눌 수 있다. 습득한 위엄은 이름과 재산, 명성이 부여한다. 개인적 위엄과는 무관할 수 있다. 반면에 개인적 위엄은 명성이라든지 명예, 재산 등과 공존하거나 그에 의해 더 커질 수 있지만, 그들 없이도 완벽하게 존재할 수 있다.

습득된 위엄 혹은 인위적인 위엄은 단연 가장 많이 존재한다. 어떤 한 개인은 높은 지위를 차지하고 있거나 상당한 재산을 소유하고 있거나 명예로운 직함을 지녔다는 한 가지 사실만으로 그의 개인적 가치가 아무리 보잘것없더라도 위엄을 누리게 된다. 군복을 입은 군인이나 법복을 입은 판사도 언제나 위엄을 누린다. 그런 견지에서 파스칼[24]은 판사는 법복을 입고 가발을 써야 한다는 매우 타당한 지적을 했다. 판사가 법복을 안 입고 가발을 안 쓰면 그들의 권위도 4분의 3은 줄어들 것이다. 가장 완강한 사회주의자도 왕이나 제후를 만나면 언제나 조금은 감동하는 법이다. 그런 지위에 있으면 상인들을 마음껏 속여먹을 수 있다. [직위와 훈장, 제복을 이용하여 군중에게 영향을 미치는 일은 모든 나라에서, 심지어는 개인의 독립심이 가장 발달한 나라에서도 일어난다. 이런 맥락에서 나는 최근에 한 여행자가 잉글랜드에서 저명인사들이 누리는 위엄에 관해 쓴 흥미로

---

24 Blaise Pascal(1623~1662), 1623년 6월 19일 프랑스의 클레르몽페랑에서 태어났다. 수학자이자 물리학자, 발명가, 작가, 신학자. 흔히 과학자나 수학자로 알려졌지만, 실제로는 철학이나 신학 쪽으로 더 많은 시간을 투자했다. 주요 저서로는《팡세》와《시골 친구에게 보내는 편지》가 있다. "인간은 생각하는 갈대다"라는 유명한 말을 남겼다.

운 문장을 인용해보겠다. "나는 여러 차례의 만남을 통해 가장 이성적인 영국인들조차 영국 귀족을 보거나 접촉이라도 할라치면 마치 뭔가에 도취해 있는 듯 특유의 표정을 짓는 모습을 관찰했다. 그 귀족들이 더 고상하게 보일 수 있는 재간까지 갖추었다면 그는 더욱 홀린 듯한 표정을 확연히 드러내고, 악수까지 하면 황홀경에 빠져 당장 급한 용무조차 참아내는 인내력을 보인다. 그들은 귀족이 가까이 다가오면 너무 좋아서 얼굴을 붉히고, 그가 자신에게 말이라도 걸어줄라치면 기쁨을 주체하지 못해 얼굴이 더욱 빨개지면서 두 눈이 평소와는 다르게 반짝거린다. 스페인 사람이 춤에 대한 애착을, 독일 사람이 음악에 대한 애착을, 프랑스 사람이 혁명에 대한 애착을 타고나듯 영국 사람은 귀족에 대한 애착을 타고난다. 말馬이나 셰익스피어에 대한 그들의 열정도 그렇게까지 격렬하지 않으며, 영국인이 거기서 느끼는 만족감이나 자부심도 그렇게까지 중요하지는 않다. 귀족계급에 관한 서적은 엄청나게 팔리고, 아무리 먼 옛날로 거슬러 올라가도 모든 사람의 손에 이 책이 마치 성경처럼 들려 있는 것을 보게 될 것이다."]

내가 방금 이야기한 위엄은 사람들이 행사한다. 그런데 여론과 문학작품 혹은 예술작품 같은 것도 위엄을 행사할 수 있다. 이런 것의 위엄은 대부분 축적된 반복에 불과하다. 역사는, 특히 문학의 역사와 예술의 역사는 그 누구도 진실인지 아닌지 입증하려 노력하지 않는 동일한 판단의 반복에 불과하여서 각자는 결국 자기가 학교에서 배운 것을 반복하게 되며, 아무도 감히 손댈 수 없는 이름과 사물이 존재한다. 그래서 현대의 독자가 호메로스의 작품을 읽는 것은 정말 끔찍할 정도로 지겨운 일이 되는 것이다. 하지만 누가 감히 이런 말을 할 수 있겠는가? 그리스의 파르테논 신전은 오늘날 더는 흥미를 유발하지 않는 폐허로 변해버렸지만, 아직도 대단한 위엄을 누리고 있기 때문에 이를 보면 역사적인 기억이 연이어 떠오를 수밖에 없다. 사물을 있는 그대로 보지 못하게 하고 우리의 판단력을 완전히 마비시키는 것이 위엄의 속성이다. 군중은 항상, 그리고 개인은 거의 모든 주제에 기존의 견해가 필요하다. 이런 견해가 성공을 거두느냐 거두지 못하느냐 하는 것은 그 견해에 담긴 진실이나 오류와는 무관하다. 성공 여부는 오직 위엄을 지녔느냐, 그렇지 못하느냐에 달려 있다.

그러면 이제 타고난 위엄에 대해 알아보자. 타고난 위엄은 내가 방금 말한 인위적 위엄이나 습득한 위엄과는 성격이 판이하다. 타고난 위엄은 일체의 직위라든지 권위와는 무관하며 소수의 사람만이 가진 능력으로서, 그들이 비록 자신의 주변 사람과 사회적으로 동등하고 정상적인 지배수단이 없더라도 주변 사람을 확실히 매혹할 수 있도록 해준다. 그들은 자신의 사상과 감정을 주변 사람에게 주입하며, 사람들은 마치 서커스단의 사나운 맹수들이 조련사[맹수들은 조련사를 쉽게 잡아먹을 수도 있을 것이다]의 말에 따르듯 그들에게 순종한다.

부처와 예수, 마호메트, 잔 다르크, 나폴레옹 같은 군중의 위대한 지도자는 이런 유형의 위엄을 크게 타고났고, 특히 이 위엄을 통해 인정받을 수 있었다. 신과 영웅, 교리는 자신을 인정하게 할 뿐 반박당하지 않는다. 반박당하는 순간 곧바로 소멸하고 만다.

내가 방금 거명한 위인들은 유명해지기 훨씬 전부터 사람들을 매혹하는 힘이 있었으며, 그런 힘이 없었다면 결코 그렇게 유명해지지 못했을 것이다. 예컨대 나폴레옹은 영광의 절정에 있었을 때 그가 권력이 있다는 사실만으로도 엄청난 위엄을 누렸다. 그러나 그는 아무 힘도 없고 전혀 알려지지 않았을 때도 그 같은 권위를 부분적으로는 이미 누리고 있었다. 무명의 장군이던 그가 유력한 후견인의 추천으로 이탈리아 원정군 총사령관으로 부임했을 때 [1796] 그를 기다리고 있던 것은, 총재정부[25]가 보낸 이 젊은 불청객을 순순히 맞이하지는 않겠다고 단단히 마음먹은 만만찮은 기세의 장군들이었다. 그러나 첫 만남이 이루어져 이 미래의 위대한 인물을 처음 보는 순간 그들은 그가 아무런 몸짓도 하지 않고 아무 말도 하지 않고 아무 위협도 하지 않았는데도 그에게 굴복하고 말았

25 1795년 10월 26일부터 1799년 11월 9일까지 존속한 프랑스의 정부. 즉, 로베스피에르가 몰락한 뒤인 1795년 8월, 부르주아 공화주의에 입각한 제한선거에 따라 의안議案 제출권을 가지는 500인회와 의안 선택권을 가지는 원로원의 2원제 의회가 구성되고 행정부에는 5명의 총재가 취임했는데, 바로 이 총재정부 체제를 가리킨다. 총재정부는 출범 초부터 좌익인 산악파와 자코뱅파, 우익인 왕당파의 양 진영으로부터 공격을 받았다. 때마침 인플레이션이 최악의 상태에 이르러 아시냐 지폐 (1790~1796년 혁명정부에서 발행된 지폐)가 폭락했는데도 일부 부르주아와 투기꾼들은 큰돈을 번 반면 대부분의 국민들은 물가고와 물자부족에 허덕였다. 통제가 풀렸다고는 하지만 여전히 혁명전쟁이 계속되고, 설상가상으로 국민 생활마저 위기에 처함으로써 출범 당시부터 총재정부의 정치적 기반은 흔들릴 수밖에 없었다. 1797년 4월, 왕당파의 세력 확대로 우파인 바르텔레미가 총재로 선출되어 같은 해 9월 프뤼크티도르의 쿠데타로 실각하기는 했지만, 총재정부는 여전히 아무 대책도 세우지 못하고 무능했다. 결국, 정권은 나폴레옹이라는 강력한 독재자의 손아귀에 넘어갈 수밖에 없었다. 그는 국민의 기대를 모아 군대의 힘으로 정부를 무너뜨리고 의회에서 반대파를 몰아낸 다음 통령정부統領政府를 구성함으로써 총재정부도 결국 막을 내렸다.

다. 역사학자 텐은 그 당시 사람들의 기억에 의존, 나폴레옹과 장군들이 처음 만나는 이 장면을 흥미롭게 묘사한다.

용감하고 교양 없고 난폭하며 자신의 큰 키와 용맹성을 자랑스럽게 생각하는 오주로 장군[26]을 포함한 사단장들이 벼락출세하여 파리에서 파견된 이 키 작은 인물을 못마땅해하며 총사령부에 도착했다. 그의 인사기록을 읽어본 오주로 장군은 모욕감을 느끼며 절대 나폴레옹에게 복종하지 않겠다고 다시 한번 다짐했다. '바라스[27]의 총애를 받음. 방데미에르의 반란[28]을 진압. 시가전에 능한 장군. 외모가 볼품없고 수학자나 몽상가라는 별명으로 불릴 만큼 늘 혼자 생각에 잠겨 있어서 꼭 곰처럼 보임.' 사단장들이 총사령부로 들어갔으나 나폴레옹은 한참 동안 나타나지 않았다. 이윽고 그는 검을 허리에 차고 군모를 쓴 모습으로 나타나서 자신이 구상한 병력 배치에 대해 설명하고 지시를 내린 다음 그들을 해산시켰

26 Charles-Pierre-François Augereau(1757~1816), 혁명전쟁과 나폴레옹전쟁에서 지휘관으로 활동한 프랑스 군인. 1804년 나폴레옹에 의해 프랑스 원수로 임명됨. 1814년 프랑스 원정 중 리옹에서 군대를 지휘. 나폴레옹에게 보헤미아군의 연락로를 차단하라는 지시를 받았으나 전투를 거부하여 '리옹의 변절자'라는 비난을 받기도 했다.

27 Paul Barras(1755~1829), 프랑스의 정치가. 1793년 툴롱 포위 공격 당시 나폴레옹과 알게 되었고, 로베스피에르가 실각하는 데 결정적인 역할을 했다. 1795년에는 나폴레옹의 지원을 받아 왕당파의 반란을 제압했다. 1795~1799년 총재정부의 최고실권자로 군림했다.

28 총재정부에 불만을 품은 왕당파가 1795년 10월 5일부터 13일간 일으킨 반란. '방데미에르'라는 말은 프랑스 공화력 첫째 달을 가리키는 명칭.

다. 오주로 장군은 그동안 아무 말도 하지 못했다. 총사령부 밖으로 나와서야 그는 비로소 정신을 차리고 평소처럼 욕설을 퍼부을 수 있었다. 그는 이 키 작고 볼품없는 장군이 자신을 두려움에 빠트렸음을 자인했고, 함께 있던 마세나[29]도 그 말에 맞장구를 쳤다. 오주로 장군은 왜 자기가 첫 만남부터 그에게 그처럼 압도당했는지 그 이유를 당최 알 수가 없었다.

위인이 된 사람의 위엄은 그의 명성 덕분에 더욱더 커져 그를 따르는 추종자들의 눈에는 신과 거의 다름없는 경지에 도달하게 된다. 혁명전쟁에 참전했으며 오주로보다도 더 난폭하고 거칠며 정력적이었던 방담 장군[30]은 1815년 어느 날 튈르리 궁전의 계단을 함께 걸어 올라가던 다르나노 원수에게 이렇게 말했다고 한다.

장군님, 저는 그 별난 인간에게 홀렸는데 제가 왜 그랬는지 그 까닭을 모르겠습니다. 신도 안 무섭고 악마도 안 무서운 제가 그 사람 옆에만 가면 꼭 어린애처럼 온몸이 바들바들 떨립니다. 그는 내가 바늘구멍이라도 뚫고 들어가 불구덩이에 뛰어들게 할 겁니다.

---

29 André Masséna(1758~1817), 프랑스혁명전쟁과 나폴레옹전쟁에 참전한 프랑스군 지휘관. 나폴레옹은 그야말로 자신의 제국에서 가장 위대한 이름이라고 칭송했다.

30 Dominique-Joseph René Vandamme(1770~1830), 프랑스군 장교로 나폴레옹 전쟁에 참전했다.

나폴레옹은 자신에게 접근하는 모든 사람을 그렇게 완전히 사로
잡았다. [자신의 위엄을 충분히 의식하고 있던 나폴레옹은 주변의 유력
인사를 마부나 다름없이 취급함으로써 자신의 위엄을 더했는데, 그런 사
람 중에는 유럽을 두려움에 빠트린 국민공회의 저명인사들도 있었다. 이
에 관한 얘기는 아주 많다. 어느 날 국무회의가 한창 진행되고 있는데 나
폴레옹은 마치 버릇없는 하인에게 하듯이 뷔뇨(1761~1835. 프랑스의 정
치가)를 무례하고 거칠게 다루었다. 그것이 먹혀들자 그는 뷔뇨에게 다
가가서 이렇게 소리쳤다. "야, 이 멍청이! 이제 정신 좀 차렸나?" 그러자
군악대장만큼이나 키가 큰 뷔뇨가 허리를 깊이 숙였고 키가 작은 나폴레
옹은 손을 들어 올려 그의 귀를 잡아당겼다. 뷔뇨는 그 행동이 "그분이 호
의를 표시하는 친숙한 동작으로서 그걸 보면 인간미가 느껴지고 기분이
몹시 좋아진다"고 썼다. 이런 사례들은 위엄이 사람을 어느 정도까지 비
굴하게 할 수 있는지를 분명히 보여준다. 그리고 강대한 독재자가 왜 주
변 사람을 심하게 멸시하면서 그들을 그냥 '총알받이'로 취급하는지 그
이유도 이해할 수 있게 해준다.]

다부 장군[31]은 나폴레옹에 대한 자신과 마레[32]의 충성심을 얘기
하면서 이렇게 말하기도 했다.

---

31 Louis Nicolas Davout(1770~1823), 나폴레옹 전쟁 때 육군원수. 34살의 나이로 원
수가 되어 전쟁에서 단 한 번도 패하지 않았다. 오스테를리츠 전투와 이에나 전투
에서 이름을 떨쳤다. '철혈 원수'라는 별명으로도 유명했다.

32 Duc de Bassano Hugues Bernard Maret(1763~1839), 프랑스의 정치가 겸 언론인.
이집트 원정에서 돌아온 나폴레옹 진영에 합류하여 총재정부를 무너뜨리는 데 협
력함으로써 나폴레옹 정권의 실력자가 되었다. 7월왕조 당시 6대 내각의 우두머리
로 임명되었으나 사흘 만에 교체되기도 했다.

황제께서 만약 '파리를 파괴하되 그 누구도 파리에서 나가거나 탈출하지 못하도록 하는 것이 나의 정치적 이익에 도움이 된다네'라고 우리 두 사람에게 말씀하신다 치자. 나는 마레가 그 비밀을 지키리라 확신한다. 그러나 그는 자신의 가족이 파리를 빠져나가도록 함으로써 그 비밀을 어길 수밖에 없을 것이다. 하지만 나는 비밀이 누설될까 두려워 아내와 자식들을 파리에 남겨두었을 것이다.

나폴레옹이 엘바섬에서 돌아온 그 엄청난 사건을, 그의 독재에 진력이 난 한 위대한 국가의 모든 조직된 세력과 맞서 한 인간이 프랑스를 전광석화같이 정복해버릴 수 있었던 이 경이로운 사건을 이해하려면 방금 내가 얘기한 놀라운 매혹의 힘을 기억해야만 한다. 나폴레옹은 그를 붙잡아 오겠다고 맹세하고 찾아온 장군들을 그냥 바라보기만 했을 뿐이었다. 그들은 두말없이 나폴레옹에게 굴복하고 말았다.
영국의 울즐리 장군은 다음과 같은 글을 남겼다.

나폴레옹은 그의 왕국이었던 엘바라는 작은 섬에서 마치 탈옥수처럼 탈출, 혈혈단신으로 프랑스에 상륙하여 단 몇 주 만에 피 한 방울 흘리지 않고 합법적인 왕이 지배하던 프랑스의 모든 권력기구를 뒤흔들어놓았다. 그 어떤 인물이 이처럼 개인적 영향력을 발휘하여 자신의 존재를 과시할 수 있을까? 그는 마지막 원정에 나서 처음부터 끝까지 동맹국들을 자기 마음대로 요리하고 섬멸하기 일보 직전까지 가는 등 완전히 압도하지 않았던가?

그가 죽고 난 뒤에도 그의 위엄은 지속되어 계속 커졌다. 잘 알려지지 않은 조카를 황제로 만든 것도 그의 위엄이었다. 오늘날에 그의 전설이 다시 탄생하는 것을 보면서 우리는 그의 그림자가 얼마나 크고 강력한 영향력을 발휘하는지를 알게 된다. 충분한 위엄을 갖추고 이를 유지하는 데 필요한 재능을 타고난 사람은 인간을 학대하고 수백만 명씩 학살하고 침략에 침략을 거듭할 수 있다.

물론 내가 인용한 사례가 매우 예외적임은 틀림없다. 그러나 대형종교와 강력한 신조들, 대제국들이 어떻게 탄생했는지를 이해시키는 데는 유용하다. 위엄이 군중에게 발휘하는 위력을 이해하지 못하면 그런 것이 어떻게 탄생했는지를 이해하지 못할 것이다.

그러나 위엄이 개인의 영향력이라든지 군사적 영예, 종교적 공포심에서만 유래하는 것은 아니다. 위엄은 조금 더 소박한 기원을 가질 수도 있다. 그러나 그 위엄은 더한층 클 수가 있다. 19세기는 그 사례를 여러 개 제공해준다. 후대인들이 두고두고 상기하게 될 가장 놀라운 사례 가운데 하나는 바로 두 대륙을 운하로 가름으로써 지구 표면의 모습과 각 민족 간의 교역 관계를 변화시킨 레셉스의 이야기이다. 그는 엄청난 의지력뿐만 아니라 주변 사람을 사로잡은 매혹을 통해 자신의 사업을 성공시켰다. 사람들의 한결같은 반대를 이겨내기 위해서는 그냥 모습을 나타내는 것으로 충분했다. 그가 잠깐 무슨 말만 해도 반대자들은 그가 풍기는 매력에 사로잡혀 친구가 되었다. 특히 영국인은 그의 계획에 가장 극렬하게 반대했다. 하지만 그가 영국에 나타나자 모든 사람이 그의 계획에 찬성하고 나섰다. 몇 년 뒤 그가 사우스햄턴을 지나갈 때는 그가 지나가고 있음을 알리는 종소리가 도시에 울려 펴졌고, 지금 영국은 그를 기념하는 동상을 세우는 일에 매달리고 있다. 사람이든 사물이든 모든 걸 극복하고 난 그는 더 이상 장애 따위에는 신경 쓰지 않고 제2의 수에즈운하를 파나마에도 건설하려고 했다. 그는 이전과 똑같은 방법으로 공사에 착수했다. 하지만 그는 이미 나이가 들었고, 산맥도 들어서 옮길 수 있다는 신념도 너무 높은 산맥 앞에서는 무너져내리고 말았다. 산맥은 저항했고, 그로 인한 재난으로 이 영웅을 둘러싸고 있던 눈부신 영예의 후광은 퇴색하고 말았다. 그의 인생은 위엄이 얼마나 커질 수 있는지, 또 어떻게 사라질 수 있는지를 가르쳐준다. 역사상 가장 유명한 영웅들만큼이나 위대했던 그는 조국의 판사들에 의해 가장 비열한 범죄자로 낙인찍히고 말았다. 그가 죽었을 때 그의 관은 아무것도 모르는 무심한 군중 사이를 지나갔다. 오직 외국의 왕들만이 역사상 가장 위대한 인간 가운데 한 명을 찬양하듯 그렇게 그를 추모하고 경의를 표했다. [오스트리아 빈에서 발간되는 《노이에 프레이에 프레세 *Neue Freie Presse*》지에는 레셉스의 운명에 관해 심리학적으로 매우 정확하게 성찰한 기사가 실린 적이 있다. 이 같은 이유 때문에 나는 그 기사를 여기 전재한다. "페르디낭드 레셉스가 유죄판결을 받은 이후로 우리는 이제 더는 크리스토프 콜럼버스의 슬픈 최후에 놀라워할 권리를 가지고 있지 않다. 레셉스가 사기꾼이라면 이 세상의 모든 고귀한 환상은 범죄가 될 것이다. 고대인들은 레셉스의 추억에 명예의 후광을 씌워주고 올림포스 신전 한가운데서 신의 술을 대접했을 것이다. 왜냐하면 그는 지구의 얼굴을 바꾸고 신의 피조물을 완벽하게 만드는 위업을 완수했기 때문이다. 상고재판소 소장은 레셉스에게 유죄를 선고함으로써 자신의 이름을 영원히 남기게 됐다. 그 삶 자체가 동시대인들의 자랑거리였던 한 노인에게 죄수복을 입히려고 자신의 시대를 비열하게 만들어버린 인물의 이름이 무엇이냐고 사람들이 묻게 될 테니 말이다. 관료들이 대담한 대규모 사업에 반대하며 증오심을 발휘하는 그런 곳에서는 이제 더는 불굴의 정의 따위를 논하지 마라. 국민은 자기 자신을 신뢰하면서 개인적인 이익은 따지지 않고 모든 난관을 극복하는 과감한 인간을 필요로 한다. 천재는 빈틈이 많다. 너무 신중하면 결코 인간의 활동 반경을 넓힐 수 없다. (…) 페르디낭 드 레셉스는 수에즈에서 승리의 도취감도 맛보았고 파나마에서 좌절의 쓰라림도 겪었다. 여기서 가슴은 성공의 윤리를 거역한다. 레셉스가 두 바다를 연결하는 데 성공하자 왕들과 국민은 그를 찬양했다. 그가 코르디에라(남북아메리카 대륙의 서쪽 연안에 남북으로 길게 뻗어 있는 산맥)의 암벽을 넘지 못하고 무릎을 꿇은 지금, 그는 비열한 사기꾼에 불과하다. (…) 그 결과 사회계급은 전쟁을 벌이고, 관료들과 피고용자들은 불만스러워하면서 다른 사람들 위로 올라가려고 하는 사람들에게 형법으로 보복한다. (…) 현대의 입법자들은 인간의 천재성이 만들어낸 위대한 사상과 직면하면 몹시 곤혹스러워한다. 일반 국민은 그런 사상을 더더욱 이해 못 한다. 그래서 일개 법관이 스탠리[33]는 살인범이고 레셉스는 사기꾼이라는 판결을 그렇게 쉽게 내리는 것이다.]

---

33 Sir Henry Morton stanley(1841~1904), 영국의 탐험가이자 언론인으로 아프리카 탐험과 데이비드 리빙스턴을 발견한 것으로 유명하다. 1874년 다시 뉴욕 헤럴드와 런던의 데일리 텔레그래프, 두 신문사의 공동 출자로 리빙스턴 구조를 목적으로 아프리카 탐험을 시작하여 리빙스턴의 죽음을 확인한 뒤 나일강의 원천인 빅토리아

그러나 지금까지 인용된 여러 사례는 극단적 형태를 취하고 있다. 위엄의 심리학을 세밀하게 정립하려면 종교 창시자와 제국의 창건자부터 새 옷이나 장식물로 이웃의 마음을 사로잡으려고 애쓰는 개인에 이르는 많은 사람의 사례 중에서 극단적인 것을 살펴보아야 하기 때문이다.

이처럼 연속되는 사례의 양극단 사이에 과학이라든지 예술, 문학 같은 다양한 문명의 요소가 자리 잡고 있으며, 위엄은 설득의 기본 요소를 구성한다. 위엄을 지닌 인간이나 사상, 사물은 의식적이든 무의식적이든 감염으로 즉시 모방되고, 특정한 지각 방식과 사고의 표현 방식을 한 세대 전체에 강요한다. 그런데 모방은 대부분 무의식적으로 이루어진다. 그래서 모방이 완벽해지는 것이다. 일부 원초주의[34] 화가들의 엷은 색깔과 경직된 자세를 흉내 내는 현대 화가들은 자기들이 어디서 영감을 받았는지를 잘 알지 못한다. 이들은 자기들이 이 화풍을 창조해냈다고 믿지만, 만일 탁월한 능력을 갖춘 한 화가가 이 예술적 형태를 부활시키지 않았더라면 사람들은 지금까지도 그 화풍이 유치하며 열등하다고 생각할 것이다. 또다른 저명한 화가를 추종하여 그들의 화폭을 자주색 음영으로 가

호를 발견하고 콩고강 유역을 답사하여 아프리카 대륙을 횡단했다. 이 경험을 바탕으로 1878년에 《암흑 대륙 횡단기》라는 책을 출판했다. 1877년부터 1884년까지 벨기에 국왕의 후원을 받아 콩고 지방을 탐험, 콩고 자유국 건설의 기초를 닦았다. 1887년부터 1889년까지는 중앙아프리카를 탐험하여 투웸조리 산맥을 답사했으며, 답사 도중에 현지 반란에 휘말려 있던 독일 탐험가 에민 파샤를 구출하기도 했다. 만년에 영국 국적으로 복귀했고, 1895년에 하원의원이 되었다.

34 14~15세기 르네상스파 직전의 화풍.

득 메우는 화가들은 50년 전에 화가들이 보았던 것보다 더 많은 자주색을 자연에서 보지는 않았지만, 이처럼 화풍이 기묘한데도 큰 위엄을 획득했던 한 화가의 개인적이고 특별한 인상에 암시를 받았다. 문명의 모든 요소에도 이런 사례들이 적용될 수 있을 것이다.

이로 미루어 우리는 수많은 요인이 위엄의 탄생과 연관된다는 사실을 잘 알 수 있다. 그중 가장 중요한 요인은 언제나 성공이다. 성공을 거둔 모든 인간과 뿌리를 내린 모든 사상은 바로 이 사실 자체에 의해 더는 반박당하지 않는다. 성공의 소멸은 거의 언제나 위엄의 소멸로 이어진다는 사실이야말로 성공이 위엄의 중요한 초석들 가운데 하나라는 증거다. 어제 군중에게 찬양받던 영웅도 오늘 실패하면 곧장 그들로부터 야유당한다. 실제로 그런 반동은 위엄이 커지면 커질수록 더욱더 강력해질 것이다. 이런 경우에 군중은 몰락한 영웅을 자신과 동등한 존재로 여기고, 더는 인정할 수 없는 우월함에 눌려 머리를 숙였다는 사실에 대해 앙갚음을 한다. 자신의 동지들과 무수히 많은 동시대인의 목을 잘랐을 때 로베스피에르는 엄청난 위엄이 있었다. 그러나 몇몇 지지자들이 그에게 등을 돌리면서 권력을 박탈당하자마자 그는 곧바로 이 위엄을 잃어버렸고, 군중은 단두대로 끌려가는 그의 뒤를 따라가면서 그 전날 그의 희생자들에게 퍼부었던 것과 똑같은 저주를 그에게 퍼부어댔다. 신도들은 예전에 자기들이 믿었던 신들의 동상을 항상 꼭 미친 사람들처럼 때려 부수는 법이다.

성공으로 뒷받침되지 못하는 위엄은 순식간에 사라진다. 위엄은 또한 반박에 의해서도 사라지지만, 그 속도는 조금 느리다. 그러나 이 절차는 매우 확실한 효과를 발휘한다. 위엄에 이의가 제기되는 순간, 그 위엄은 더 이상 위엄이 아니다. 오랫동안 위엄을 유지해 온 신들과 인간들은 자신에 대한 반박을 절대 허용하지 않았다. 군중의 찬양을 받으려면 그들과 일정한 거리를 유지해야 하기 때문이다.

4. 군중의 신념과 견해가 갖는 한계와 다양성

• 고정된 신념 ― 어떤 일반적 신념의 불변성 ― 정립된 신념 들은 문명의 행동원리다. 이를 근절한다는 것은 쉬운 일이 아니 다 ― 비관용은 어떤 점에서 군중에게 하나의 미덕이 되는가 ― 일반적 신념이 철학적으로 부조리하다고 해서 전파되지 않는 것 은 아니다

• 변덕스러운 군중 여론 ― 일반적 신념에서 비롯되지 않은 여론 의 극단적인 변덕스러움 ― 100년이 안 되는 기간에 사상과 신념 이 보여준 외관적 변화 ― 이 변화의 실제 한계 ― 변화를 구성하 는 요소들 ― 일반적 신념의 소멸과 언론의 전파로 오늘날 여론은 점점 더 쉽게 변한다 ― 군중의 여론은 어떻게 해서 주제 대부분 을 무관심으로 이끌어가는가 ― 통치자들은 옛날처럼 쉽게 여론 을 이끌어나가지 못한다 ― 지금은 여론이 극도로 세분화되어 절 대적 권한을 행사할 수 없게 되어 있다

고정된 신념

존재들의 해부학적 특성과 심리학적 특성 사이에는 밀접한 유사성이 존재한다. 해부학적 특성 가운데는 몇 가지 불변의 요소가 있다. 이 요소들은 거의 변하지 않기 때문에 그 요소들을 변화시키려면 가히 지질시대만큼이나 오랜 세월이 필요할 것이다. 그렇게 고정되어 도저히 변화될 수 없는 특징들 말고 매우 가변적이어서 환경에 따라 혹은 사육사나 원예사의 기술에 따라 쉽게 변화할 수 있고 이따금 부주의한 관찰자가 그 기본 성격을 전혀 알아채지 못하도록 숨길 수도 있는 또 다른 특징들도 발견된다.

도덕적 특성에서도 같은 현상이 발견된다. 어떤 인종의 고정된 심리적 요소들 옆에는 유동적이고 가변적인 요소들이 존재한다. 그래서 어떤 민족의 신념과 여론을 연구해보면 완전히 고정된 토대 위에 바위를 뒤덮고 있는 모래만큼이나 유동적인 여론이 접목된 것을 항상 확인할 수 있다.

그래서 군중의 여론과 신념은 두 부류로 뚜렷하게 구분된다. 첫째 부류는 몇백 년간 지속되며 예를 들면 옛날에는 봉건주의 개념과 기독교 사상, 종교개혁 사상, 오늘날에는 민족주의 원칙과 민주주의 사상, 사회주의 사상과 같이 전체 문명의 토대를 이루는 위대한 항구적 신념이다. 둘째 부류는 대부분 보편적 개념의 소산인 일시적이고 가변적인 여론으로서 어느 시대에나 그것이 만들어지고 사라지는 것을 볼 수 있다. 예컨대 어느 특정한 순간에 문학과 예술을 인도하는 이론들, 예를 들면 낭만주의나 자연주의, 신비주의 등을 탄생시킨 이론들이 이 부류에 속한다. 이런 부류의 여론은 거의 유행처럼 피상적이며 순식간에 변화한다. 또 마치 깊은 호수의 수면에서 끝없이 만들어졌다가 없어지는 잔물결에도 비유될 수 있다.

일반화되는 신념은 그 수가 매우 적다. 그런 신념들의 생성과 몰락은 역사를 가진 각 인종의 역사적 정점을 이룬다. 일반화되는 신념은 문명의 진정한 뼈대라고 할 수 있다.

일시적인 여론을 군중의 영혼에 주입하기는 쉽다. 그러나 지속적인 신념을 군중의 영혼에 주입한다는 건 대단히 어려운 일이다. 그리고 이렇게 주입된 지속적 신념을 파괴한다는 것 역시 무척 어렵다. 대개는 폭력 혁명을 대가로 치러야만 비로소 변화시킬 수 있다. 혁명은 그런 신념이 군중의 영혼에 대한 지배력을 거의 완전히 상실해야만 그 힘을 가지게 된다. 그때 혁명은 이미 거의 다 버려졌지만, 습관의 멍에 때문에 완전히 버릴 수가 없었던 것을 깡그리 쓸어내버리는 역할을 한다. 현실적으로 혁명의 출발점은 신념의 종착점이기 때문이다.

어떤 위대한 신념이 정확히 언제 소멸할지는 쉽게 알 수 있다. 그 가치가 의문시되기 시작하는 날이 바로 그날이다. 일체의 보편적 신념은 하나의 허구나 거의 다름없어서 검토되지 않는다는 조건에서만 존속될 수 있다.

그러나 어떤 신념이 심하게 흔들릴 때라도 그 신념이 만들어낸 제도들은 힘을 유지하다가 서서히 사라져간다. 그러다가 결국 그 신념이 힘을 완전히 잃어버리면 버티고 있던 모든 것이 얼마 지나지 않아 무너지고 만다. 지금까지 모든 민족은 그들의 신념을 바꾸는 즉시 그들의 문명을 구성하는 모든 요소도 역시 바꿔야만 했다.

민족은 새로운 보편적 신념을 발견하고 그 신념이 받아들여질 때까지 이 요소들을 변형시킨다. 그리고 그때까지는 무정부 상태에서 살게 된다. 보편적인 신념은 사상의 방향을 결정하기 때문에 문명을 떠받치는 데 필요한 기둥이다. 오직 보편적 신념만이 믿음을 고취하고 의무를 만들어낼 수 있다.

민족들은 보편적인 신념을 획득하는 것이 유용하다는 사실을 항상 의식했고, 그런 신념의 소멸이야말로 자신들의 몰락을 알리는 신호탄일 수도 있다는 사실을 본능적으로 깨달았다. 로마인들에게 광적인 로마 숭배는 그들을 세계의 지배자로 만든 신념이었지만, 그런 신념이 사멸하자 로마도 멸망해야만 했다. 로마 문명을 파괴한 야만인들은 어떤 공통의 신념을 획득하고 나서야 어느 정도 연대하여 무정부 상태를 벗어날 수 있었다.

민족들이 언제나 자신들의 확신을 편협하게 옹호했던 데에는 다 그럴 만한 이유가 있다. 철학적 관점에서 보면 크게 비판받아야만 할 이런 편협성은 민족들의 삶에서 가장 필요한 미덕을 대표한다. 중세 때 그 수많은 화형대가 세워지고, 순교만 겨우 면한 수많은 발명가와 혁신가가 절망 속에서 죽어간 것은 보편적 신념을 갖고 유지하기 위해서였다. 바로 이 보편적 신념을 지키려고 세계가 수도 없이 혼란에 빠졌고 수백만 명이 전장에서 죽어갔으며 앞으로도 그렇게 죽어갈 것이다.

보편적인 신념은 정착하는 데 큰 어려움이 있지만, 일단 확실히 자리를 잡으면 오랫동안 무소불위의 힘을 발휘할 것이다. 그리고 이 보편적 신념은 철학적 오류에도 불구하고 가장 명석한 정신을 가진 인물에게도 주입될 것이다. 자세히 검토해보면 유럽의 민족들은 1,500년이 넘도록 몰록[35]의 종교 전설만큼이나 야만적인[나는 '야만적인'이라는 단어를 철학적 의미로 사용한다. 실제로 야만족들은 완전히 새로운 운명을 창조했고, 인간이 1,500년 동안 꿈과 희망으로 가득 찬 매혹적인 낙원을 어렴풋이 보도록 내버려 두었다. 앞으로 인간은 더는 이 낙원에서 살지 못하게 될 것이다.] 종교의 전설들을 논쟁의 여지가 없는 진실로 간주하지 않았던가? 자신이 창조한 인간 가운데 한 명이 자신에게 복종하지 않는다며 그의 아들에게 무시무시한 형벌을 내려 복수하는 한, 신의 전설이 지닌 엄청난 부조리도 오랫동안 지각되지 않았다. 갈릴레이라든가 뉴턴, 라이프니츠 같은 진짜 천재들도 그런 종교적 신념의 진실이 반박당할 수도 있다는 것을 단 한 순간도 암시하지 않았다. 이보다 보편적인 신념이 만들어내는 최면 효과를 더 잘 보여주는 것도 없지만, 우리 지성의 치욕적인 한계를 더 잘 표시하는 것도 없다.

어떤 새로운 신조는 군중의 정신에 뿌리를 내리자마자 곧 그 제도와 예술, 행동에 영감을 불어넣는다. 그 신조가 사람들의 영혼에 행사하는 지배력은 절대적이다. 행동가들은 오직 그 신조를 실현할 생각만 하고, 입법자들은 이를 적용하기만 하며, 철학자들과 예술가들, 문인들은 오직 이를 다양한 형태로 표현하는 데만 몰두하

---

35 Moloch, 암몬족의 신. 어린이들을 인신 제물로 바쳤다.

게 된다.

기본 신념에서 부차적이며 일시적인 사상들이 생겨날 수 있지만, 이런 사상들에는 언제나 이들을 탄생시킨 신념의 흔적이 배어 있다. 이집트 문명과 중세 유럽 문명, 아랍인들의 이슬람 문명은 극소수 종교적 신념의 산물로서, 이 신념들은 이들 문명의 가장 하찮은 요소들에까지 흔적을 남겼기 때문에 즉시 알아볼 수가 있다.

이처럼 보편적인 신념 덕분에 각 시대의 인간들은 그 속박에서 벗어날 수가 없으며 그들 모두를 항상 너무나 닮게 하는 전통과 여론, 관습의 그물에 둘러싸이게 된다. 특히 인간들을 인도하는 것은 이 신념과 여기서 비롯된 관습이다. 이런 신념과 관습은 우리 삶의 가장 소소한 행동까지 규제하며, 가장 독립적인 정신을 가진 사람도 그 영향에서 벗어날 생각을 하지 않는다. 인간들의 영혼에 대해 무의식적으로 발휘되는 지배력이야말로 진짜 폭정이다. 맞서 싸울 수가 없기 때문이다. 티베리우스[36]와 칭기즈칸, 나폴레옹도 무시무시한 폭군들이었지만, 모세와 부처, 예수, 마호메트 역시 그들의 무

---

36 Tiberius(BC 42~AD 37), 로마의 제2대 황제(재위 14~37). 14년에 아우구스투스가 죽자 그의 유언에 의해 유산 상속자로 지명되었다. 단독 원수가 된 티베리우스는 아우구스투스의 후계자로서 금융 위기 대책 수립, 변경 방위망 확립 등 뛰어난 행정 수완을 발휘했다. 그렇지만 황제 주최의 전차 경기대회와 검투사 경기를 중지시키는 등 재정 낭비 중단 정책을 단행했기 때문에 로마 시민으로부터의 인기를 끌지는 못했다. 게다가 26년에서부터 37년 사망하기까지 카프리섬에 은거하며 근위대장 루키우스 아일리우스 세야누스를 통해 로마를 통치했기 때문에 인기는 한층더 떨어지게 되었다. 또한, 29년에 이루어진 아그리피나 소탕작전은 더욱 티베리우스의 인기를 떨어뜨렸으며, 31년에는 권력욕을 거리낌 없이 드러내던 세야누스를 교묘한 전략을 사용해 처형하기도 했다. 37년, 일흔아홉 살에 병에 걸려 사망한다.

덤 속에서 훨씬 더 강력한 독재권력을 인류의 영혼에 행사해왔다. 음모는 폭군을 무너뜨릴 수 있다. 그러나 확고히 정립된 신념에 대해서는 과연 무엇을 할 수 있겠는가? 로마가톨릭교와 처절한 투쟁을 벌이던 프랑스혁명은 군중도 분명히 표면상으로는 공감했고 종교재판소만큼이나 무자비한 파괴 수단들을 동원했는데도 불구하고 결국은 실패하고 말았다. 인류 역사에 유일무이하게 존재했던 폭군들은 항상 죽은 자들의 유령이거나 인류가 스스로 만들어낸 환상이었다.

보편적 신념이 흔히 드러내는 철학적 불합리는 그 신념들의 승리를 가로막는 장애가 결코 되지 못했다. 이 같은 승리는 오직 보편적 신념들이 어떤 수수께끼 같은 불합리함을 포함하고 있는 조건에서만 가능한 듯 보인다. 그렇기 때문에 오늘날의 사회주의 신념은 명백한 약점을 갖고 있는데도 군중의 영혼을 지배하는 것이다. 사회주의 신념이 모든 종교적 신념보다 매우 열등하다는 통념은 오직 다음과 같은 사실로부터 기인한다. 즉 종교적 신념이 약속하는 행복의 이상은 오직 미래의 삶에서만 실현될 것이므로 그 누구도 그 같은 실현에 대해 이의를 제기할 수 없다. 그러나 사회주의자들이 품고 있는 행복의 이상은 지상에서 실현될 수 있을 것이므로 이를 실현하기 위한 시도가 최초로 이뤄지자마자 즉시 그 약속이 얼마나 공허한가가 드러나는 동시에 새로운 신념도 위엄을 완전히 상실하고 말 것이다. 그리하여 사회주의의 힘이 계속 커지더라도, 그 승리는 이상이 실현되기 시작하는 날까지로 제한될 것이다. 그러므로 만약 새로운 종교가 이전의 모든 종교처럼 처음부터 파괴적인 역할을 해내면 나중에 창조적인 역할을 해낼 수가 없을 것이다.

군중의 가변적인 여론

우리가 방금 그 힘을 보여준 고정된 신념의 윗부분에는 계속하여 생성되고 사멸하는 여론과 사상, 사고의 층이 자리 잡고 있다. 그중 일부는 딱 하루만 지속하기도 하고, 가장 중요한 것들도 한 세대 이상을 버티지 못한다. 우리는 앞에서 이런 여론이 겪는 변화들은 때때로 실제적이라기보다는 훨씬 더 피상적이며, 항상 민족의 자질을 보여주는 흔적을 담고 있다는 사실을 이미 지적했다. 예컨대 프랑스의 정치제도를 검토하면서 우리는 왕당파와 급진파, 제국주의자들, 사회주의자들과 같이 서로 전혀 달라 보이는 정파들도 똑같은 이상을 품었으며, 이러한 이상은 유독 프랑스 인종의 정신적 구조에만 기인한다는 사실을 확인했다. 왜냐하면, 다른 인종들은 이와 완전히 상반되는 이상이 비슷한 명칭들을 갖고 있기 때문이다. 사태의 본질을 변화시키는 것은 여론에 붙여지는 이름도 아니고 거짓된 적응도 아니다. 프랑스혁명기의 부르주아들은 라틴 문학에 몰두, 로마공화국에 시선을 고정한 채 그들의 법과 속간, 토가[37]를 채택하고 제도와 전례를 모방하려고 애썼지만 강력한 역사적 암시

---

37 고대 로마 사람들이 입던 길고 평퍼짐한 옷.

를 받고 있었기 때문에 로마인이 되지는 못했다. 표면에서 이루어지는 변화의 저변에 어떤 오래된 신념들이 여전히 남아 있는지를 탐구하고, 끊임없이 움직이는 여론 가운데 어떤 것이 보편적인 신념과 인종의 영혼에 의해 결정되는지를 구분하는 것이 바로 철학자의 역할이다.

이런 철학적 기준이 없으면 군중이 정치적, 종교적 신념을 빈번하게, 그리고 자기 마음대로 바꾼다고 믿을 수도 있을 것이다. 정치의 역사와 종교의 역사, 예술의 역사, 문학의 역사 등 모든 역사는 실제로 그 사실을 증명해주는 것처럼 보인다.

프랑스 역사에서 매우 짧은 기간, 그러니까 1790년부터 1820년까지 30년 동안의 한 세대를 예로 들어보자. 이 기간에 군중은 처음에는 군주제를 지지했다가 다시 혁명을 지지했으며, 그에 이어 제국주의자가 되었다가 다시 군주 정치주의자가 되었다. 종교문제와 관련해서도 같은 시기에 군중은 가톨릭교도들에서 무신론자들로 바뀌었다가 다시 이신론자들이 되었으며, 그리고 나서는 다시 가톨릭교의 가장 극단적인 형태로 돌아갔다. 군중뿐만 아니라 군중을 이끌어나가는 자들도 그렇게 한다. 우리는 왕들의 철천지원수로서 신도 원하지 않고 지배자도 원하지 않던 국민공회의 저명인사들이 나폴레옹의 비천한 하인이 되었다가 루이 18세[38] 시대 때

---

38 Louis XVIII(1755~1824), 프랑스의 왕(재위 1814~1824). 루이 15세의 손자이며 프랑스혁명 때 앙투아네트와 함께 처형당한 루이 16세의 동생. 나폴레옹이 엘바섬으로 추방되자 왕위에 올라 입법권과 사법권의 독립, 신성불가침적 세습 왕권과 함께 법 앞의 평등, 기본 인권 등을 규정한 헌법을 제정했다.

는 양초를 들고 종교행렬에 참여하는 것을 보며 놀라워한다.

그리고 그 이후로 70년 동안에도 군중의 여론에는 상당한 변화가 일어난다. 19세기 초에 '불성실한 앨비언[39]'은 나폴레옹의 후계자가 통치하던 프랑스의 동맹국이 되었고, 두 번이나 프랑스의 침공을 받았으며 프랑스군이 퇴각하는 것을 보며 환호했던 러시아도 돌연 프랑스의 친구가 되었다.

문학과 예술, 철학에서는 여론이 더한층 빠르게 변한다. 낭만주의와 자연주의, 신비주의 등이 연달아 출현했다가 소멸한다. 어제는 찬양받았던 예술가와 작가가 내일이 되면 심하게 경멸당한다.

그런데 만일 이처럼 겉으로 보기에는 매우 심오한 이 모든 변화를 분석하면 과연 무엇을 발견할 수 있을까? 인종의 보편적인 신념과 감정에 반대되는 모든 변화는 잠시만 지속되고, 곧 큰 강이 물길을 돌려 다시 흐른다. 인종의 보편적 신념이나 감정과 일절 연결되지 않아 고정이 안 되는 여론은 우연에 좌우될 수밖에 없다. 말하자면 최소한의 환경 변화에도 좌우된다는 것이다. 암시와 감염으로 형성된 여론은 언제나 일시적이다. 바닷가에서 바람에 의해 형성되는 모래언덕만큼이나 빠르게 생겨났다 사라지기 때문이다.

오늘날 군중이 형성하는 가변적인 여론의 총합은 과거 그 어느때보다도 더 크며, 이유는 세 가지로 구분해볼 수 있다.

첫 번째 이유는 과거의 신념들은 점점 더 지배력을 상실하여 옛날과는 다르게 일시적인 여론에 영향을 미쳐 이들에 어떤 방향을

---

39 앨비언은 잉글랜드의 옛 이름이다.

정해주지 못하기 때문이다. 보편적 신념이 사라지면 과거도 없고 미래도 없는 수많은 개인적 의견이 등장한다.

두 번째 이유는 군중의 힘은 점점 더 증가하는 반면 군중의 힘을 억제하는 힘은 점차 감소하고 있기 때문에 우리가 그들에게서 확인한 사상의 극단적 유동성이 자유로이 표출될 수 있기 때문이다.

마지막으로 세 번째 이유는 완전히 상반되는 여론을 군중의 눈앞에 끊임없이 내놓는 언론의 숫자가 최근 들어 급속히 늘어나고 있기 때문이다. 그래서 각각의 여론이 불러일으킬 수 있는 암시들은 곧바로 반대되는 암시에 파괴되어버린다. 그 결과 각각의 여론은 널리 퍼져 나가지 못한 채 단명하고 마는 것이다. 말하자면 충분히 유포되어 일반적인 여론이 되기도 전에 사멸하는 것이다.

이 세 가지 이유에서 세계 역사상 매우 새로우며 현시대를 특징짓는 현상이 비롯된다. 여기서 나는 정부는 여론을 선도할 만한 능력을 갖추고 있지 않다는 말을 하고 싶다.

옛날에는[그다지 먼 옛날은 아니다] 통치행위와 몇몇 작가 및 극소수 신문들의 영향력이 여론을 실질적으로 조정했다. 오늘날 작가들은 일체의 영향력을 상실했고 신문들은 이제 여론을 반영만 할 뿐이다. 정치인들도 여론을 이끌기는커녕 여론을 따라가는 데만 급급하다. 그들은 이따금 공포를 불러일으키기도 하는 여론을 두려워하여 자신들의 행동 노선을 일절 정하지 않는다.

따라서 군중의 여론은 정치를 점점 더 잘 드러내 보여주는 경향을 보인다. 오늘날 군중의 여론은 국가 간 동맹을 강제할 정도가 되었는데, 최근의 러시아와 프랑스 동맹[대중운동의 결과에 불과한]이 그런 경우에 해당한다. 오늘날 교황이나 국왕, 황제들이 어떤 현안에 대한 자신들의 견해를 군중의 판단에 맡기기 위해 언론의 인터뷰 요청에 응하는 장면은 정말 흥미로운 징후다. 옛날에는 정치가 감정의 문제가 아니라고 말할 수 있었다. 하지만 정치가 이성의 영향을 받지 않고 오직 감정만이 이끌어나갈 수 있는 변덕스러운 군중의 충동을 행동원리로 삼는 경향이 점점 더 심해지는 오늘날에도 과연 그렇게 말할 수 있을까?

예전에 여론을 주도했던 언론도 정부와 마찬가지로 군중의 힘앞에서는 무릎을 꿇어야만 했다. 물론 언론은 여전히 무시할 수 없을 만큼 엄청난 힘을 가지고 있지만, 이는 오직 언론만이 군중의 여론과 그 끝없는 변화를 반영하기 때문이다. 단순한 정보 전달자로 전락한 언론은 이제 더는 어떤 사상이나 신조를 강요하려 하지 않는다. 언론은 대중의 사고가 겪는 모든 변화를 따라가지만, 경쟁해야만 하기 때문에 그 같은 변화를 잘 따라가지 않으면 독자를 잃게 된다. 과거 세대가 거의 신탁처럼 여겨 경건한 마음으로 귀 기울이곤 했던《콩스티튀시오넬Le Constitutionnel》이나《데바Journal des débats》,《시에클Siècle》같은 오래되고 영향력 있는 신문들도 이제는 사라지거나, 아니면 재미있는 가십거리나 사교계의 쑥덕공론, 금융 광고로 뒤덮인 정보 제공지가 되어버렸다. 기자들이 자신의 개인적인 견해를 피력할 수 있을 만큼 내용이 풍부한 신문이 지금 도대체 어디 있으며, 또한 오직 정보만 얻으려 하거나 재미만 추구할 뿐 무슨 충고를 해주어도 거기에 대해 깊이 생각하는 걸 싫어하는 독자에게 그 같은 견해가 도대체 어떤 영향력을 끼칠 것인가?

심지어 이제는 비평가들도 어떤 책이 나왔다거나 어떤 연극이 공연되고 있다는 사실을 많은 사람에게 알려 이들의 성공을 보장할 힘을 갖고 있지 않다. 성공을 방해할 수는 있지만, 성공에 이바지할 수는 없다. 신문사들도 비평이나 개인의 의견이 별로 쓸모가 없다는 걸 너무나 잘 알고 있어서 문학 비평란을 조금씩 줄이고 그냥 관련 도서의 제목에 해설만 두세 줄 소개하는 실정이며, 20년 뒤에는 아마 연극 비평도 똑같은 운명을 맞이하게 될 것이다.

오늘날에는 여론을 탐색하는 것이 언론과 정부의 주요한 관심사가 되었다. 언론과 정부는 어떤 사건이나 법안, 연설이 무슨 결과를 만들어내는지를 항상 알고 있어야만 한다. 그런데 이건 결코 쉬운 일이 아니다. 왜냐하면, 군중의 생각만큼 유동적이고 변덕스러운 것은 없으며, 그들이 열렬히 환호하며 맞아들였던 것을 24시간도 채 지나지 않아 맹렬히 비난하는 모습을 보는 것만큼 흔한 일은 없기 때문이다.

여론을 이끌어나갈 수 없게 되고 보편적 신념도 붕괴되는 바람에 모든 종류의 확신이 완전히 분쇄되고 군중은 자신의 직접적인 이익과 무관해 보이는 모든 것에 대해 점점 더 무관심해지게 된다. 실제로 확신을 갖고 사회주의 같은 신조의 문제를 옹호하는 것은 예를 들면 광산이나 공장에서 일하는 노동자들같이 배우지 못한 계층들뿐이다. 어느 정도의 교육을 받은 소시민들과 노동자들은 회의주의자가 되거나 아니면 극도로 유동적인 견해의 소유자가 된다.

지난 30년 동안 이렇게 이루어진 변화는 참으로 놀라울 정도다. 지난 시대[그다지 먼 옛날은 아닌]에만 해도 여론은 전체적인 방향을 가지고 있었다. 여론은 몇 가지 기본적인 신념을 채택하여 만들어졌다. 단지 왕정주의자라는 한 가지 사실 때문에 과학에서와 마찬가지로 역사에서도 명확히 정의된 어떤 사상을 가질 수밖에 없었고, 공화주의자라는 한 가지 사실 때문에 그와 완전히 상반되는 사상을 가질 수밖에 없었다. 왕정주의자는 인간이 원숭이의 후손이 아니라는 것을 잘 알고 있었고, 공화주의자는 인간이 원숭이의 후손이라는 것을 잘 알고 있었다. 왕정주의자는 두려움을 느끼며 프랑스혁명에 대해 말해야 했고, 공화주의자는 경외심을 가지고 프랑스혁명에 대해 말해야 했다. 로베스피에르나 마라[40]같이 숭배자의 표정을 지으며 발음해야 할 이름도 있었고, 카이사르나 아우구스투스, 나폴레옹과 같이 욕설을 퍼붓지 않고는 입에 담을 수 없을 이름

40 Jean Paul Marat(1743~1793), 스위스 태생의 프랑스인으로 프랑스혁명에서 급진적인 저널리스트이자 정치가로 잘 알려진 내과 의사, 철학자, 정치 이론가, 과학자. 혁명 발발 후 자코뱅 클럽의 산악파에 참여하여 공포정치를 추진했다. 프랑스혁명 발발 후 《인민의 벗》이라는 신문을 발행하여 과격한 정부를 비판하고 하층민을 지지했다. 그의 기고문은 격렬한 성격과 강경한 태도로 새 정부 편에 서서 '혁명의 적'과 사회의 극빈층을 위한 기본적인 개혁을 다룬 것으로 유명했다. 그의 완고한 끈질김, 일관된 목소리와 초인적이고 예언적인 정신력은 민중이 그를 신뢰하게했다. 1790년 1월 영국으로 망명했다. 4월에 돌아와서 코르들리에 클럽에 들어갔으며, 1792년 8월 10일 튈르리궁 습격사건과 반혁명파에 대한 9월 학살을 주도한 것으로 알려졌다. 1792년에 국민공회 의원으로 선출되어 산악파에 소속되었다. 의회를 주도하는 지롱드파를 공격하고 한때 체포되었으나, 곧 석방되어 파리 민중을 봉기시켜 궁극적으로 국민공회에서 추방됐다. 민중과 급진적인 자코뱅당의 다리역할이 되어 1793년 6월 권력을 얻었다. 6월에 지롱드파가 서서히 몰락하면서 마라는 당통, 로베스피에르와 함께 프랑스의 3대 거두가 되었다. 혁명에 반대하는 자를 과격하게 숙청하는 독재정치를 했기 때문에 샤를로트 코르데에게 자기 집 욕조에서 칼에 찔려 암살당했다.

들도 있었다. 심지어 프랑스의 소르본대학교에서도 이런 식의 유치한 역사 인식 방법이 보편적이었다. [프랑스 역사 교수들이 쓴 책들은 이런 관점에서 매우 흥미로우며, 프랑스의 대학교육제도가 비판정신을 거의 발달시키지 못했다는 사실을 보여준다. 소르본대학교 역사학 교수 출신으로 공공교육부 장관을 지낸 랑보가 쓴 《프랑스혁명》에서 발췌한 다음 문장을 그 일례로 인용한다. "바스티유 감옥 점령은 프랑스 역사뿐만 아니라 유럽 전체 역사의 분수령을 이룬 사건이었다. 즉 이 사건은 세계사의 새로운 신기원을 열었던 것이다. 또한, 우리는 로베스피에르의 독재가 무엇보다도 여론과 설득, 도덕적 권위에 토대를 두고 있었다는 사실을 알고 깜짝 놀란다. 그의 독재는 한 고결한 인간이 수행한 일종의 교황직이었다!"]

오늘날에는 모든 여론이 토론과 분석 앞에서 일체의 위엄을 상실한다. 여론들의 관점도 급속히 약화되며, 그 가운데 우리를 열광하게 할 관점도 거의 남아 있지 않게 된다. 현대인들은 날이 갈수록 무관심해지기 때문이다.

그러나 여론의 이처럼 전반적인 쇠퇴를 너무 유감스러워할 필요는 없을 것이다. 이것이 어떤 민족의 삶이 쇠퇴한다는 사실을 보여주는 징후라는 데에는 이론의 여지가 없다. 예언자들이나 사도들, 지도자들, 바꿔 말하면 확신의 소유자들이 부정적인 사람들이나 비판적인 사람들, 무관심한 사람들과 전혀 다른 힘을 가진 것은 분명한 사실이다. 하지만 지금은 군중이 막대한 힘을 가졌기 때문에 설사 단 하나의 여론이라도 충분한 위엄을 갖추어 인정받는다면 얼마 지나지 않아 엄청나게 독재적인 권력을 갖게 되어 모든 것이 즉시 그 앞에서 복종하고 자유로운 토론의 시대도 오랫동안 중단되고 말리라는 사실을 잊지 말자.

군중은 엘라가발루스[41]나 티베리우스의 시대에 그랬던 것처럼 때때로 평화를 사랑하는 지배자들이 된다. 그러나 군중은 또한 지독하게 변덕을 부리기도 한다. 어떤 문명이 군중의 수중에 들어갈 준비가 되어 있다고 치자. 그때 그 문명은 너무나 많은 우연에 좌우되기 때문에 오랫동안 지속될 수가 없다. 무엇인가가 붕괴의 순간을 조금이나마 지연시킬 수 있다면, 그것은 바로 여론의 극단적인 불안정성 및 일체의 보편적 신념에 대한 군중의 증대하는 무관심일 것이다.

---

41 Elagabalus(204~222), 헬리오가발루스라고도 부른다. 고대 로마의 23대 황제(재위 218~222). 흔히 괴팍한 행동과 장난을 많이 친 황제로 유명하다. 217년 카라칼라 황제가 마크리누스에게 살해당하고 마크리누스가 황제가 되었으나 218년 할머니 율리아 마이사 등이 군대를 사주해 마크리누스를 살해하고 엘라가발루스를 황제에 올렸다. 엘라가발루스는 최초의 동방 출신 로마 황제였으며 마음에 들지 않는 장군을 처형하고 바알신을 믿게 했으며 이방인들을 불러들였다. 또한 동물을 좋아해 거미집을 수집하기도 하고 각종 동물을 마차에 끌고 다니게 했다. 게다가 파티에서는 손님들에게 유리로 만든 음식을 대접했으며, 제대로 된 음식에도 거미를 넣거나 말똥을 섞기도 했다. 어떤 파티에서는 꽃잎을 마구 퍼부어보자는 계획을 세웠는데 꽃잎을 너무 많이 퍼부어 몇 명이 질식하여 죽었다. 거대한 목욕탕을 지어 한 번만 사용하고 부수어버린 적도 있다. 이렇게 황제가 괴팍한 행동을 일삼고 장난을 많이 치자 국고는 바닥났고 할머니 마이사가 너무 일찍 동생 알렉산데르를 후계자로 결정하자 근위대장을 시켜 알렉산데르를 죽이려 하다가 오히려 222년 어머니 율리아 소아이미이스와 함께 군사들에게 살해되었다. 태양신을 위한 대형 신전을 건립하고 그곳에서 벌어지던 음란한 축제를 로마로 옮겨오는 바람에 궁정 생활이 문란해지고 음모가 판치게 되었다고 한다.

1. 군중의 분류

군중의 일반적 구분 ─ 군중의 분류

• 이질적 군중 ─ 이질적 군중은 어떻게 차별화되는가 ─ 인종의 영향 ─ 군중의 정신 상태는 인종의 정신 상태가 강하면 강할수록 오히려 더 약해진다 ─ 인종의 정신 상태는 문명의 상태를 나타내며, 군중의 정신 상태는 야만의 상태를 나타낸다

• 동질적 군중 ─ 동질적 군중의 분류 ─ 종파, 폐쇄집단, 계급

지금까지 나는 심리적 군중에게 공통으로 나타나는 일반적 특성을 살펴보았다. 이제는 군중이 적당한 자극을 받아 변화를 겪을 때 집단의 다양한 범주에 따라 그런 일반적 특성에 덧붙여지는 특수한 성격을 보여주는 일이 남았다.

먼저 군중의 분류에 대해 간단히 설명해보자.

출발점은 단순한 다수의 인간이 될 것이다. 그 다수의 인간이 다양한 인종에 속하는 개인으로 구성될 때 군중의 가장 열등한 형태가 나타난다. 오직 어떤 지도자를 존중하는 의지만이 다수의 인간

을 공통적으로 연결해준다. 몇 세기 동안 로마제국을 침략했으며 다양한 출신의 바바리안들이 이런 유형으로 제시될 수 있다.

다양한 인종으로 구성된 이 다수의 인간 위에는 여러 요인의 영향을 받아 공통 특성을 획득, 결국 하나의 인종을 형성한 인간들이 있다. 이들은 기회가 되면 군중의 고유한 특성을 드러낸다. 그러나 이 특성은 인종의 특성에 의해 지배당한다. 이 두 부류의 인간은 내가 앞에서 살펴본 원인의 영향을 받아 조직되거나 심리적 군중으로 변모한다. 그렇게 조직된 군중은 다음과 같이 분류될 수 있다.

1. 이질적 군중

(1) 익명 군중: 예를 들면 거리의 군중

(2) 비非익명 군중: 배심원, 의회 등

2. 동질적 군중

(1) 파벌: 정파, 종파 등

(2) 집단: 군대 집단, 성직자 집단, 노동자 집단 등

(3) 계급: 부르주아 계급, 농민 계급

지금부터 이 다양한 부류의 군중이 가진 특징을 간략히 살펴보기로 하겠다.

이질적 군중

이 집단의 특성은 앞에서 살펴본 바 있다. 이 집단은 어떤 개인들[그들의 직업이나 지능은 천차만별이다]로 구성되어 있다.

이제 우리는 개인들이 군중을 형성한다는 단순한 사실만으로도 그들의 집단 심리가 개인 심리와는 본질적으로 다르며, 그들의 지능도 이 같은 구분의 영향을 받는다는 사실을 알고 있다. 우리는 지능이 집단에서는 전혀 아무 역할도 하지 않는다는 사실을 알게 되었다. 오직 무의식적 감정만이 영향을 미친다.

인종이라는 기본 요인은 다양한 이질적 군중을 구분할 수 있게 한다.

우리는 앞에서 인종의 역할에 대해 여러 차례 살펴보았고, 인종이 인간의 행동을 결정할 수 있는 요인 가운데 가장 강력하다는 사실도 보여주었다. 인종은 또한 군중의 특성에도 영향을 미친다. 어떤 개인들[그러나 그들 모두가 영국인이나 중국인은 아니다]로 구성된 군중은 역시 어떤 개인들[예를 들면 러시아인이나 프랑스인이나 스페인인처럼 인종이 서로 다른]로 구성된 또 다른 군중과는 크게 다를 것이다.

어떤 상황이 다양한 국적을 가진 개인들을 거의 동등한 비율에 따라 동일한 군중으로 결집하는 즉시 유전으로 물려받은 정신구조가 인간의 지각 방식과 사고방식에 만들어놓는 차이가 가장 커진다[외면적으로는 인간이 똑같은 이해관계로 결집하는 듯 보이지만]. 사회주의자들이 각 나라의 노동자 대표를 의회에 진출시키려고 기울인 노력은 언제나 가장 극심한 반목으로 귀결되고 말았다. 라틴계 군중은 아무리 혁명적이거나 보수적이라 할지라도 자신들의 요구를 실현하기 위해서 한결같이 국가의 개입을 호소할 것이다. 라틴계 군중은 항상 중앙집권화와 독재정치를 지지하는 경향이 있다. 반대로 영국이나 미국의 군중은 국가에 의존하지 않고 오직 개인의 창의력에만 호소할 따름이다. 프랑스 군중은 무엇보다도 평등을 강조하고 영국 군중은 자유를 강조한다. 바로 이런 인종의 차이 때문에 민족의 수만큼이나 다양한 사회주의와 민주주의가 존재하는 것이다.

따라서 인종의 영혼은 군중의 영혼을 완전히 지배한다. 인종의 영혼은 군중의 영혼이 동요하는 것을 막는 강력한 토대이다. 그래서 인종의 영혼이 더 강하면 강할수록 군중의 열등한 특성이 약화한다는 사실을 기본 법칙으로 간주해야 한다. 군중의 상태와 지배는 야만 상태이거나 아니면 그런 상태로의 퇴행이다. 인종은 견고하게 조직된 영혼을 가짐으로써 군중의 무분별한 힘에서 자유로워지고 야만 상태에서 벗어날 수 있다.

인종에 기초한 분류법을 제외하고 이질적 군중에게 적용할 수 있는 단 하나의 중요한 분류법은 그들을 거리의 군중 같은 익명의 군중과 비익명 군중[예를 들면 의회 군중이나 배심원단 군중]으로 분류하는 것이다. 익명 군중에게는 발달해 있지 않고 비익명 군중에게는 발달한 책임감은 이 두 종류의 군중에게 각기 다른 방향을 부여한다.

동질적 군중

동질적 군중에는 (1)파벌, (2)배타적 집단, (3)계급이 포함된다.

파벌은 동질적 군중이 조직되는 첫 단계를 나타낸다. 파벌은 교육 수준과 직업, 환경이 때로 크게 다르며 오직 신념만을 공유하는 개인들로 구성된다. 예를 들면 종파나 정파가 그런 경우에 해당한다.

배타적 집단은 군중이 조직될 수 있는 가장 높은 단계를 보여준다. 매우 다른 직업과 교육 수준, 환경에서 오직 공통의 신념만을 지닌 개인들로 파벌이 구성되는 반면 배타적 집단은 똑같은 직업을 가진, 따라서 거의 비슷한 교육 수준과 환경을 가진 개인들로 구성된다. 군대 집단과 성직자 집단이 이 경우에 속한다.

계급은 출신이 다른 개인들이 모여 형성하는데, 어떤 파벌의 구성원들처럼 신념 공동체로 이루어지거나 어떤 집단의 구성원들처럼 직업 공동체로 이루어지는 것이 아니라 거의 동일한 이해관계와 생활습관, 교육으로 만들어진다. 예를 들면 부르주아 계급과 농민 계급이 그런 경우에 속한다.

나는 이 책에서 오직 이질적 군중에만 주목하고 동질적 군중[파벌, 배타적 집단, 계급]의 연구는 다른 책에서 할 것이므로 지금부터는 전형이라고 간주하는 이질적 군중의 몇 가지 범주를 검토해보겠다.

2.   범죄적 군중

범죄적이라고 말해지는 군중 — 군중은 심리적으로가 아니라 법
적으로 범죄자가 될 수 있다 — 군중이 하는 행위의 완전한 무의
식성 — 여러 가지 실례 — 9월 대학살을 저지른 자들의 심리 —
그들의 논리, 그들의 잔혹함, 그들의 도덕성

군중은 어떤 일정한 흥분 단계를 거친 다음 암시에 의해 순전히 무
의식적인 자동인형의 상태로 진입하기 때문에 그들을 범죄자로 규
정하는 것은 어떤 경우에도 어려워 보인다. 내가 군중에 대해 '범죄
자'라는 이 잘못된 수식어를 계속 사용하는 것은 오직 최근의 심리
학 연구 분야에서 이를 옳은 것으로 인정하기 때문이다. 만일 우리
가 군중의 일부 행위를 그 자체로만 고려하면 분명히 범죄에 해당
한다. 그러나 사실 그것은 호랑이가 우선 자기 새끼들에게 어떤 힌
두교도를 장난삼아 갈기갈기 찢어놓도록 내버려 둔 다음 잡아먹는
것을 범죄로 보는 것과 똑같이 어리석다고 말할 수 있다.

군중이 저지르는 범죄의 원인은 일반적으로 강력한 암시이고 그

런 범죄에 가담한 개인들은 나중에 자기가 어떤 의무에 복종했다고 확신하는데, 이것은 보통 범죄자의 경우가 전혀 아니다.

군중이 저지른 범죄의 역사는 이 같은 사실을 분명히 증명해준다. 바스티유 감옥의 소장이었던 로네이[1] 살해를 전형적인 실례로 들 수 있다. 감옥이 점령당하고 나서 로네이는 극도로 흥분한 군중에 에워싸인 채 집단폭행을 당했다. 군중은 그를 교수대에 매달자거나 참수시켜버리자거나 말꼬리에 묶어 끌고 다니자는 등의 제안을 했다. 그런 와중에서 로네이는 발버둥을 치다가 부주의로 군중 가운데 한 명을 발로 차게 되었다. 그러자 누군가 발길질당한 사람이 로네이의 목을 잘라야 한다고 제안했고, 군중은 이 제안을 환호로써 받아들였다.

실직 상태의 요리사로 여기저기 빈둥거리며 돌아다니다가 바스티유에서 무슨 일이 벌어지고 있나 보려고 갔던 이자는 그것이 전체의 의견이므로 자신의 행동은 애국이라고 판단했으며 심지어 자기 손으로 이 괴물을 처치하면 마땅히 훈장을 받아야 한다는 생각까지 한다. 그는 자신에게 건네진 칼로 로네이의 목을 내려쳤다. 하지만 칼날이 무디어 목은 잘리지 않았다. 그러자 그는 호주머니에서 검은 손잡이가 달린 작은 칼을 꺼내 들었고, 요리사였으니 고기를 제대로 자를 줄 알았기에, 결국은 로네이의 목을 자르는 데 성공했다.

---

1   Bernard -René Jordan de Launay(1740~1789).

여기서 우리는 앞에서 설명한 메커니즘을 분명히 이해할 수 있다. 그 일이 집단적이기 때문에 더욱 강력한 암시에 대한 복종, 칭송받아 마땅한 행동을 자기가 했다는 살인자의 확신, 그리고 다른 사람들이 인정을 해주었으므로 그에게는 더욱더 자연스러워 보이는 확신. 이런 종류의 행동은 법적으로는 범죄로 간주할 수 있어도 심리학적으로는 그렇게 간주할 수 없다.

범죄를 저지르는 군중의 일반적 특성은 우리가 모든 군중에게서 확인한 바로 그 특성이다. 즉 암시에 잘 걸리고, 잔인하고, 변덕스럽고, 좋거나 나쁜 감정을 과장하고, 일정한 형태의 도덕성을 드러내는 것이다.

우리는 프랑스 역사에서 가장 참혹한 기억[1793년 9월의 대학살]을 남겨놓은 군중에게 이 모든 특성을 발견하게 된다. 이 군중은 실제로 바르톨로뮤 축일의 대학살을 자행한 군중과 많은 유사성을 보여준다. 나는 여기서 역사학자 텐이 당시의 보고서에서 수집, 정리하여 꾸며낸 이야기에서 구체적 내용을 끄집어냈다.

죄수들을 학살하여 감옥을 비우라고 명령하거나 암시한 사람이 누구인지는 정확히 알려지지 않았다. 당통이든[그럴 가능성이 있지만], 아니면 전혀 다른 사람이든 아무래도 상관없다. 우리가 관심을 두는 것은 오직 학살에 책임이 있는 군중이 걸린 강력한 암시이기 때문이다.

학살자 군중은 300여 명으로 구성되어 있었으며, 이질적 군중의 완벽한 전형을 이룬다. 극소수의 직업적 깡패를 제외하면 이 학살자 군중은 주로 점원들과 구두 고치는 사람, 자물쇠 만드는 사람,

가발 만드는 사람, 벽돌 쌓는 사람, 사무직원, 심부름꾼 등 온갖 직업의 종사자로 구성되어 있었다. 암시에 걸려 그 영향을 받은 이들은 앞에서 인용된 요리사처럼 자신들이 애국적인 의무를 수행하고 있다고 굳게 믿었다. 그들은 판사와 사형집행인의 의무를 동시에 수행했지만, 그 어떤 경우에도 자신들을 범죄자로 여기지 않았다.

자신들의 의무가 얼마나 중요한지를 깊이 의식하고 있던 그들은 우선 일종의 재판소를 설립했고, 군중의 지나치게 단순한 정신과 역시 단순하기는 마찬가지인 공정성의 관념이 그 즉시 드러났다. 피고인들의 숫자가 엄청나게 많았으므로 가장 먼저 귀족들과 성직자들, 관료들, 왕의 시종들[요컨대 선량한 애국자가 볼 때 직업 자체가 유죄의 증거가 되는 모든 개인]을 한 사람도 안 빼놓고 죽인다는 결정이 내려졌는데, 이런 과정에서 어떤 특별한 판결 같은 건 아예 필요하지 않았다. 나머지 사람들은 각자의 외모와 평판에 따라 판결을 받았다. 군중은 미숙한 양심의 가책을 그런 식으로 이겨냈으므로 이제는 대학살을 합법적으로 자행하고 잔혹함의 본능을 마음껏 발산할 것이다. 배타적 집단은 내가 다른 곳에서 그 기원을 보여준 적이 있는 이러한 본능을 고도로 발달시킬 힘을 가지고 있다. 그러나 이 잔혹함의 본능은 상반되는 다른 감정들[예를 들면 이 잔혹함만큼이나 극단적인 감수성]이 동시에 표출되는 것을 막지는 못할 것이다.

그들은 파리 노동자들의 그 넘치는 동정심과 예민한 감수성을 가지고 있었다. 라바에 감옥[2]에서는 혁명파 한 사람이 26시간 동안이나 죄수들이 물을 못 마시고 있다는 소식을 듣고 일에 소홀한 간수를 무슨 일이 있어도 죽이려고 했다. 죄수들 자신이 그러지 말아 달라고 간청하지 않았더라면 그는 정말 이 간수를 죽였을 것이다. 이 감옥의 죄수 한 명이 약식재판을 통해 석방되자 간수들과 학살자들을 포함한 모두가 열광하며 그를 끌어안고 떠나갈 듯 환호하며 박수를 쳐댔다.

그러고 나자 다시 대량학살이 시작되었다. 학살이 계속되는 동안 다른 한쪽에서는 사람들이 흥겹게 놀았다. 시신들을 가운데 두고 춤추거나 노래했으며, 귀족들이 살해되는 장면을 보고 좋아하는 '숙녀들이 앉을 수 있도록' 긴 의자도 마련되었다. 그들은 특별한 형평성을 계속 증명해 보였다. 라바에의 한 학살자가 좀 멀리 떨어진 곳에 있는 여자들은 잘 안 보이고 겨우 몇 사람만 귀족들을 때리는 쾌감을 맛본다고 불평하자 그들은 이 같은 불평에 동감하며 희생자들이 두 줄로 늘어선 학살자들 사이로 천천히 걸어서 지나가도록 결정했다. 자기 앞을 지나가는 처형 대상자들을 칼등으로밖에 가격할 수 없는 학살자들이 형벌을 더 오래 가할 수 있도록 하기 위해서였다. 라 포르스[3]에서는 희생자들을 완전히 발가벗겨놓은 채 30분간 온몸을 난자했다. 그 광경을 모두가 실컷 구경하고 나면 희생자들의 배를 갈라 죽였다.

---

2 센강 좌안 생제르맹 구역에 있던 감옥.
3 1780~1845년 파리의 감옥으로 쓰였던 저택.

학살자들은 매우 양심적이어서 우리가 이미 앞에서 환기시켰던 군중의 도덕성을 고스란히 드러내 보여준다. 그들은 희생자들의 돈이나 보석을 슬쩍하는 걸 거부하고 혁명위원회의 책상 위에 올려놓았다.

그들의 모든 행동에서는 군중의 영혼이 갖춘 초보적인 형태의 추론이 발견된다. 그래서 천이백 명에서 1천 500명이 국민의 적으로 몰려 학살당한 다음에 누군가가 늙은 거지들과 부랑자들, 젊은 죄수들처럼 아무 쓸모없는 기숙자들이 갇혀 있는 감옥들을 없애버리면 좋을 거라고 말했고, 이 제안은 즉시 받아들여졌다. 물론 그런 자들 가운데는 분명히 국민의 적이 있었는데, 예를 들자면 풍속 교란자의 미망인인 들라뤼라는 이름의 여자가 있었다.

그녀는 감옥에 갇혀 있는 동안 분명히 격노했을 것이다. 할 수만 있었다면 그녀는 파리에 불을 질렀을 것이다. 그녀는 분명히 그렇게 말했을 것이다. 아니, 그녀는 그렇게 말했다. 그러니 그녀도 제거해야 한다.

이 같은 추론에는 이의의 여지가 없었다. 그리하여 12살부터 17살 사이의 청소년 50명가량을 포함한 죄수 모두가 학살당했는데, 그들이 국민의 적이 될 수도 있으므로 죽여야만 한다는 것이었다.

일주일에 걸쳐 이 모든 학살을 자행하고 나서야 학살자들은 휴식을 생각할 수가 있었다. 자신들이 조국을 위해 일했다고 깊이 확신한 그들은 담당자를 찾아가 합당한 보상을 요구했다. 그들 가운데 가장 열성적인 자는 심지어 훈장까지 요구하고 나섰다.

1871년 파리코뮌의 역사는 이와 유사한 사례를 여러 건 제공한다. 군중의 영향력이 커지고 권력은 그들 앞에서 속속 무릎을 꿇는다. 그러므로 우리는 그와 비슷한 다른 많은 사례를 볼 수밖에 없다.

3.   배심원단

배심원단 — 배심원단의 일반적 특성 — 통계에 따르면 그들의 판결은 그들이 어떻게 구성되었는가와는 관계가 없다 — 배심원들은 어떻게 감동받는가 — 논리적 추리의 빈약한 작용 — 저명한 변호사들의 설득 방법 — 배심원들이 관대해지거나 엄격해지는 범죄의 성격 — 배심제도의 유용성과 배심원단을 검찰관으로 대치할 때 나타나는 극단적인 위험

여기서 배심원단의 모든 범주를 다 연구할 수는 없으므로 그중에서 가장 중요한 중죄 재판소 배심원단만 검토하기로 한다. 이 배심원단은 비익명 이질적 군중의 가장 훌륭한 예를 이룬다. 여기서 우리는 피암시성과 무의식적 감정의 우위, 이성적 추론 능력의 부재, 지도자의 영향 등을 발견한다. 이런 것을 연구하면서 우리는 집단 심리학을 잘 모르는 사람들이 범할 수 있는 오류의 흥미로운 전형을 관찰할 기회를 갖게 될 것이다.

배심원단은 먼저 군중을 구성하는 여러 가지 요소의 정신적 수

준이 결정을 내리는 데 그다지 중요하게 작용하지 않는다는 증거를 우리에게 제공한다. 우리는 전적으로 기술적 성격을 띠지 않는 문제를 의논하기 위해 심의회가 열릴 때 참석자의 지적 수준은 전혀 아무런 역할도 하지 않는다는 사실을 앞에서 확인한 바 있다. 예컨대 일반적인 주제를 다루려는 학자들이나 예술가들의 모임이, 그들이 모였다는 한 가지 사실만으로 석공이나 잡화상들이 모여서 내린 판단과 전혀 다른 판단을 내리지는 못한다는 것이다. 거의 어느 시대에나 프랑스 행정당국은 배심원단을 구성할 후보자들을 신중히 물색했고, 주로 교수나 공무원, 문인과 같이 식견을 갖춘 계층 가운데서 배심원을 뽑았다. 지금은 대부분 소상인이나 소규모 회사 경영자, 임금노동자 가운데서 배심원이 선정된다. 그러나 통계적으로 배심원단의 평결이 그 인적 구성과 상관없이 똑같이 내려진다는 사실에 전문가들도 놀라움을 금치 못한다. 더구나 배심원 제도에 적대적인 판사들도 이 평결이 정확하다는 사실을 인정할 수밖에 없었다. 중죄 재판소장을 지낸 바 있는 베라르 데 글라주 씨는 《회고록》에서 이 문제에 관해 다음과 같이 말한다.

오늘날 사실상 배심원 선발권을 가진 시의회 의원들은 자신들의 상황이 유발하는 정치적 관심이나 선거 관리의 필요성에 따라 어떤 사람은 배심원으로 임명하고 또 어떤 사람은 그렇게 하지 않는다. (…) 이렇게 선발된 배심원들은 대부분 그 중요성이 옛날에 선출되었을 때보다 떨어지는 상인들이나 몇몇 행정관청의 공무원들이다. (…) 일단 배심원을 맡게 되면 여론이나 직업 같은 건 전혀 중요하지 않다. 많은 배심원이 초심자의 열의를 발휘하며, 가장 강력한 의지를 가진 사람들도 가장 보잘것없는 상황에 처하는 등 배심원들의 정신 상태는 달라지지 않았다. 배심원단은 여전히 동일한 평결을 내리는 것이다.

내가 방금 인용한 대목 가운데서 결론은 매우 정확하므로 기억해야 하겠지만 그에 대한 설명은 매우 허술하므로 기억할 필요가 없다. 설명이 이렇게 허술하다는 사실에 대해 놀라워할 필요는 없다. 변호사들이나 판사들도 거의 대부분은 군중심리학에 대해서는, 그러니까 배심원들의 심리에 대해서는 잘 모르기 때문이다. 나는 조금 전에 인용한 저자가 이야기한 사실에서 그 증거를 발견한다. 즉 중죄재판소에서 일하는 유명한 변호사 가운데 한 명인 라쇼가 배심원단을 구성하는 모든 똑똑한 인물에 대해 일부러 배심원 기피권을 행사했다는 것이다. 그러나 지금까지의 경험은[그리고 오직 경험만이] 이 같은 기피권이 얼마나 무용한가를 가르쳐준다. 오늘날 검찰관과 변호사들이[최소한 파리에서는] 이 권리를 완전히 포기해버렸다는 것이 바로 그 증거다. 또한, 데 글라주 씨가 지적하는 것처럼 배심원들의 평결은 바뀌지 않았다. '더 좋아지지도 않았고 더 나빠지지도 않은 것'이다.

다른 모든 군중과 마찬가지로 배심원단도 감정의 영향은 매우 강하게 받지만 논증의 영향은 거의 받지 않는다. "그들은 아이에게 젖을 물리는 어머니나 고아들의 행렬에 저항하지 못한다"고 어느 변호사는 쓴다. 데 글라주는 말한다. "배심원단은 여자 피고인이 웬

만큼만 생겨도 선처를 한다."

배심원들은 언젠가는 자신들도 피해를 볼 가능성이 있는 범죄들[특히 사회에 위협적인 범죄들]에 대해서는 무자비했지만 치정범죄에 대해서는 무척 관대하다. 그들이 갓난아이를 살해한 미혼모에 대해 엄격하게 구는 일은 드물고, 자기를 버린 남자의 얼굴에 황산을 뿌린 처녀를 엄격하게 대하는 일은 그보다 더 드물다. 왜냐하면, 그들은 그런 범죄들이 사회를 위험에 빠뜨릴 가능성이 거의 없다는 것을, 그리고 법이 버림받은 처녀를 보호하지 않는 나라에서 그런 처녀들이 복수하려다가 저지른 범죄는 그 미래의 유혹자들에게 두려움을 줌으로써 사회에 해롭다기보다는 오히려 유익하다는 것을 본능적으로 직감하기 때문이다. [지나가는 길에 한마디 해두자면, 사회를 위험에 빠뜨리는 범죄와 그렇지 않은 범죄의 이 같은 구분은 매우 정확하다. 이는 배심원단이 본능적으로 아주 잘 해내는 일이다. 형법의 목적은 위험한 범죄자들에게서 사회를 보호하는 것이 되어야지 사회의 복수를 하는 것이 되어서는 안 된다. 그런데 프랑스의 법전은, 특히 모든 프랑스 법조인의 정신은 오래된 원시법의 징벌 정신에 여전히 깊이 사로잡혀 있고, '기소'라는 용어도 여전히 일상적으로 사용되고 있다. 법조인 중 많은 수가 유죄선고를 받은 사람 중에서 초범인 경우에는 형을 치르지 않아도 된다고 명시된 훌륭한 베랑제 법의 적용을 거부하는 경향이 있다는 증거를 우리는 가지고 있다. 그런데 초범자에게 형을 부과하면 그가 꼭 다시 범죄를 저지르고 만다는 사실을 모르는 법조인은 없을 것이다. 통계가 그 점을 증명하기 때문이다. 판사들은 유죄판결을 받은 사람을 석방할 때마다 사회가 그에게 복수하지 못했다고 생각하는 듯 보

인다. 그래서 그들은 초범자를 차라리 위험한 재범자로 만드는 쪽을 선택한다.]

모든 군중과 다를 바 없이 배심원단도 위엄에 넋을 빼앗기며, 데글라주 소장이 아주 적절하게 지적하듯이 매우 민주적으로 구성된 배심원단도 무엇인가를 선호할 때는 상당히 귀족적인 성향을 보여준다. "이름과 출신, 상당한 재력, 명성, 유명 변호사의 도움 등 피고인을 돋보이게 해주거나 눈에 잘 띄도록 해주는 모든 것이 그에게는 큰 도움이 된다." 훌륭한 변호사는 무엇보다도 배심원단의 감정에 영향을 미쳐야 하고, 모든 군중에게 하듯이 논증은 가능한 한 하지 말아야 하며, 꼭 논증해야 한다면 논증의 가장 초보적인 형태만 사용해야 한다. 중죄재판소에서 성공을 거두어 유명해진 영국의 어느 변호사는 자신의 행동 방식을 다음과 같이 잘 보여주었다.

그는 변론하면서 배심원들을 유심히 관찰했다. 이것이야말로 좋은 기회다. 변호사는 직감과 경험으로 배심원들의 표정에서 자신의 문장 하나하나, 자신의 단어 하나하나가 발휘하는 효과를 읽어내고 거기서 결론을 이끌어낸다. 가장 먼저 누가 자신의 변론에 동조하는지를 구별해내야 한다. 변호사는 눈 깜짝할 사이에 이들에게 확신을 불어넣은 다음 반대로 자신의 변론에 동조하는 것 같지 않아 보이는 배심원들에게 시선을 돌려 왜 그들이 피고를 적대시하는지 그 이유를 짐작하려고 애쓴다. 이것은 변호사의 업무 중에서도 상당히 까다로운 부분인데, 한 인간에게 유죄를 선고하는 이유는 정의감 외에도 무수히 많이 있을 수 있기 때문이다.

몇 줄 안 되는 이 인용문이야말로 변론술의 목적을 아주 잘 요약해주고, 또한 왜 미리 준비한 변론서가 아무 쓸모가 없는지[유발되는 느낌에 따라 사용할 단어를 매 순간 적절히 수정할 수 있어야 하므로] 그 이유를 보여준다.

변론자는 모든 배심원이 자신의 변론을 받아들이도록 할 필요는 없고 단지 배심원 전체의 의견을 결정지을 지도적 인물만 잘 설득하면 된다. 모든 군중과 마찬가지로 배심원단에도 항상 다른 사람들을 이끌어나가는 소수의 개인이 존재하기 마련이다. 위의 인용문을 쓴 변호사는 다음과 같이 말한다. "나는 판결을 내릴 때 단호하고 힘에 넘치는 배심원 한두 명이 나머지 배심원 모두를 충분히 이끌어나갈 수 있다는 사실을 경험으로 알았다." 즉 두세 명에게만 능숙하게 암시를 걸어 설득하면 되는 것이다. 누구보다도 이들의 환심을 먼저 사야 한다. 군중을 이루는 어떤 개인이 마음에 들어 한다는 것은 곧 그가 설득당하기 직전에 있으며 그에게 제시되는 어떤 이유를 정당한 것으로 여길 준비가 되어 있음을 의미한다. 라쇼와 관련된 다음 일화는 흥미로워 보인다.

라쇼는 중죄 재판소에서 변론을 펼치는 내내 배심원들 가운데 영향력이 크지만 까다롭다고 알고 있거나 그렇게 느껴지는 배심원 두세 명에게서 절대 시선을 떼는 법이 없었다는 사실을 우리는 알고 있다. 대체로 그는 고분고분하지 않은 배심원들의 마음을 돌려놓는 데 성공했다. 그러나 언젠가 어느 지방에서 변론을 펼치던 그는 무려 45분간이나 자신의 논거를 총동원하여 집요하게 설득하는데도 넘어오지 않는 배심원을 만나게 되었다. 배심원석 둘째 줄 맨 앞에 앉은 7번 배심원이었다. 상황은 절망적이었다! 라쇼는 열띤 변론을 펼치다가 문득 말을 멈추더니 중죄재판소 재판장에게 말했다. "재판장님, 저기 앞쪽의 커튼을 내리라고 지시해주시겠습니까? 7번 배심원께서 햇볕 때문에 눈이 부셔 앞을 잘 못 보시는 것 같습니다." 그러자 7번 배심원은 얼굴을 붉히고 웃으며 고마움을 표시했다. 그리하여 라쇼는 변론에 성공했다.

근래 들어 유명한 작가를 비롯한 많은 작가가 그 어떤 제약도 받지 않는 집단이 정말 빈번하게 범한 오류를 방지할 수 있는 유일한 보호책인 배심원 제도를 강력하게 반대해왔다. [판사는 실제로 아무 제약도 안 받고 활동할 수 있는 유일한 행정관이다. 프랑스 민주주의는 여러 차례 혁명을 겪었지만, 영국의 자랑거리인 인신보호권(Habeas Corpus, 1679년 부당한 구금과 인권침해를 방지할 목적으로 영국 의회에서 제정함)을 보유하지 않았다. 우리는 모든 폭군을 쫓아냈다. 그러나 우리는 도시마다 시민의 명예와 자유를 마음대로 처분할 수 있는 치안판사 제도를 수립했다. 이제 막 법과대학을 졸업한 신참 판사는 중요한 지위에 있는 사람이라도 혐의만 있어 보이면 그 누구에게도 그 사람의 유죄를 입증해 보이지 않고 감옥에 보낼 수 있는 막강한 권한이 있었다. 그는 심리를 한다는 핑계로 피의자들을 6개월에서 1년씩이나 붙잡아두었다가 배상금을 지급하거나 사과 한마디 하지 않고 다시 풀어줄 수 있었다. 지금 프랑스에서 발부되는 체포영장은 옛 왕정시대에 원성이 자자했던 봉인 명령서와 다르지 않은데, 다만 봉인 명령서는 매우 중요한 인물들에게 발부할 수 있었던 반면 지금의 체포영장은 높은 식견을 갖추거나 독자적인 사람이라고 말하기는 어려운 모든 시민 계층에게 발부된다는 점이 다를 뿐이다.] 그런 작가들 가운데 일부는 배심원이 오직 식견을 갖춘 계층에서 선발되기를 원한다. 그러나 우리는 이런 경우에 내려지는 평결이 지금 현재 내려지는 평결과 똑같다는 사실을 이미 앞에서 보여준 바 있다. 하지만 또 다른 작가들은 배심원들이 범하는 오판에 근거하여 배심원 제도를 폐지하고 판사들이 그 역할을 맡도록 하자고 주장한다. 그런데 도대체 어떻게 이들은 배심원들이 범한다고 비난받는 오판을 오히려 판사들이 항상 먼저 범한다는 사실을 잊어버릴 수 있단 말인가? 피고인이 배심원석 앞에 서는 순간 그는 이미 예심판사와 검사, 중형 기소부 등 사법관들에 의해 유죄로 간주되었기 때문이다. 따라서 피고인이 배심원단에 의해 판결을 받는 대신 사법관들에 의해 결정적인 판결을 받는다면 그는 무죄로 인정받을 수 있는 단 한 번의 기회를 잃어버리지 않겠는가? 배심원들이 내리는 오판은 항상 사법관들에 의해 먼저 내려졌다. 그래서 재판에서 터무니없는 사법적 오류가 범해지는 것을 볼 때 비난해야 할 자들은 오직 사법관들뿐이다. 아무개 의사가 기소된 것은 그중 한 가지 예다. 편협하기 그지없는 어느 예심판사는 백치나 다름없는 한 처녀가 이 의사에게 30프랑을 주고 낙태 수술을 받았다고 고소하자 이를 근거로 기소했다. 이 의사는 여론이 분노로 폭발하여 국가원수가 즉시 사면하지 않았더라면 감옥에 끌려갔을 것이다. 이 의사가 얼마나 존경받을 만한 인물인지를 모든 시민이 큰 소리로 주장함으로써 이 판사가 얼마나 어처구니없는 실수를 저질렀는지가 분명히 드러났다. 사법관들 자신도 그 점을 인정했다.

하지만 그들은 자신들과 이 판사가 같은 특권 집단에 속한다는 사실을 감안, 탄원서에 서명되지 못하도록 갖가지 수단을 동원했다. 이해할 수 없는 세부적이고 기술적인 문제에 둘러싸인 배심원들은 이런 경우에 당연히 그런 복잡한 문제를 해결하는 데 이력이 난 사법관들이 사건을 자세히 수사했을 것으로 생각하며 검찰관의 말에 귀를 기울일 수밖에 없다. 이런 경우에 오판의 진짜 책임자는 과연 누구일까? 배심원들일까, 아니면 사법관들일까? 우리는 배심원 제도를 소중하게 간직해야 한다. 배심원단이야말로 그 어떤 개인도 대체할 수 없을 유일한 범주의 군중을 구성할 수도 있기 때문이다. 오직 배심원단만이 만인에게 평등하여 원칙적으로 무조건적이어야 하므로 특별한 경우를 배려하지 못하는 법률의 경직성을 완화할 수 있다. 판사는 동정심을 갖지 못하고 오직 법조문만 달달 외워 적용하기 때문에 강도의 살인과 남자에게 버림받자 아기를 살해한 미혼모의 범죄를 똑같이 취급한다. 반면에 배심원단은 법적으로는 아무 문제 없는 남자의 죄보다 이 남자에게 차인 미혼모의 죄가 훨씬 더 가벼우며 그녀에게 최대한 관용을 베풀어야 마땅하다고 본능적으로 느낀다.

배타적 집단의 심리에 대해서, 그리고 다른 여러 부류에 속하는 군중의 심리에 대해서 잘 아는 내가 부당하게 기소당한다면 나는 배심원단에 평결을 맡기지 절대 판사에게는 판결을 맡기지 않을 것이다. 배심원단이 내게 무죄평결을 내릴 가능성은 높지만 판사

가 무죄판결을 내릴 가능성은 거의 없기 때문이다. 물론 군중의 힘
도 두려워해야겠지만, 어떤 배타적 집단의 힘은 한층 더 두려워해
야 할 것이다. 군중은 설득당할 수 있지만, 배타적 집단은 절대 굴
복하지 않기 때문이다.

4.   유권자 군중

유권자 군중의 일반적 특성 ─그들을 어떻게 설득할 것인가 ─
후보자가 갖춰야 하는 조건 ─ 위엄의 필요성 ─ 왜 노동자와 농
민은 그들 내부의 후보자를 잘 선택하지 않는가? ─ 유권자에게
영향을 미치는 단어와 문구의 힘 ─ 선거 유세의 일반적 측면 ─
유권자들의 여론은 어떻게 형성되는가 ─ 위원회의 힘 ─ 위원회
는 독재의 가장 무시무시한 형태를 보여준다 ─ 혁명위원회 ─ 보
통선거는 빈약한 심리적 가치에도 불구하고 다른 것으로 대신할
수가 없다 ─ 왜 선거원은 시민 중에서 일정한 계급만 허용하면서
선거는 동일한 방식으로 이루어져야 하는가? ─ 각국의 보통선거
가 나타내는 것

어떤 직무를 수행할 능력을 갖춘 사람들을 선출하게 되어 있는 집
단인 유권자 군중은 이질적 군중을 구성한다. 그러나 그들은 여러
후보 중에서 한 명을 선출한다는 매우 한정된 부분에만 영향을 미
치기 때문에 그들에게서는 앞에서 기술한 특성 중 몇 가지만 관찰

할 수 있다.

특히 유권자 군중이 보여주는 군중의 특성은 미미한 추론 능력과 비판정신의 결여, 과민함, 경신 그리고 단순성이다. 그들의 의사결정에서는 지도자들의 영향 및 앞에서 살펴본 확언과 반복, 위엄, 감염 같은 요인의 역할이 발견된다.

그들을 어떻게 유혹하는지 그 방법을 알아보기로 하자. 가장 성공률이 높은 방법을 살펴보면 그들의 심리가 확실히 추론될 것이다.

후보자가 갖추어야 할 첫 번째 조건은 위엄이다. 개인의 위엄을 대체할 수 있는 것은 오직 재력이 부여하는 위엄뿐이다. 재능이나 천재성조차도 성공 요인은 아니다.

후보자가 위엄을 갖추어야 한다는 이 같은 필요성은, 즉 유권자들이 아무 이의 없이 자신을 인정하도록 해야 할 필요성은 매우 중요하다. 노동자와 농민이 대다수를 차지하는 유권자들이 그들을 대표할 사람을 그들 중에서 선출하지 못하는 것은, 그들이 볼 때 그들 집단에서 배출된 유력인사들이 전혀 아무 위엄도 갖추지 못했기 때문이다. 설사 그들이 우연히 같은 계층에 속한 사람 중 한 명을 선출한다 하더라도 이는 거의 부차적인 이유에서다. 예를 들자면 유권자가 매일같이 의존해야 하는 뛰어난 능력의 인물이나 유력한 고용주에게 저항하기 위해서인데, 그렇게 하면 잠시나마 자신들이 뛰어난 인물이나 유력한 고용주의 지배자가 되었다는 환상에 빠질 수 있기 때문이다.

그러나 후보자가 위엄을 갖추었다고 해서 반드시 성공이 보장되는 것은 아니다. 유권자들은 후보자가 자신들의 탐욕과 허영심을 충족시켜주기를 바란다. 그래서 후보자는 유권자에게 얼굴이 화끈거릴 정도의 아첨도 해야 하고 실현 가능성이 전혀 없는 얼토당토않은 약속도 서슴없이 해야만 한다. 그런데 만일 후보자가 노동자라면 고용주들을 지나칠 정도로 매도하거나 규탄할 수는 없을 것이다. 반면에 후보자가 상대편 진영에 속해 있다면 그가 형편없는 악당으로서 여러 차례 범죄를 저질렀다는 사실을 모르는 사람이 없다는 것을 확언과 반복, 감염을 통해 유권자들에게 널리 알림으로써 그를 압박해야 할 것이다. 물론 증거 같은 걸 찾아봤자 아무 소용없다. 만약 상대 후보자가 군중심리를 잘 모르는 사람 같으면 또 다른 확언을 통해 확언에 대응하지 않고 논증을 통해 자신의 주장을 정당화하려 애쓸 것이다. 그러면 그는 절대 당선되지 못할 것이다.

후보자의 성문화된 공약은 나중에 경쟁자들이 거기에 대처할 수도 있기 때문에 너무 명확해서는 안 된다. 그러나 말로만 내세우는 공약은 지나치게 과장되어도 상관없다. 거창하기 짝이 없는 개혁을 서슴없이 약속할 수 있다. 그처럼 과장된 공약은 즉시 큰 효과를 발휘할 뿐 아니라 장차 전혀 아무 책임도 지우지 않는다. 지속해서 관찰한 바로는 유권자들은 당선자가 내세운 공약에 환호만 할 뿐 그가 그 공약을 얼마나 잘 지키는지는 전혀 신경을 안 쓰기 때문이다. 당선자가 선거에서 이긴 것은 이 공약 덕분일 텐데 말이다.

여기서 우리는 앞에서 기술한 모든 설득 요소를 발견해내게 된다. 이제 우리는 이미 강력한 지배력을 보여준 적이 있는 단어와 문구의 영향력에서 그 요소들을 다시 발견하게 될 것이다. 이를 다룰 줄 아는 연설가는 군중을 자기가 원하는 방향으로 데려간다. 예 컨대 '추악한 자본'이나 '비열한 착취자', '존경스러운 노동자', '부 의 사회 환원' 같은 문구는 좀 진부하기는 해도 여전히 변함없는 효 과를 발휘한다. 그러나 정확한 의미를 알 수 없는, 따라서 군중의 다양하기 짝이 없는 바람에 부응할 수 있는 새로운 단어를 찾아내 는 후보자는 반드시 성공할 것이다. 1873년에 일어난 참혹한 스페 인 혁명은, 복잡한 의미가 있어서 각자가 자기 나름대로 해석할 수 있는 그 매혹적인 표현들로 촉발되었다. 동시대의 한 작가는 이 혁 명이 어떻게 일어나게 되었는지를 이야기하는데, 한번 들어볼 만 하다.

급진파는 중앙집권적 공화국이 위장된 군주제에 불과하다는 사실 을 알게 되었고, 의회는 그들의 비위를 맞추기 위해 연방공화국을 만장일치로 선언했지만, 이 선언에 찬성한 의원 중 그 누구도 방 금 무엇이 가결되었는지 설명할 수가 없었다. 그러나 이 연방공화 국이라는 용어는 모든 사람을 매혹시켰다. 모두가 도취하고 열광 했다. 미덕과 행복의 시대가 지상에 도래하기라도 했다는 듯 말이 다. 한 공화주의자는 반대파가 자신을 연방주의자라고 부르는 걸 거부하자 꼭 심한 모욕을 당하기라도 한 듯 화를 냈다. 사람들은 길을 걸어가면서 이렇게 소리쳤다. "연방공화국 만세!" 얼마 후부 터 사람들은 군인들의 불복종과 자율을 찬양하기 시작했다. '연방 공화국'이란 도대체 무엇일까? 어떤 사람들은 그 말을 미국과 유 사한 제도인 지방주의 해방이나 행정기구의 지방분권화로 해석했고, 또 어떤 사람들은 모든 권력기관이 폐지되고 사회 숙청 작업이 대대적으로 시작되리라는 걸 의미한다고 받아들였다. 바르셀로나와 안달루시아의 사회주의자들은 최소 행정구의 절대 주권을 권장하면서 스페인을 1만 개의 독립적인 지방자치단체로 나누고 각 단체를 위해 법을 제정하며 경찰과 군대를 폐지하라고 요구했다. 얼마 안 있어 남부 지역의 여러 주州에서 폭동이 발생하여 이 도시에서 저 도시로, 이 마을에서 저 마을로 확산되었다. 어느 마을에서는 마드리드 및 인근 지역과의 통신을 차단하기 위하여 전화선과 철도를 파괴하겠다는 내용의 선언문이 발표되었다. 아주 작은 마을까지도 독립하겠다고 나섰다. 그 결과 연방주의는 폭력적인 지방분권주의로 바뀌어 방화와 학살이 이루어졌고, 피비린내 나는 사투르누스[4] 축제가 스페인 방방곡곡에서 벌어졌다.

이성적인 논증이 유권자의 심리에 미칠 수도 있을 영향에 관해 한마디 하자면, 선거와 관련된 집회에 대해 쓴 보고서를 단 한 번이라도 읽어본 적이 있는 사람이라면 거기 대해 일말의 의심도 할 수가 없다. 이런 집회에서는 확언과 비방, 때로는 폭력까지 난무하지만, 이성적 논리는 전혀 통하지 않는다. 잠시 소란이 진정되는 순간이 있는데, 성격이 까다로운 유권자가 후보자에게 방청객을 항상

---

4 Saturn, 로마신화에 등장하는 신. 날카로운 낫으로 자기 아버지를 거세해버리고 인간의 소중한 시간을 무자비하게 베어가는 노인. 그는 "너도 네 자식의 손에 죽을 것이다"라는 아버지 우라노스의 예언을 피하려고 아내였던 레아가 자식을 낳을 때마다 잡아먹는다.

즐겁게 해주는 난감한 질문을 던지겠다고 선언할 때다. 그러나 반대자들이 만족스러워하는 순간은 그다지 오래가지 않는다. 발언자의 목소리는 반대자들의 고함에 곧 파묻히고 말기 때문이다. 일간신문에 실린 그와 유사한 몇백 편 기사 중에서 골라본 다음 기사는 공공집회의 전형으로 간주할 수 있다.

집회를 개최한 사람이 의장을 선출해줄 것을 간청하자 거친 소동이 벌어졌다. 무정부주의자들은 책상을 치워버리려고 연단으로 뛰어 올라갔다. 사회주의자들은 책상을 안 빼앗기려고 격렬하게 저항했다. 이들은 상대가 경찰에게 매수당한 끄나풀이라고 주장하며 서로 치고받았고, 그런 와중에 한 시민이 눈에 멍이 시퍼렇게 든 채 회의장을 빠져나갔다.

결국, 그런 난리법석의 와중에서 책상이 그럭저럭 설치되었고, 발언권이 아무개 동지에게 주어졌다.

그가 사회주의자들을 일사천리로 공격하자 사회주의자들은 "멍청이! 악당! 사기꾼!"이라고 소리치며 그의 말을 가로막았다. 그러자 아무개 동지는 이런 수식어에 대해 사회주의자들은 '바보 천치' 아니면 '사기꾼'이라는 이론으로 응수했다. (…) 알마니스트당[5]은 어젯밤 포부르-뒤-탕플 거리에 있는 상공회의소 강당에서 5월 1일 노동절 축제를 위한 예비 집회를 열었다. 집회의 구호는 '고요와 평정'이었다. 아무개 동지는 사회주의자들을 '멍청이와 망나니'

---

5 혁명사회주의노동당의 약칭.

로 취급했다. 그러자 곧바로 연사들과 청중은 서로 욕설을 퍼부으며 주먹다짐을 벌였고, 의자와 책상, 벤치 등이 연단에 등장했다.

오직 어떤 특정한 유권자 계층만 그들이 처한 사회적 상황에 따라 이런 식으로 격렬하게 말다툼을 하고 몸싸움을 벌인다는 생각일랑 단 한 순간도 하지 말자. 모든 익명의 집회에서, 심지어는 나름대로 교양을 갖춘 사람들만 모인 집회에서도 토론은 쉽게 똑같은 형태를 취한다. 앞에서 살펴보았듯이 군중을 이룬 개인들은 정신적 수준이 균등해지는 경향이 있으며, 우리는 그 증거를 매 순간 발견한다. 예컨대 나는 어떤 신문에서 다음 기사를 발췌했는데, 학생들만 참석한 그 집회를 다룬 이 기사야말로 증거가 될 수 있을 것이다.

밤이 되면서 분위기가 더욱 혼란스러워졌다. 어떤 연사든 두 마디 이상 했다 하면 즉시 제지당했다. 매 순간 여기저기서 혹은 일제히 고함이 터져 나왔다. 학생들은 환호하기도 하고 야유를 보내기도 했다. 그들 간에 격렬한 논쟁이 벌어졌다.
각목을 휘두르며 위협하는 학생들도 있었다. 어떤 학생들은 박자를 맞추어 마룻바닥을 발로 차기도 했다. 연설을 방해하는 자들에 대해서는 "쫓아내라! 방청석으로 보내라!"라고 소리 질렀다.
학생들 가운데 C군은 가증스럽다, 비열하다, 기괴하다, 추잡하다, 돈에 의해 움직인다, 양심을 잘 품는다 등의 수식어를 협회에 붙여가며 협회를 아예 해체해버리고 싶다는 말까지 했다.

이런 상황에서 어떻게 유권자의 견해가 형성될 수 있는지 궁금해할 수도 있을 것이다. 그러나 이런 의문을 품는다는 것은 곧 집단이 누릴 수 있는 자유의 정도에 이상한 환상을 품는다는 얘기가 된다. 군중은 강요되는 견해만 가질 수 있을 뿐 결코 추론을 통해 어떤 견해를 갖지는 못한다. 이런 경우에 유권자들의 견해와 표심을 결정하는 것은 선거위원들인데, 이들의 지도자는 대부분 노동자에게 외상을 주면서 막강한 영향력을 발휘하는 몇몇 포도주 상인들이다.

현재 민주주의를 가장 용감하게 옹호하는 사람 중 하나인 쉐레르는 이렇게 쓴다.

당신은 선거위원회가 무언지 아는가? 우리 제도의 열쇠요, 정치기구의 중심이다. 오늘날 프랑스는 바로 이 선거위원회의 지배를 받고 있다. [선거위원회의 명칭이 클럽이든 조합이든 아니면 다른 무엇이건 간에 그것은 군중의 힘이 초래할 수 있는 가장 무시무시한 위험을 가져올지도 모른다. 선거위원회는 사실상 독재의 가장 비인간적인, 따라서 가장 억압적인 형태를 띤다. 선거위원회를 이끌어나가는 지도자들은 집단의 이름으로 말하고 행동하기 때문에 일체 아무 책임도 지지 않고 무슨 일이든지 할 수 있다. 아무리 잔인한 폭군이라도 프랑스혁명기에 혁명위원회가 내린 포고령을 내릴 생각은 아예 하지도 못했다. 바라스는 혁명위원회가 국민공회를 와해시켰다고 말했다. 로베스피에르는 혁명위원회의 이름으로 말을 할 수 있었던 동안 무소불위의 권력을 휘두를 수 있었다. 자신의 자존심 때문에 혁명위원회와 결별하는 순간,

이 무시무시한 독재자는 권력을 잃고 말았다. 군중의 지배는 곧 위원회의 지배다. 다시 말하면 지도자들의 지배인 것이다. 이보다 더 가혹한 전제정치를 상상하기는 어려울 것이다.]

후보자가 그럴듯해 보이거나 충분한 재력을 보유하고 있기만 하다면 선거위원회에 영향력을 발휘하는 것은 그다지 어렵지 않다. 불랑제 장군의 선거 자금을 후원한 사람들에 따르면 장군이 여러 차례의 선거에서 승리하는데 겨우 3백만 프랑밖에 안 들었다고 한다.

이것이 바로 유권자 군중의 심리다. 이 심리는 다른 군중의 심리와 똑같다. 더 좋지도 않고 다 나쁘지도 않은 것이다.

그래서 나는 지금까지의 주장을 통해 보통선거에 반대하는 그 어떤 결론도 내리지 않을 것이다. 내가 만약 보통선거의 운명을 결정해야 한다면, 우리의 군중심리학 연구에 기인하는 실제적 이유 때문에 이를 유지할 것이다. 그래서 나는 몇 가지 설명해야 한다.

물론 보통선거 제도의 부정적인 측면은 누구나 알 수 있을 정도로 명백하다. 피라미드의 맨 꼭대기를 차지하는 우월한 소수가 문명을 창조해냈으며, 정신적 가치가 떨어지면 떨어질수록 점점 더 넓어지는 이 피라미드의 층들이 한 나라의 완전한 계층들을 나타낸다는 것은 분명한 사실이다. 그래서 문명의 위대함은 그냥 숫자만 많은 열등한 인간들의 투표에 달려 있지 않은 것이다. 군중 투표가 흔히 매우 위험하다는 데에는 의심의 여지가 없다. 이 때문에 우리는 이미 여러 차례 침략을 당한 경험이 있었다. 이제 사회주의가 승리를 거두었으니 앞으로도 군중 지배의 변덕 탓에 분명히 한층 더 비싼 대가를 치르게 될 것이다.

그러나 이론적으로는 매우 훌륭한 이 같은 반론은 실제로 그 힘을 모두 잃어버린다. 만일 교의로 변한 사상의 엄청난 힘을 기억한다면 말이다. 군중 지배의 교의는 철학적 관점에서 보면 중세의 종교적 교의처럼 옹호될 만한 것이 아닌데도 오늘날에는 절대적인 힘을 발휘하고 있다. 과거에 종교 사상을 공격할 수 없었듯이 오늘날에는 군중 지배의 교의를 공격할 수가 없다. 현대의 어떤 자유사상가가 기적을 일으켜 중세로 거슬러 올라갔다고 가정해보자. 과연 이 자유사상가는 중세를 지배했던 종교사상의 지배력을 확인하고도 그것을 공격하려 할까? 악마와 계약했다거나 마녀집회에 참석했다는 이유로 화형당할 판인데도 그는 과연 악마와 마녀집회가 존재하는지 확인하려 할까? 태풍이 불어닥치는 판에 신념에 관해 토론하는 사람은 있을 수가 없다. 오늘날 보통선거의 교의는 과거 그리스도교 교리가 지녔던 위력을 지닌다. 오늘날 연설가와 작가들은 루이 14세도 누려보지 못했던 존경심을 발휘하며 보통선거를 찬양한다. 그 결과 모든 종교 교리를 대하듯 보통선거의 교리를 대해야 한다. 오직 시간만이 보통선거에 영향을 미친다.

게다가 이 보통선거의 도그마는 이를 위한 명백한 이유가 있기 때문에 더더욱 이 교리를 무너뜨리려는 시도는 아무 소용이 없는 것이다. 토크빌은 다음과 같이 정확히 지적했다. "평등의 시대에는 모두가 다 비슷비슷하기 때문에 서로 신뢰하지 않는다. 그러나 이 같은 동질성은 그들로 하여금 대중의 판단을 거의 무제한으로 신뢰하게 한다. 왜냐하면, 모든 사람이 똑같이 계몽되어 가장 많은 숫자의 생각이 진리가 될 수밖에 없기 때문이다."

그렇다면 이제는 능력에 따라 선거권을 제한하는 선거제도를 시행하면 군중 선거가 개선될 수 있다고 가정해야 할까? 그럴 가능성은 절대 없을 것이다. 왜냐하면, 앞에서 설명했다시피 집단은 어떻게 구성되는지와는 상관없이 정신적으로 열등하기 때문이다. 군중을 이룬 사람들은 모두가 똑같아지며, 일반적인 문제에 관해 투표할 경우 40명의 학자나 40명의 물장수나 결과는 똑같이 나올 것이다. 예를 들면 제국의 부활[나폴레옹 3세[6]에 의한]처럼 보통선거 제도를 비난하는 근거로 제시되는 선거들을 보자. 설사 학자들과 교양을 갖춘 사람들만 뽑아서 투표하도록 했다고 한들 결과는 크게 달라지지 않았을 것이다. 어떤 개인이 그리스어나 수학을 잘 알고 건축가나 수의사, 의사 혹은 변호사라고 해서 사회문제에 대해 깊은 통찰력을 가진 것은 아니기 때문이다. 프랑스의 경제학자들은 모두 고등교육을 받았고 대부분은 교수나 학자들이다. 그들이 지금까지 일반적인 문제[보호무역주의라든가 금은복본위제도 등]에 대해 합의하는 데 성공한 적이 단 한 번이라도 있었던가? 그들의 학문이라는 것은 보편적인 무지를 아주 얇게 희석한 것에 불과할 뿐

---

6 Napoléon Ⅲ(1808~1873), 최초의 프랑스 대통령이자 두 번째 프랑스 황제. 프랑스의 마지막 세습 군주이기도 하다. 나폴레옹 1세의 조카이자 의붓외손자로 1848년 2월 혁명 이후 수립된 새로운 공화국에서 프랑스 대통령으로 선출된 후 쿠데타를 통해 제2제국을 선포하고 황제의 자리에 올랐다. 경제 개발에 힘써 농업 국가였던 프랑스를 공업 국가로 탈바꿈시켰고 오스만 남작과 함께 파리 개조 사업을 단행했다.

이다. 사회 문제에는 미지의 요소가 너무나 많아서 우리는 너 나 할 것 없이 다 무지하다.

그러므로 선거인단이 학문하는 사람들만으로 구성되었다 해도 결과는 지금의 결과보다 나아질 게 없었으리라. 왜냐하면, 그들 역시 특히 감정과 당파심에 따라 투표했을 것이기 때문이다. 우리가 현재 겪는 어려움도 제거되지 않을 것이고, 게다가 분명히 폐쇄집단의 억압적인 횡포가 우리를 괴롭힐 것이다.

제한적이든 아니면 보편적이든, 군주국에서 실시되든 아니면 공화국에서 실시되든, 프랑스에서 실시되든, 벨기에에서 실시되든, 그리스에서 실시되든, 포르투갈에서 실시되든, 스페인에서 실시되든 군중 선거는 다 똑같으며, 군중 선거가 흔히 표현하는 것은 결국 인종의 무의식적 욕망과 열망이다. 나라마다 당선자들의 평균은 그 인종의 평균적인 영혼을 나타낸다. 세대가 바뀌어도 이 같은 사실은 거의 변하지 않을 것이다.

그리고 이렇게 해서 우리는 앞에서 너무나 자주 발견했던 인종이라는 기본 개념과 제도와 정부가 민족들의 생활에서 중요하지 않은 역할밖에는 못 하는 이 인종 개념에서 비롯되는 또 다른 개념을 발견한다. 민족들은 특히 그들이 속한 인종의 영혼에 의해, 즉 조상 대대로 내려오며 쌓인 잔재들[인종의 영혼은 이 잔재들의 총합이다]에 의해 인도된다. 인종, 그리고 매일매일 해야만 하는 일들, 바로 이런 것들이 우리의 운명을 주도하는 불가사의한 지배자들이다.

5. 의회 군중

의회 군중은 비익명적이며 이질적인 군중이 공유하는 특성 대부분을 보여준다 ─ 여론의 단순화 현상 ─ 암시성과 그 한계 ─ 굳어져 절대 바뀔 수 없는 여론과 바뀔 수 있는 여론 ─ 왜 결단을 내리지 못하는 일이 자주 일어나는가? ─ 지도자들의 역할 ─ 그들이 위엄을 과시하는 이유 ─ 지도자들이 의회를 지배한다 ─ 그들이 행사하는 절대적 권력 ─ 그들의 웅변술을 구성하는 요소들 ─ 단어와 이미지 ─ 지도자들이 일반적으로 확신과 편협함을 지니게 되는 심리적 필연성 ─ 권위를 갖추지 못한 연설자는 자신의 논리를 받아들이게 할 수 없다. 의회에서의 감정의 과장. 그 감정이 어느 순간 도달하는 자동성. 국민의회의 회기 ─ 의회가 군중의 특성을 잃어버리는 경우 ─ 전문가들이 기술적 문제에 미치는 영향 ─ 모든 국가에서 나타나는 의회제도의 이점과 위험성 ─ 의회제도는 현대의 필요성에 적응했다. 그러나 재정낭비와 모든 자유의 점진적 축소를 야기했다 ─ 이 책의 결론의원은 비익명 이질적 군중의 전형이다. 국회의원이 선출되는 방법은 시대마다 다르고 민족마다 다르지만 그 특성은 매우 비슷하다. 선출 과정에서 이 특성이 표출되는 것을 완화하거나 과장하는 인종의 영향이 느껴지지만, 그렇다고 이 특성이 표출되지 않는 건 아니다. 그리스나 이탈리아, 포르투갈, 스페인, 미국과 같이 전혀 다른 나라의 의회들은 거의 유사한 방식으로 투표나 토론을 하며 이런 나라들의 정부 역시 똑같은 어려움에 부딪힌다.

그런데 의회 제도는 문명화된 모든 현대 민족의 이상을 의미한다. 이 제도는 많은 사람이 모이면 어떤 주제에 대해 적은 숫자의 사람들보다 더 현명하고 독립적인 결정을 내릴 수 있다는 생각[심리학적으로는 틀렸지만 일반적으로는 받아들여지는]을 반영한다.

생각의 단순함, 과민성, 피암시성, 감정의 과장, 지도자들의 탁월한 영향 등 군중의 일반적 특성이 국회의원들에게서도 역시 발견된다. 그러나 특수한 구성 때문에 의회 군중은 몇 가지 차이를 보여주기도 하는데, 이 특성에 대해서는 나중에 간략히 설명하겠다.

의견의 단순성은 이런 의회가 드러내는 가장 중요한 특성 가운데 하나다. 모든 정당, 특히 라틴계 민족에게서는 가장 복잡한 사회문제 가장 단순하고 추상적인 원칙에 의해서, 모든 경우에 적용할 수 있는 일반법칙에 의해서 해결하고자 하는 변함없는 경향을 보인다. 물론 정당마다 이 원칙은 다르다. 하지만 개인들은 군중을 이루었다는 한 가지 사실 때문에 항상 자신들의 원칙이 갖는 가치를 과장하고 그 원칙이 최후의 결과를 맞을 때까지 밀어붙이는 경향이 있다. 그러므로 의회는 특히 극단적인 견해를 대표하게 되었다.

의회의 단순성을 가장 완벽하게 보여준 전형은 바로 프랑스혁명기의 자코뱅당이었다. 당원 모두가 철저히 독단적이고 논리적이었으며 머리가 모호한 일반론으로 가득 찼던 그들은 사건들 자체는 고려하지 않고 고정된 원칙을 적용하는 데만 몰두했다. 그러므로 그들이 프랑스혁명을 보지는 않고 그냥 통과하기만 했다는 평가는 타당해 보인다. 그들은 자신들이 지침으로 삼은 매우 단순한 신조로 사회를 완전히 개조하고 고도로 세련된 문명을 사회 진화의 훨씬 이전 단계로 되돌리고자 했다. 그들이 자신들의 꿈을 실현하기 위해 사용한 방법은 극도로 단순했다. 그들은 실제로 자기들을 거추장스럽게 하는 것들을 난폭하게 파괴하는 데만 몰두했다. 자코뱅당뿐 아니라 지롱드당, 산악당, 데르미도르당을 위시한 모든 정당이 이런 생각에 사로잡혀 있었다.

의회군중은 암시에 아주 잘 걸린다. 그리고 모든 군중에 대해서 그렇듯 의회군중에 대한 암시는 위엄을 갖춘 지도자에 의해 이루어진다. 그러나 의회군중의 피암시성은 명확한 한계를 가지는데, 이 점은 꼭 짚고 넘어가야 할 듯하다.

모든 의원은 지역구의 이해와 관련된 문제에는 확고부동한 불변의 의견을 가지고 있어서 아무리 토론을 해도 절대 흔들리지 않는다. 데모스테네스[7] 같은 사람의 재능도 보호관세나 양조장 허가권

---

[7] Demosthenes(BC 384~BC 322), 고대 그리스에서 가장 뛰어난 웅변가로 아테네 시민을 선동해 마케도니아 왕 필리포스와 그의 아들 알렉산드로스 대왕에 대항하게 했다. 그의 연설문은 BC 4세기 아테네의 정치와 사회, 생활에 관한 귀중한 자료다.

처럼 유력한 유권자들의 요구가 반영된 안건에 대한 의원들의 표심을 변화시키지는 못할 것이다. 이런 유권자들의 사전 암시는 매우 강력한 영향력을 발휘하여 다른 모든 암시를 파기하고 의견의 절대적 확고함을 유지한다. [나이가 많은 영국의 한 의원이 했다는 다음과 같은 말은 그 이전에 이미 확정되어 있었으며 선거의 필요성에 의해 완강해진 의견에 적용된다. "지난 50년간 의원 생활을 하면서 수많은 연설을 들었지만 연설을 듣고 내 의견을 바꾼 적은 거의 없다. 더구나 나의 표심이 달라진 적은 단 한 번도 없다."]

내각불신임이나 새로운 세금의 부과처럼 일반적인 문제에 대해서는 의견이 고정되어 있지 않기 때문에 지도자들의 암시는 영향을 미칠 수가 있지만 일반 군중에 대해서처럼 완벽하게 영향을 미칠 수는 없다. 모든 정당에는 지도자들이 있는데, 그들은 때로 동등한 영향력을 발휘하기도 한다. 그럴 경우에 의원들은 반대되는 암시들 사이에서 결정을 망설일 수밖에 없다. 이런 이유 때문에 의원들이 흔히 15분 간격으로 정반대로 투표하기도 하고, 어떤 법안에 그 취지를 무색하게 하는 조항을 삽입하기도 하는 것이다. 예를 들자면, 노동자를 마음대로 뽑고 해고할 수 있는 권리를 고용주에게서 박탈했다가 다시 벌금 부과로 그 같은 조처를 무효로 만들어버리는 것이다.

이 같은 이유 때문에 매번 입법부 임기 때마다 어떤 의회는 거의 완전히 고정된 의견을 갖지만 또 다른 의회들은 매우 불확실한 의견을 갖는 것이다. 결국, 일반적인 문제들이 숫자가 더 많으므로 의원들이 불확실한 의견을 갖는 경우도 더 많아지게 된다. 그처럼 불확실한 의견을 갖는 것은 유권자를 늘 두려워하고 있는 데서 비롯되며, 유권자들이 주는 잠재적인 암시는 항상 지도자들의 영향력을 상쇄해버린다.

그렇지만 의원들이 사전에 확실히 정해진 의견이 없는 수많은 토론에서 결정적으로 주도권을 잡는 것은 바로 지도자들이다.

이런 지도자들의 필요성은 자명하다. 왜냐하면, 그들은 모든 나라의 의회에 집단의 우두머리라는 이름으로 존재하기 때문이다. 그들이야말로 의회의 지배자들이다. 군중을 이루는 개인들은 지도자 없이는 행동하지 못한다. 그러므로 의회에서 이루어지는 결의는 대개 극소수의 의견만 대변하는 것이다.

지도자는 대부분 논증에 의해서가 아니라 위엄을 발휘함으로써 영향을 미친다. 지도자가 위엄을 상실하면 영향력도 사라진다는 사실이야말로 이 점을 보여주는 가장 확실한 증거다.

이런 정치지도자들의 위엄은 개인적이어서 이름이나 명성과는 무관하다. 쥘 시몽은 자기 역시 그 일원이었던 1848년 의회의 저명한 의원들에 대해 얘기하는데, 이 얘기는 흥미로운 예를 우리에게 제공해준다.

막강한 실력자가 되기 두 달 전만 해도 루이 나폴레옹은 미미한 존재였다.

빅토르 위고는 연단으로 올라갔다. 청중의 반응은 그다지 크지 않았다. 청중은 펠릭스 피아[8]의 연설에 귀를 기울이듯 위고의 연설에 귀를 기울였다. 하지만 피아에게 보낸 만큼 많은 박수를 위고에게 보내지는 않았다. 볼라벨[9]은 피아에 관해서 '나는 그의 사상을 좋아하지 않지만 그를 프랑스 제일의 작가이자 웅변가라고 생각한다네'라고 말했다. 퀴네[10]는 예외적이라고 할 만큼 탁월한 지성의 소유자였지만 사람들은 그를 대수롭지 않은 인물로 여겼다. 그는 의회가 열리기 전에는 대단한 인기를 누렸지만 의회 안에서는 그렇지 못했다.

천재성의 광채가 가장 빛을 발하지 못하는 곳이 바로 정치 집회장이다. 이런 집회에서 주목받는 것은 조국에 대한 봉사가 아니라 시간과 장소에 어울리는 웅변과 정당에 대한 봉사다. 의회가 1848년에는 라마르틴[11]에게, 1871년에는 티에르[12]에게 경의를 표하도록 하기 위해서는 긴급하고 불가결한 이해관계라는 자극제가 필요했다. 위험이 사라지자 사람들은 감사하는 마음과 두려움에서 동시에 벗어났다.

8 Félix Pyat(1810~1889), 프랑스의 저널리스트이자 극작가, 정치인. 파리코뮌에서 중요한 역할을 해냈다.
9 Vaulabelle(1799~1879), 프랑스의 저널리스트이자 정치인. 공교육과 신앙부 장관을 지내면서 역사교육의 중요성을 강조했다.
10 Edgar Quinet(1803~1875), 프랑스의 정치가이자 역사학자.
11 Lamartine(1790~1869), 프랑스의 소설가이자 낭만파 시인, 정치인. 1820년에 처녀 시집《명상》을 발표하여 일약 유명해졌다. 이 시집의 발표는 프랑스 시의 역사상 한 획을 긋는 중대한 사건이며 이후 낭만파 시인들은 그를 스승으로 모셨다. 또한, 외교관과 정치가로서도 활약,《지롱드당의 역사》(1847)를 발표하여 민중에게 호소했고, 1848년에는 프랑스 임시정부의 외무부 장관까지 지냈다. 그러나 후에 명성도 잃어버리고 만년에는 빚더미 속에 파묻혀 실의 속에서 죽었다.
12 Louis-Adolphe Thiers(1797~1877), 프랑스의 정치인 겸 역사학자.

내가 이 글을 인용한 이유는 거기에 나와 있는 사실 때문이지 이 글이 하고자 하는 설명 때문이 아니다.

이 설명은 조악한 심리에 관한 것이다. 군중은 지도자들이 조국이나 정당을 위해 봉사하는지 안 하는지를 따지는 순간 군중으로서의 특성을 즉시 잃어버린다. 군중이 지도자에게 복종하는 이유는 그의 위엄 때문이지 이해관계나 감사의 뜻과 관련된 감정 때문이 아니다.

그래서 충분한 위엄을 갖춘 지도자는 거의 절대 권력을 갖게 된다. 어느 저명한 의원은 위엄 덕분에 오랫동안 막강한 영향력을 행사하다가 금융 스캔들에 연루되면서 지난 선거에서 낙선했다.[13] (조르주 클레망소를 가리킨다.) 그가 손짓만 한 번 했을 뿐인데 내각이 전복되어버렸다. 어느 작가는 그의 행위가 얼마나 큰 영향력을 발휘했는지를 다음과 같이 기록했다.

우리가 세 배나 더 비싼 대가를 치르고 통킹[14]을 산 것도, 마다가스카르섬에서 확고한 기반을 얻지 못하는 것도, 남부 니제르의 식민영토를 빼앗긴 것도, 이집트에서의 우월한 상황이 반전된 것도

---

13 Georges Clemenceau(1841~1929), 프랑스의 정치가, 의사, 언론인. 1906년에는 내무부 장관, 나중에는 수상을 지냈다. 1차 대전 때는 푸앵카레 대통령과 함께 대독 강경정책을 추진했으며, 전시 내각의 총리가 되어 전쟁을 승리로 이끌었다. 이어 파리4강화회의에서 프랑스의 전권 대표로 참석했다.

14 Tonking, 베트남 북부 송코이강의 삼각주를 중심으로 하는 지역.

다 아무개 씨 때문이다. 아무개 씨의 이론 때문에 우리는 나폴레
옹이 잃은 것보다 더 많은 영토를 잃은 것이다.

그렇다고 해서 이 지도자를 너무 원망해서는 안 될 것이다. 물론
그가 우리에게 아주 비싼 대가를 치르게 한 것은 분명한 사실이다.
하지만 그가 발휘한 영향력 대부분은 여론을 따름으로써 생긴 것
이고, 식민지 문제에 관한 당시의 여론은 그 이후에 형성된 여론과
는 전혀 달랐기 때문이다. 지도자가 여론을 앞지르는 경우는 극히
드물다. 지도자는 거의 항상 여론을 따르고 여론의 모든 오류까지
감당해야 한다.

지도자의 설득 수단은 위엄 외에도 내가 앞에서 이미 여러 번 열
거한 적이 있는 여러 요인이 있다. 지도자가 이런 수단들을 능숙하
게 활용하려면 최소한 무의식적으로라도 군중의 심리에 정통해야
하고 그들에게 어떻게 말해야 하는지를 알아야 한다. 그는 특히 단
어와 문구, 이미지가 끼치는 매혹적인 영향에 대해 알고 있어야만
한다. 또한, 그는 증거가 없는 강력한 확언과 인상적인 이미지들[매
우 간결한 추론으로 보강된]로 이루어지는 특유의 웅변술도 겸비해
야 한다. 이는 가장 온건한 것으로 정평이 난 영국 의회를 포함한
모든 의회에서 들을 수 있는 웅변이다. 영국의 철학자 메인[15]은 이
렇게 말했다.

---

15 Henry Sumner Maine(1822~1888), 법제역사학자이자 비교역사학자이기도 하다.

우리는 모든 논쟁이 설득력 없는 일반론과 과격한 인신공격을 주고받는 데 그치는 하원에서의 토론문을 계속해서 읽을 수 있다. 이런 종류의 일반적인 문구들은 순수한 민주주의의 상상력에 엄청난 효과를 미친다. 인상적인 용어로 표현되지만, 결코 확인되지 않았고 어쩌면 도저히 입증될 수 없을 일반적인 주장을 대중이 받아들이게 하는 것은 항상 쉬운 일이 될 것이다.

이 인용문에서 '인상적인 용어'라는 단어는 더할 나위 없이 중요하다. 단어와 문구가 갖는 특별한 힘에 대해서는 앞에서 누차 강조한 바 있다. 단어와 문구는 매우 생생한 이미지를 상기시킬 수 있는 것들로 선택해야 한다. 우리 의회의 한 지도자가 행한 연설에서 발췌한 다음 문장은 그 점을 분명히 보여준다.

배 한 척이 부패한 정치인과 사람을 죽인 무정부주의자를 태우고 열병이 창궐하는 유형도를 향해 가는 날, 그들은 대화할 수 있을 것입니다. 두 사람은 대화할 수 있을 것이고, 동일한 사회 질서의 두 가지 보완적인 측면처럼 보일 것입니다.

이렇게 언급된 이미지는 아주 생생하며, 연설자의 반대자들은 이 이미지가 위협적이라고 느낀다. 반대자들은 열병이 창궐하는 섬과 그들을 싣고 갈 수도 있을 배를 동시에 떠올릴 것이다. 왜냐하면, 그들 역시 한계가 매우 모호한 위협받는 정치인의 범주에 포함될 수도 있기 때문이다. 그때 그들은 국민공회 의원들이 느꼈을 음험한 두려움을 느꼈는데, 이들은 로베스피에르의 모호한 연설을 들으면서 단두대 칼날이 언제 어느 때 자기 목에 떨어질지 모른다는 생각을 했고, 이 같은 두려움 때문에 로베스피에르에게 항상 복종했다.

지도자들은 어이없는 과장에도 대단한 관심을 보인다. 위 인용문의 연설가는 은행가와 종교인들이 폭탄 테러범들을 지원했다거나 대형 금융회사의 중역들도 무정부주의자들과 똑같은 형벌을 받아야 한다고 확언했지만 격렬한 항의를 받지는 않았다. 이 같은 확언은 군중에게 항상 영향을 미친다. 확언은 아무리 강력해도 괜찮고 웅변 역시 아무리 위협적이어도 괜찮다. 이런 웅변보다 더 청중을 위협하는 것은 없다. 청중은 이런 웅변에 항의하다가 반역자나 공모자로 몰릴까 봐 두려워하는 것이다.

내가 앞에서 말했던 것처럼 이런 특이한 웅변은 모든 의회에서 항상 영향력을 발휘했으며, 위태로운 시기에도 더욱더 자주 행해진다. 프랑스혁명기 의회의 위대한 웅변가들이 행한 연설을 읽는다는 것은 이런 견지에서 대단히 흥미로운 일이다. 웅변가들은 매 순간 연설을 중단하고 범죄를 규탄하는 동시에 미덕을 찬양해야 한다고 믿었다. 그러고 나서 그들은 독재자를 저주하면서 자유롭게 살든지 아니면 죽을 것이라고 맹세했다. 청중은 일어나서 열광적인 박수를 보낸 후 진정하여 다시 자리에 앉았다.

이따금 지도자가 지적이며 교양을 갖출 수도 있다. 그러나 이는 지도자에게 대개 유익하기보다는 해로운 때가 많다. 지성은 현실의 복잡함을 보여주고 설명과 이해를 가능하게 함으로써 어떤 사상의 옹호자에게 필요한 확신의 강력함과 맹렬함을 항상 관대하게 만들고 크게 둔화시킨다. 어느 시대에나 군중의 지도자들은, 특히 프랑스혁명의 지도자들은 어처구니없을 정도로 편협했다. 그리고 가장 편협한 지도자들이 가장 큰 영향력을 발휘했다.

그들 중에서 가장 유명한 로베스피에르의 연설은 흔히 놀랄 만큼 조리가 없다. 이 강력한 독재자의 연설만 읽어본다면 그가 어떻게 이처럼 엄청난 역할을 수행할 수 있었는지 수긍이 가도록 설명하기가 어렵다.

평범한 영혼을 가진 사람들에게보다는 유치한 영혼을 가진 사람들에게나 통할 것으로 보이는 교육적인 웅변과 라틴 문화 특유의 상투적이고 군말 많은 연설은, 꼭 초등학생처럼 공격하거나 방어할 때 "그래, 어디 한번 할 테면 해봐!"라는 말만 되풀이할 뿐이다. 사상도 없고 고유한 문체도 없고 능숙한 표현도 없다. 오직 지루한 격론만 계속된다. 이 맥빠진 연설이 끝나면 사람들은 아마도 저 카미유 데물랭[16]처럼 '휴!' 하는 탄성을 지르고 싶을 것이다.

지극히 편협한 정신과 결합한 강력한 확신이 권위를 갖춘 사람

---

16 Camille Desmoulins(1760~1794), 프랑스혁명기의 산악파 언론인 겸 정치인. 1789년 7월 2일 바스티유 감옥의 습격을 주도했고 공격 직전에 민중을 자극하는 선동 연설로 일약 유명해져서 국민공회 의원이 됐다. 자코뱅파에 속하여 대립하던 지롱드파 공격의 선봉에 서기도 했다. 로베스피에르를 비방하는 글을 실었다는 이유로 당통과 함께 처형당했다.

에게 부여하는 힘을 생각하면 때로는 소름이 끼친다. 그렇지만 이같은 조건을 실현해야만 장애를 무시하고 강한 의지를 발휘할 수 있다. 군중은 활기와 확신에 가득 찬 인물이야말로 언제나 자신들에게 필요한 지도자라고 본능적으로 믿는다.

의회에서 행하는 연설이 성공하느냐 못 하느냐는 전적으로 연설자가 제시하는 논거가 아니라 그가 갖춘 위엄에 좌우된다. 연설자가 어떤 이유 때문에 위엄을 상실하면 그의 영향력도 동시에 사라진다는 사실이야말로 가장 확실한 증거다. 즉 그는 표심을 자기 마음대로 좌우할 힘까지도 잃어버리고 마는 것이다.

무명의 연설자가 아무리 정연한 논거를 제시해가며 연설을 해도 논거만 가지고는 청중이 귀를 기울일 가능성이 전혀 없다. 데퀴브라는 전직 의원은 위엄이 없는 의원의 모습을 다음과 같이 기록했다.

그는 연단에 올라가더니 먼저 가방에서 서류를 꺼내어 앞에 가지런히 펼쳐놓고 자신 있게 입을 열었다.

그는 자신을 고무하는 확신을 다른 의원들의 영혼에 주입할 수 있다고 여기며 의기양양했다. 그는 자신의 논거를 거듭 검토했다. 그는 통계 수치와 증거 자료들을 충분히 갖고 있었다. 그는 자기가 옳다고 굳게 믿고 있었다. 명백한 근거를 들이대면 일체의 항의가 수그러들 것이라고 확신했다. 그는 자신의 주장이 정당하고 의원들이 자신의 연설을 경청할 것이며 그들이 자신의 진실 앞에서 경의를 표할 것이라고 믿었다.

그러나 그는 연설을 시작하자마자 장내의 움직임에 놀랐고 웅성 거림이 점점 더 커지자 좀 짜증이 났다. 아니, 도대체 왜 정숙을 유지하지 않는 것일까? 왜 다들 내 연설에 귀를 기울이지 않는 것일까? 자기들끼리 잡담을 나누는 저 의원들은 도대체 무슨 생각으로 저러는 걸까? 의석을 비운 의원들은 도대체 무슨 급한 용무가 있는 것일까?

초조한 빛이 그의 이마를 훑고 지나갔다. 그는 눈썹을 찌푸리고 연설을 중단했다. 연설을 계속하라는 의장의 말에 힘을 얻은 그는 목소리를 한층 높였다. 하지만 그의 연설에 귀 기울이는 의원들의 숫자는 조금 전보다 오히려 더 줄어들었다. 그는 어조를 빨리하고 몸을 심하게 움직였다. 무시무시한 소음이 그의 주변을 둘러쌌다. 그는 더는 자신의 목소리조차 분간할 수 없을 지경에 이르자 또 연설을 중단했다. 그러나 자신의 침묵이 "연설 종료!"라는 유감스러운 고함으로 이어질까 봐 두려워 연설을 계속했다. 그러자 소란은 도저히 참을 수 없는 정도가 되었다.

의회 군중이 상당한 정도의 흥분 상태에 도달하면 통상적인 이질적 군중과 같아지고, 그 결과 그들의 감정은 항상 극단적이라는 특성을 나타낸다. 그들은 가장 위대한 영웅적 행동을 하거나 아니면 최악의 방종 행위를 한다. 개인은 더는 그 자신이 아니다. 그리하여 자신의 개인적인 이해관계와 완전히 상반되는 법안에도 찬성 표를 던지게 된다.

프랑스혁명의 역사는 의회가 어느 정도까지 무의식적으로 되어 자신의 이해관계와 전혀 상반되는 암시에 복종할 수 있는가를 보여준다. 군중이 자의식을 상실하고 암시에 맹종하여 각자의 개인 이익과 상반되는 법안에 찬성표를 던진 경위를 잘 보여준다. 귀족들에게 자신의 특권을 포기한다는 것은 엄청난 희생이지만, 입법회의가 진행되던 저 유명한 날 밤에 귀족들은 아무 망설임 없이 그렇게 했다. 국민공회 의원들에게 자신들의 불가침권을 포기한다는 것은 지속적인 위협이었지만, 그들은 그렇게 했고, 오늘은 자기가 동료들을 단두대로 보내지만 내일은 자기도 거기 끌려가게 될 것임을 뻔히 알면서도 서로를 죽였다.

그러나 그들은 완전한 자동기계 같은 상태로 전락했으며, 그 어떤 생각도 그들이 자신들에게 최면을 거는 암시에 복종하는 것을 가로막지는 못했다. 그들 가운데 한 명이었던 비요바렌이라는 의원의 회고록에 등장하는 다음 구절은 그 점에서 완전히 전형적이다.

우리가 내렸다고 비난받는 결정을 우리는 이틀 전만 해도, 아니, 하루 전만 해도 결코 원하지 않았다. 오직 위기상황만이 그런 결정을 내리도록 만들었다.

이보다 더 정확한 표현은 찾아볼 수 없을 것이다.

이 같은 무의식 현상은 파란만장했던 모든 국민공회 회기에서 찾아볼 수 있다. 텐은 다음과 같이 말했다.

그들은 법안을 채택하고 반포했다. 그들이 두려워한 것은 우매한 행위와 광적인 행위뿐만 아니라 순진한 자들의 범죄와 살인, 그들 친구들의 살인이기도 했다. 우파의 지지를 받은 좌파는 열렬한 기립박수와 더불어 만장일치로 자신들의 타고난 우두머리요 혁명의 위대한 견인차이자 인도자였던 당통을 교수대에 보냈다. 좌파의 지지를 얻은 우파는 혁명정부 최악의 법안을 열렬한 기립박수와 더불어 만장일치로 통과시켰다. 국민공회 의원들은 데르부아[17]와 쿠통[18], 로베스피에르에게 열광적인 갈채와 만장일치로 지지를 표하면서 자발적으로 실시한 여러 차례의 재투표를 통해 살인 정부를 유임시켰다. 평야당은 이 정부가 살인을 저지른다는 이유로 혐오했고 산악당은 이 정부가 자신들을 죽인다는 이유로 혐오했지만, 이 다수당과 소수당도 결국은 그들 자신의 자살 행위를 돕는 데 동의하고 말았다. 프랑스 혁명력의 목월[19] 22일, 국민공회 의원 전체가 목을 내밀었다. 이후 열월[20] 8일에도 로베스피에르의 연설이 끝난 지 15분도 지나지 않아 모든 국민공회 의원들은 다시 목을 내밀었다.

이 글은 암담하게 느껴질 수도 있다. 그렇지만 정확하다. 매우 홍

---

17 Collot d'Herbois(1749~1796), 프랑스의 배우이자 극작가, 에세이스트, 혁명가. 루이 16세의 사형 법안에 찬성했다.

18 Couthon(1755~1794), 프랑스혁명기의 정치인이자 변호사. 파리 레볼뤼스용 광장에서 단두대에 목이 잘렸다.

19 프랑스 혁명력의 아홉 번째 달, 5월 20일~6월 18일.

20 프랑스 혁명력의 열한 번째 달, 현재의 7월 20일~8월 18일에 해당.

분하거나 최면에 걸린 의회는 똑같은 특성을 드러낸다. 모든 충동에 복종하는 불안정한 무리가 되는 것이다. 1848년 의회에 관한 다음의 기사는 민주주의를 확신했던 의회주의자 스퓔레르[21]가 쓴 것인데, 《르뷔 리테레르 *Revue Littéraire*》지에 실린 이 기사가 매우 전형적이라고 생각해서 인용한다. 이 글은 내가 지금까지 설명한 군중의 특성인 과장된 감정을 보여주며, 완전히 상반되는 감정의 단계들이 순식간에 지나가도록 해준다.

공화당은 분열과 질투, 의심 그리고 번갈아가며 이어지는 맹신과 무한한 희망 때문에 결국은 파멸하고 말았다. 이 정당 사람들은 한편으로는 고지식하고 순진하면서도 또 한편으로는 모든 사람을 불신했다. 그들은 합법성에 대한 감각도 없었으며 규율도 전혀 이해하지 못했다. 끝없는 공포와 환상에 사로잡혀 있을 뿐이었다. 농부들이나 어린애들은 이 점에서 일치한다. 그들은 침착한 듯하면서도 안절부절못했다. 양순하면서도 난폭했다. 이것은 성숙하지 않은 기질과 교육 부재의 특성이다. 그들은 한편으로는 웬만한 것에는 놀라지 않지만 또 한편으로는 모든 것에 혼비백산할 수도 있다. 공포심을 못 이겨 온몸을 떨다가도 영웅처럼 과감하게 행동하는 그들은 어떨 때는 불길 속에 뛰어들다가도 또 어떨 때는 그림자만 보고도 뒷걸음질친다.

---

21 Spuller(1835~1896), 프랑스의 정치인이자 작가. 강베타에게 충성했던 그는 강베타가 기구를 타고 파리에서 투르로 탈출했을 때 동행했다.

그들은 사건의 인과관계를 전혀 모른다. 그래서 느닷없이 흥분했다가 돌연히 절망하며 쉽사리 공황 상태에 빠지기도 하는 등 감정이 적당한 수준을 유지하지 않고 항상 극과 극을 오간다. 물보다 더 불안정한 그들은 모든 색깔을 비추고 모든 형태를 취한다. 그러니 과연 어떤 통치 기반이 그들에게 확고히 자리 잡기를 바랄 수 있었을 것인가?

다행스럽게도 우리가 방금 기술한 의회의 모든 특성이 지속적으로 나타나는 것은 아니다. 의회는 어떤 일정한 순간에만 군중이 되기 때문이다. 의회를 구성하는 개인들은 거의 대부분 그들의 개인성을 계속 간직하는 데 성공한다. 그래서 의회는 우수한 기술적 법안을 만들 수 있다. 전문가들이 조용한 집무실에서 이런 법안들을 준비하고 만든다. 따라서 표결된 법안은 실제로 개인이 만든 것이지 의회가 만든 것이 아니다. 자연히 이런 법안이 가장 훌륭하다. 이런 법안들은 일련의 수정안이 이들을 집단적인 것으로 만들어버릴 때만 재난을 초래한다. 군중의 활동은 어디서나, 그리고 언제나 고립된 개인의 활동보다 못하다. 지나치게 혼란스럽거나 미숙한 조처들로부터 의회를 구해내는 것은 전문가들이다. 그때 전문가는 일시적인 지도자다. 의회는 전문가에게 영향을 끼치지 못하지만 전문가는 의회에 영향을 끼친다.

운영 과정에서 아무리 많은 어려움에 부딪친다 해도 의회는 국민들이 스스로를 통치하기 위해, 그리고 특히 개인의 폭정이 가하는 속박에서 최대한 벗어나기 위해 지금까지 발견해낸 가장 훌륭한 것을 나타낸다. 최소한 철학자들과 사상가들, 작가들, 예술가들, 학자들은, 한마디로 말하자면 어떤 문명의 정상을 구성하는 모든 것은 분명히 의회를 정치체제의 이상으로 생각한다.

사실 의회가 맞이할 수 있는 심각한 위험은 단 두 가지뿐인데, 하나는 불가피한 재정낭비이고 다른 하나는 개인 자유의 점진적 제한이다.

첫 번째 위험인 재정 낭비는 유권자 군중의 요구와 부주의에서 비롯되는 어쩔 수 없는 결과다. 가령 어떤 의원이 민주주의 사상을 명백히 만족시키는 듯이 보이는 법안[예를 들면 모든 노동자에게 연금을 보장한다거나 혹은 도로를 보수하는 인부나 초등학교 교사의 월급을 올려주는 등의]을 제출했다고 가정해보자. 다시 말해서 법안이 상정되면, 유권자를 두려워해야 한다는 암시를 받는 다른 의원들은 그 법안이 예산에 무거운 부담을 주고 새로운 세금을 신설하도록 만든다는 사실을 알지만 그럼에도 그 법안을 거부함으로써 유권자들의 이익을 무시한다는 인상은 감히 주지 못할 것이다. 그러므로 그들은 투표를 할 때 망설이려야 망설일 수가 없다. 반대표를 던지면 그 결과가 다음 번 선거에서 반드시 나타나겠지만, 지출 증가의 여파는 당장 나타나지도 않을뿐더러 그들 자신에게 해로운 결과를 낳지도 않기 때문이다.

지출 증가를 유발하는 이 첫 번째 요인 외에 또 하나의 요인이 있는데, 이는 의원들이 순전히 지역의 이해와 관련된 예산 지출을 반드시 승인할 수밖에 없다는 것이다. 그 같은 의무를 거부할 수 있는 의원은 없다. 그런 지출은 대개 유권자들의 요구를 반영하고 있으며, 동료의원들의 비슷한 요구를 들어주어야만 자기 지역 유권자들이 필요로 하는 것을 얻어낼 수 있기 때문이다. [1895년 4월 6일 자 《이코노미스트》지에는 순전히 선거와 관련된 재정지출이, 특히 철도와 관련된 재정지출이 1년에 얼마나 되는지를 보여주는 흥미로운 기사가 실렸다. 이 기사에 따르면 높은 산 위에 있는 인구 3천 명의 작은 도시 라냐에를 르퓌와 연결하기 위한 예산 1천 500만 프랑의 철도 건설 법안이 통과됐다. 인구 3천 500명의 보몽과 카스텔-사라쟁을 철도로 연결하는 데는 700만 프랑, 인구 523명의 작은 마을 우스트와 인구 1천 200명의 세익스를 철도로 연결하는 데는 700만 프랑, 프라드와 인구 747명의 올레트를 철도로 연결하는 데는 600만 프랑의 예산이 각각 책정되었다. 1895년 단 한 해에만 일반인들의 이해관계가 배제된 철도 건설 예산이 9천만 프랑이나 책정된 셈이다. 역시 유권자들의 필요를 충족시키기 위한 다른 예산 지출도 이만큼이나 많다. 재무부 장관에 따르면 노동자 연금 수여 법안을 채택하자면 얼마 안 있어 최소한 연간 1억 6천 500만 프랑이 필요하고, 학술원 회원 르루아-보리유 씨에 따르면 8억 프랑이 필요하다. 이런 명목의 지출이 계속 늘어나다 보면 결국은 재정이 파탄나버릴 게 분명하다. 포르투갈과 스페인, 튀르키예 등 많은 유럽 국가가 이미 파산했다. 이탈리아도 머지않아 똑같은 난관에 봉착할 것이다. 그러나 이 점에 대해 너무 걱정할 필요는 없다. 왜냐하면 이들 국가의 국민들은 각 나라가 국채의 배당금을 80퍼센트 삭감하는 내용의 법안을 별다른 이의 없이 연속적으로 받아들였기 때문이다. 그리하여 이처럼 기발한 재정 파탄은 불균형한 예산 편성을 즉각 시정하기 어렵게 만든다. 전쟁과 사회주의, 경제적 충돌은 우리가 다른 재난들을 맞을 마음의 준비를 시키고 있으며, 우리는 이제 막 시작된 전반적인 붕괴의 시대를 맞아 임기응변으로 하루하루 살아가야 한다. 우리가 어떻게 해볼 도리가 없는 미래까지 걱정할 마음의 여유가 없는 것이다.]

앞에서 언급했던 위험 중 두 번째 위험인 의회에 의한 자유의 강제적 제한은 첫 번째 이유보다는 덜 드러나지만 그 대신 매우 현실적이다. 이 같은 위험은 항상 제한적인 법안들에 의해 유발되는데, 의원들은 사고력이 빈약하여 그런 위험이 초래할 결과를 잘 예견하지 못하고 그 법을 가결해야 한다고 생각한다.

이런 위험은 불가피한 것이 틀림없다. 의원이 유권자들로부터 가장 독립되어 있어서 의회제도의 가장 완벽한 유형을 확실히 제공하는 영국조차 그런 위험에서 벗어나는 데 성공하지 못했기 때문이다. 허버트 스펜서는 이미 초기의 저서에서 표면적 자유의 증가는 실질적 자유의 감소를 초래한다는 사실을 보여주었다. 그는 최근에 쓴 《개인 대 국가》(1885)에서 이 문제를 다시 다루면서 영국 의회에 대해 다음과 같이 말했다.

이 시기부터 입법은 내가 지적한 방향으로 이루어졌다. 급속히 늘어난 전제주의적 조치들은 개인의 자유를 지속적으로 제약해왔고, 그런 제약은 두 가지 방식으로 이루어진다. 즉 매년 더 많은 숫자의 규제 법안이 제정되어 이전에는 시민이 완전히 자유롭게 행동할 수 있었던 분야에서 그에게 규제를 강요, 그로 하여금 이전에는 해도 그만 안 해도 그만이던 행동을 반드시 하도록 강제한다. 그와 동시에 납세자의 세 부담이 증가, 가처분소득은 감소하는 반면 국가기관들이 국민에게 거두어들여 마음대로 처분할 수 있는 금액은 증가하면서 그의 자유는 한층 더 제한받는다.

개인 자유에 대한 이런 점진적 제한은 모든 나라에서 다음과 같은 특별한 형태[스펜서는 이것이 어떤 형태인지에 대해 설명하지 않았다]로 나타난다. 즉 모두가 대체로 제한적인 이런 수많은 일련의 법안들이 제정되면 결국은 그 법을 적용할 책임이 있는 공무원들의 숫자와 권력, 영향력이 필연적으로 증가하게 된다는 것이다. 이렇게 해서 공무원들이 문명국가의 명실상부한 주인이 된다. 이들의 힘은, 권력이 끊임없이 바뀌는 과정에서도 오직 행정 집단만이 그 같은 과정에서 벗어난다는 사실과 오직 그들만이 면책성과 비개인성, 영속성을 가지고 있다는 사실에서 나온다. 모든 독재정치 중에서 이 세 가지 형태로 나타나는 독재정치보다 더 사람을 짓누르는 독재정치는 없을 것이다.

그런 정치는 규제 법안과 규칙을 계속해서 입안, 아무 쓸데없는 절차로 사소한 행동까지 규제함으로써 시민들이 자유롭게 살아갈 수 있는 영역을 점점 더 좁히는 치명적 결과를 초래하기 마련이다. 법률이 많으면 많을수록 평등과 자유도 더 잘 보장될 수 있다는 환상의 희생자인 국민은 더 과중한 구속을 매일 받아들인다.

그들이 아무 손해도 안 보고 그 같은 구속을 받아들이는 것은 아니다. 그들은 그렇게 모든 억압을 견뎌내는 데 익숙해져서 결국에는 구속을 갈망하고 일체의 자발성과 활력을 잃어버리고 말 것이다. 그리하여 그들은 의지도 없고 힘도 없고 저항도 안 하는 허깨비나 피동적인 자동인형에 불과해져버릴 것이다.

그러나 그때 자신의 내부에서는 더는 동력을 찾을 수가 없기 때문에 자신의 밖에서 동력을 찾을 수밖에 없다. 시민들의 무관심과 무기력이 심해지면 심해질수록 정부의 역할은 한층 더 커진다. 그래서 정부는 개인들이 더 이상 가지고 있지 않은 진취적인 정신과 모험 정신, 선도 정신을 어쩔 수 없이 발휘해야만 한다. 정부가 모든 것을 시도하고 모든 것을 통솔하고 모든 것을 보호해야 한다. 그리하여 국가는 전지전능한 신이 된다. 지금까지의 경험으로 보면 이런 신들의 힘은 결코 오래 지속되지도 않았고 엄청나게 강력하지도 않았다.

어떤 민족들에서 모든 자유가 점차적으로 제한받는 것은 한편으로는 그 자유가 오래되어서이기도 하고 또 한편으로는 어떤 정치 체제 때문이기도 하다. 이 같은 제한은 지금까지 그 어떤 문명도 피해가지 못했던 쇠퇴 단계로 접어들고 있다는 것을 미리 알려주는 징조 중 하나다.

과거의 교훈에 비추어보거나 사방에서 확실히 드러나는 징조들을 감안하여 판단해보면 우리의 현대 문명 가운데 몇 가지는 쇠퇴 이전의 극도로 노쇠한 단계에 도달했다. 역사는 흔히 반복되기 때문에 이 같은 단계는 모든 민족에게 치명적인 듯하다.

문명의 일반적 진화 단계를 간략히 설명하는 것은 쉬운 일이므로 이를 요약하면서 이 책을 마무리 짓기로 하겠다.

우리가 만약 과거 문명들의 위대함과 쇠퇴를 개략적으로 살펴본다면 과연 무엇을 발견할 수 있을까?

이 문명들의 여명기에는 다양한 출신의 수많은 인간이 이동과 침략, 정복 같은 우연에 의해 합쳐진다. 혈통도 다르고 언어와 신앙도 다른 인간들로 형성된 이들을 이어주는 유일한 매개물은 반쯤 인정된 우두머리의 법률이었다. 군중의 심리적 특성은 이처럼 혼잡한 결합체에서 가장 두드러지게 나타난다. 이 결합체는 군중이 가진 일시적 응집력과 영웅적 정신, 약점들, 충동성, 과격성 등을 가진다. 이들에게는 안정된 것이 전혀 없다. 이들은 그야말로 야만인들이다.

그러고 나면 시간이 자기 할 일을 한다. 환경의 동일성과 반복되는 종족들의 교잡, 공동생활의 필요성이 서서히 영향을 미친다. 상이한 단위의 결합체가 서로 뒤섞여 하나의 인종을 구성하기 시작한다. 즉, 공통된 성격과 감정[유전은 이들을 점점 더 고정시킨다]을 가진 집합체를 형성하는 것이다. 군중은 민족이 되고, 민족은 야만 상태에서 벗어날 수 있을 것이다.

군중은 오랫동안 노력하고 줄기차게 싸우고 수도 없이 다시 시작해서 어떤 하나의 이상을 획득해야만 야만 상태에서 완전히 벗어날 수 있다. 그 이상[로마 숭배든, 아테네의 힘이든, 아니면 알라신의 승리든]은 형성 중인 인종의 모든 개인에게 감정과 사상의 통일성을 부여하기에 충분하다.

바로 이때 고유한 제도와 신념, 예술을 가진 새로운 문명이 탄생한다. 인종은 자신의 꿈에 이끌려 찬란함과 힘, 위대함을 부여하는 모든 것을 연속적으로 획득할 것이다. 인종은 어떤 시간이 되면 분명히 다시 군중이 되겠지만, 그때 군중의 유동적이고 변덕스러운 특성 뒤편에는 견고한 기반이, 즉 인종의 영혼이 형성되어 어떤 민족의 변동 영역을 좁게 제한하고 우연을 규제한다.

시간은 창조 활동을 하고 나서 파괴 활동을 시작하는데, 인간은 물론 신도 이 파괴 활동에서 벗어날 수가 없다. 힘과 복잡성의 일정 단계에 도달한 문명은 성장을 멈추고, 더 이상 성장하지 않는 문명은 급속히 쇠망하게 되어 있다. 문명이 노쇠기로 접어든 것이다.

이 피할 수 없는 시간은 언제나 인종의 영혼을 받쳐주었던 이상의 약화에 의해 깊은 영향을 받는다. 이 이상이 흔들리기 시작하면 그것이 고취한 모든 종교적, 정치적, 사회적 구조 역시 흔들리기 시작한다.

이런 이상이 서서히 사라지는 동안 인종은 그 이상의 응집력과 통일성, 힘을 만들어내는 것들을 서서히 상실한다. 개인의 개성과 지성은 증대될 수 있지만, 그와 동시에 인종의 집단이기주의는 개인이기주의로 대체되면서 성격도 약화되고 활동 능력도 감소한다. 민족과 통합체, 집합체를 구성하던 것이 결국은 응집력을 잃어버리고 전통과 제도에 의해 얼마 동안만 인위적으로 유지되는 개인들의 군집체로 바뀐다.

이때 각자의 이익과 욕망에 따라 분열된 인간들은 더는 어떻게 스스로를 통치해야 할지를 몰라 자신들의 사소한 행동까지 지도해주기를 국가에 요구하고, 그 결과 국가는 국민에게 압도적인 영향력을 행사한다.

옛 이상이 완전히 사라지면 인종은 결국 자신의 특성을 완전히 잃어버리고 만다. 인종은 이제 고립된 개인의 무리에 불과해져서 다시 원래 상태로, 즉 군중으로 돌아가고 만다. 인종은 군중의 일관성도 없고 미래도 없는 모든 일시적 특성을 드러낸다. 문명은 이제 더는 고정성을 갖지 못하고 온갖 우연에 좌우된다. 평민이 왕이 되고, 야만인들이 득세한다. 문명은 오랜 과거가 만들어낸 외면을 가지고 있기 때문에 여전히 찬란해 보일 수 있지만, 사실 그 어느 것으로도 받칠 수가 없어서 바람만 좀 세게 불면 금방 무너져버릴 낡은 건물에 불과하다. 어떤 꿈을 추구하면서 야만 상태에서 문명 상태로 넘어갔다가 다시 이 꿈이 힘을 잃자마자 쇠락하여 멸망하는 것, 이것이야말로 민족의 생애 주기다.

1. 귀스타브 르 봉의 생애와 저서

귀스타브 르 봉은 1841년 5월 7일에 태어났다. 그의 어린 시절은 알려진 것이 거의 없다. 아버지 샤를 르 봉이 귀스타브가 태어났을 때마흔한 살이었던 것으로 미루어볼 때 꽤 늦은 나이에 아네트 트티오-데마르티네와 결혼한 것으로 추정된다. 귀스타브의 동생은 그보다 3년 뒤에 태어났다. 이 가족은 가장인 샤를 르 봉이 법원에서저당 관련 업무를 담당했기 때문에 전근이 잦아 자주 이사를 다녀야만 했다. 노장르로트루라는 곳에서 태어난 귀스타브 르 봉은 초등학교는 샤랑트 도의 퐁스에서, 중고등학교는 투르에서 다녔다.한편 그의 동생 조르주는 가업을 이어받아 1881년에 샤를 르 봉이사망했을 당시 법원에 근무하고 있었다.

귀스타브 르 봉은 의학을 공부하기로 결심한다. 그러나 그의 개인적인 삶은 알려진 것이 많지 않다. 그의 생애에 관한 자료가 매우희귀하기 때문이다. 여자 관계는 많이 있었던 것 같으나 결혼은 하지 않았고 자식들도 없었다. 후손이 없기 때문에 그의 생애를 재구성하기가 더더욱 어려워진다.

어쨌든 귀스타브 르 봉은 그의 시대 최초로 의사에서 '사회학자'로 변신하게 될 것이다. 어떻게 이런 일이 일어나게 된 것일까?

스물다섯의 나이에 의사가 된 귀스타브 르 봉은 실제 의료 행위보다는 연구에 더 관심이 많았던 것으로 보인다. 1862년에 그는 〈라 브렌느〉라는 제목으로 베리도道의 한 지역에 관한 연구논문을 발표하는데, 늪이 많은 이 지역에서 지금은 '말라리아'라고 불리는 '간헐 증상 열병'이 자주 발생했던 것이다(그 당시 많은 의사가 관심을 기울이고 있던 이 병의 병원균은 그로부터 20년 뒤에 발견된다). 다시 그는 1865년 파리에서 6개월 만에 1만 8천 명의 희생자를 낸 콜레라를 다룬 연구논문을 발표했다(1866년).

귀스타브 르 봉에게 평생 나타나는 특성은 그가 젊었을 때부터 드러난다. 학문적이건 정치적이건 간에 현실적인 문제에 관심을 갖고 자기가 끌어들일 수 있는 모든 수단 방법과 자료를 동원하여 연구하고 이를 출판한다는 것이다. 그리하여 인도의 기념물들을 연구하러 인도에 갔던 그는 콜레라에 걸렸다가 〈인도에서의 콜레라 발생〉이라는 제목의 논문을 한림원에 보냈고, 1870년에는 전투원 겸 의사로 전투에 참여하여 〈병사들과 부상자들의 실제 위생〉이라는 논문을 쓰기도 했다.

그리하여 귀스타브 르 봉은 유행에 따라 주제를 선택한다는 비난을 받기도 했다. 하지만 사실 그는 젊었을 때부터 어떤 한 가지 주제를 깊이 다루다가도 다른 관심 가는 주제를 접하게 되면 그 주제를 연구하고, 이 주제에 대한 연구가 끝나면 처음에 제쳐두었던 주제를 다시 연구하는 등 어떤 주제에 대해 평생 관심의 끈을 놓지 않는 스타일의 연구자였다. 다시 말하자면 그는 다양한 주제를 다루면서도 한 가지 주제에 깊이 천착했고, 그 많은 주제는 서로 보완적이었던 것이다.

귀스타브 르 봉은 생리학에 관심을 갖고 1866년부터 생명 및 생명과 죽음의 의학적 경계선에 관한 일련의 연구를 시작했다. 그 최초의 성과로서 피에르-아돌프 피오리가 서문을 쓴 《가사假死와 너무 이른 매장》은 귀스타브 르 봉을 문학의 영역에 입문시킨 이 시대 최고 권위의 의학서다. 이 저서는 실제로 큰 성공을 거두기도 했다. 귀스타브 르 봉은 이 책에서 '산 채로 매장당하는' 몇 가지 경우를 기술하면서 사망에 대한 심리학적 관점의 연구를 진행한다. 이 책에는 인체기관의 일시적 장애와 사망을 혼동하지 않도록 해 사망을 확실히 인지하는 방법이 소개되어 있다.

이 책의 2판이 나오자 언론은 한결같이 찬사를 보냈다. 《두 세계의 과학언론》지는 "이런 종류의 책 중에서 이렇게 큰 성공을 거둔 예는 거의 없었다"라고, 또한 《라 프랑스》지는 "이 책에서는 새로운 독창적 사상이 전개된다"라고, 《의학 사건》지는 "저자에게 오랫동안의 연구를 요구했던 이 저서는 이론의 여지 없이 이 문제에 관해 지금까지 출판된 저서 중 가장 완벽하고 정통하다"라며 감탄을 아끼지 않았다.

그 이후로 이 젊은 의사는 지적 사색에 몰두, 의학이라는 분야를 떠나 철학의 영역으로 옮겨가는 한편 이곳저곳 열심히 여행을 다닌다.

귀스타브 르 봉의 개인 노트를 보면 그가 이탈리아와 스위스, 러시아, 스페인, 튀르키예 등지를 여행했으며, 1878년도에 열린 만국박람회 조직위원회에서 받은 자격증을 보면 그가 공공교육부를 위해 일하는 '탐험가'라는 사실을 알 수 있다. 1880년에는 지리학회 회원으로 임명되기도 했다. 그리고 1886년에는 역시 공공교육부로부터 고고학 임무를 부여받아 인도와 네팔로 파견되었다. 그리고 다시 1889년에는 만국박람회 조직위원회 위원으로 임명되기도 했다.

결국 귀스타브 르 봉은 모든 분야에서 호기심을 발휘하고 다양한 분야의 교양을 쌓았으며 역사와 철학, 자연사와 법학 등 여러 학문을 공부했고 책에서 읽은 지식을 구체적이며 개인적인 차원에 적용해보려고 애쓰던 인물이었다. 다시 말해서 그는 자신이 살던 18세기 말과 19세기 초의 시대적 분위기에 어울리는 사람으로서 많은 나라를 여행하며 그 나라의 풍습이나 관례 등을 면밀히 관찰했다.

이렇게 1878년에서 1890년까지 각 나라를 여행하면서 귀스타브 르 봉의 관심사는 의학의 영역에서 사회과학의 영역으로 옮아갔다. 실제로 그는 20년에 걸쳐 생물학(더 정확하게는 생리학과 해부학)과 물리학 등 두 가지 분야의 과학연구에 몰두하며 자신의 다양한 관심사를 반영하는 수많은 저서(담배 연기라는 주제에서《빛의 투사가 가르쳐주는 역사학과 해부학》을 거쳐 자외선이라는 주제까지)를 펴낸 다음 다른 분야로 눈을 돌렸다. 그 분야는 바로 '문명화' 현상인데, 귀스타브 르 봉에게 이 단어는 두 가지 의미가 있다. 그 하나는 백과사전파들에게 물려받은 '문명화시키는 행위', 즉 '원시 상태에서 벗어나도록 하는' 행위이고, 또 하나는 '어떤 사회나 사회집단에 공통된 종교적, 도덕적, 미적, 과학적, 기술적 특성을 가진 현상들 전체'다.

의학적인 것에서 '사회적인 것', '사회학적인 것'으로의 이 같은 이행은 19세기에 탄생한 학문인 인류학을 통해 이루어졌다. 귀스타브 르 봉은 해부학을 통해서, 특히 1845년에 스웨덴의 알베르 레치우스가 뇌의 다양한 크기와 형태에 근거하여 인종을 과학적으로 분류하는 것을 목적으로 수립한 학문인 골상학을 통해서 인류학에 접근했다. 실제로 그는 1879년에 이 학문에 관한 연구서 두 권을 펴내 1880년에 한림원에서 상을 받았다.

귀스타브 르 봉은 1881년에는《현재의 인류학과 인종 연구》를, 1882년에는《인류학에서의 평균치 방법론》을 발표함으로써 해부학에서 생물학적 인류학으로 옮아갔다. 그리고 다시 대작인《인간과 사회》를 통해 생물학적 인류학에서 사회적 인류학으로 옮아갔다. 이 저서에서 귀스타브 르 봉은 특히 생물학적, 신경학적, 해부학적, 물리학적 발견들이 19세기에 '환경'을 엄청나게 변모시킴으로써 인간의 역사를 새롭게 읽을 수 있도록 해준다는 원칙에서 출발한다.

《인간과 사회》에서 귀스타브 르 봉은 이렇게 말한다. "우리의 시대는 엄청난 과학적 발견에 의해 르네상스기와 비교될 수 있다. 지금까지는 인간의 의지와 신의 섭리, 우연의 영향하에 있었던 많은 현상이 지금은 역사가들에 의해 설명된다. (…) 인간의 과학은 그것이 무엇이든지 간에 미리 짜놓은 계획에 따라 사회를 재조직하고 자 하는 모든 체계를 단죄한다. 사회는 필연적으로 살아 있는 유기체처럼 발달하며, 그 같은 발전을 자기 마음대로 조절할 수 있는 힘이 인간에게는 없다."

귀스타브 르 봉은 사회에 대한 이 같은 유기체론적 관점으로 그를 인류학에서 그가 '사회과학'이라고 부르는 것(오늘날 우리는 오귀스트 콩트를 따라 이를 사회학이라고 부른다)으로 이끌어가게 될 결론을 이끌어낸다. "통계학 연구에서 이끌어낸 예측은 사회 현상의 원인에 대한 단서를 우리에게 제공해주지 않는다. (…) 우리는 현상들의 규칙적인 반복으로부터 그것들이 지속적인 법칙에 의해 지배당한다는 결론만을 이끌어낼 수 있을 뿐이다. (…) 사회과학은 이 법칙들을 연구하는 데 몰두해야 한다."

이렇게 해서 현대 사회학의 토대가 뒤르켐 이전에 놓였다. 그런데 이 사회학이 단지 통계학에만 근거한 것은 아니었다. 귀스타브 르 봉은 그렇게 하기 위해서는 '사회과학'을 연구하고, 자연과학과 물리학, 지질학, 생물학, 비교심리학, 정치경제학, 통계학을 알아야 하며, 게다가 '여행하는 민족학자'가 되어야 한다고 주장했다.

이처럼 선언하고 난 귀스타브 르 봉은 결국 심리학이 그의 정치이론이 탄생하는 데 결정적 역할을 하게 될 것이라고 생각해 1881년에 심리학을 역사의 이해에 필요한 학문들 속에 끼워 넣었다. 이는 매우 중요한 사실이다. 이 사실은 17세기에 '영혼의 학문'으로서 형이상학에 편입되었으며 그 이후에 인류학의 한 분야로 간주된 심리학이 귀스타브 르 봉의 시대에 드디어 자율성을 획득했기 때문에 더더욱 중요하다. '의식의 사실들에 대한 내관적 분석'이라든지 '행동과 행위들의 객관적 학문'으로 정의되는 심리학은 그 당시에 두 가지 분야를 포함하고 있었다. 하나는 동물과 아이들, 원시인들, 환자들(정신병리학), 인종과 인간의 유형, 유전적 특성(유전심리학)에 관해 연구하는 비교심리학이고, 또 하나는 귀스타브 르 봉의 친구인 테오뒬 리보가 1889년 프랑스에서 처음으로 가르친 자극stimuli의 도움을 받아 실험에 근거를 두는 실험심리학이다.

귀스타브 르 봉은 역사가가 되는 데 여행이야말로 필수적인 조건이라고 생각했다. 그의 여행기에서 인용되어 심리학 연구에 도입된 기록들은 그가 보여주게 될 변화의 두 촉매 역할을 해내게 된다. 그는 현실을 관찰한다는 자신의 방법론에 충실, 매우 정교하게 만든 프로그램을 결국 완성한다. 아랍 문명을 연구하기 위해 지금의 폴란드에 있는 타트라스산에 가서 한 특수 인종을 연구하기도 했고, 아프리카의 지형학적 도면을 만들기도 했으며, 1886년에는 인도에 있는 기념물들의 명단을 작성하여 분류, 정리하는 고고학적 임무를 맡고 인도로 파견되었다. 그는 이런 여행에서 작성한 매우 완벽한 기록(데생, 사진, 기념물과 의상, 종교에 대한 매우 상세한 연구)을 토대로 1884년에는 《아랍 문명》, 1889년에는 《초기 문명》, 1893년에는 《인도 문명》 등 대작을 써냈다.

이 시기에 귀스타브 르 봉이 가장 큰 관심을 기울인 것은 바로 이 문명화의 개념이다. 특히 이 문명화라는 단어의 제1차 의미인 '문명화 행위'의 개념에 관한 연구가 인류학적인 것에서 심리학적인 것으로의 이행을 결정지었다. 이는 매우 중요한 의미를 갖는 이행으로서, 귀스타브 르 봉은 이 마지막 단계를 거친 뒤 독창성을 발휘하며 사회과학에 개인적으로 기여하게 된다. 즉 '사회심리학'의 창시자가 된 것이다.

실제로 귀스타브 르 봉은 인도와 북아프리카에서 식민지화 현상을 관찰할 수 있었다. 서로 다른 인종과 서로 다른 문명, 서로 다른 경제적 발전 단계 그리고 매우 다른 정신구조를 가진 인간들이 영국의 인도 식민지화, 프랑스의 모로코와 알제리 식민지화 과정에서 서로 맞섰다. 우리는 귀스타브 르 봉이 그 같은 대립을 목격하고 아무런 선입관 없이 그런 차이를 세심하게 관찰하면서 순전히 생리학적인 차이의 관찰에서 벗어나 한편으로는 '문명화된 것'과 '문명화되지 않은 것' 간의 심리학적 변화에, 또 한편으로는 '문명화되지 않은 사람'이 자신의 문명과 매우 멀리 떨어진 어떤 문명과 강제로 접촉했을 때 일어나는 심리적 혼란에 관심을 갖게 된다. 1889년 귀스타브 르 봉은 이 같은 변화를 드러내는 글(〈유럽의 교육과 제도가 식민지 원주민들에게 미치는 영향〉, 〈각 민족은 어떻게 자신들의 문명과 예술을 변화시키는가〉, 〈민족들의 삶에서 성격이 해내는 역할〉)을 계속하여 발표한다.

이때부터 여러 가지 성찰 요소가 결합하기 시작했다. 즉 해부학과 인류학, 통계학, 민족학 등이 심리학과 결합하여 엄격한 의미의 '대중심리학', 즉 '역사를 가진 인종'과 '민족들의 정신적 구조'를 다루는 이론의 기초를 구축한 것이다. 그는 텐과 입장을 같이하여 '문명국에 이제 더는 순수 인종은 없다'라고 말함으로써 자기들이 소위 아리아 인종을 대표한다고 주장하는 범凡게르만주의자들을 조롱했다. 그는 반대로 여러 인종이 뒤섞여 있지만 문화와 언어, 제도, 공통의 믿음으로 결속되어 매우 오랫동안 공동체를 이룬 '역사적 인종들'이 있다고 주장한다. 보다시피 이는 인종의 개념보다는 국가나 민족에 가까운 개념이다.

그리고 귀스타브 르 봉은 사상의 전파 메커니즘과 그 결과라는 문제에 매달리며, 이 문제는 그가 앞으로 쓰게 될 저서들의 중심축을 이룬다. 그리고 바로 여기서 심리학과의 결합이 이루어진다. 종교의 전도 메커니즘에 대해 성찰하던 그는 전염 과정이 전파의 기원에 자리 잡고 있다고 주장한다. 그런데 맨 처음에 예수의 열두 제자는 어떻게 확신을 갖게 되었을까? 암시에 의해서다. 어떻게 암시를 하는 것인가? 암시의 힘은 어디서 비롯되는가? "군중은 논증이 아니라 단언에 의해 설득당하며, 이 단언이 얼마나 권위를 갖느냐 하는 것은 그 단언을 발언하는 자의 위엄에 달려 있다."(《민족 진화의 심리 법칙》) 암시, 단언, 위엄. 군중의 심리학이 수립된 것이다.

물론 군중이라는 주제는 이미 다루어지고 있었다. 역사학자인 텐과 범죄학자인 타르드, 시겔레 등이 이미 군중이라는 주제를 부각시켜왔던 것이다. 그러나 텐은 '혁명을 일으키는 군중'을 비난했고, 타르드와 시겔레는 '범죄를 일으키는 군중'에 관심을 가졌다. 반면에 귀스타브 르 봉은 군중의 부정적 행위에만 관심을 갖지는 않았다. 범죄학자들과 반대로 그는 군중은 또한 영웅적인 행동도 할 수 있는 능력이 있다고 주장했으며, 그의 관심을 끈 것은 갑자기 괴물이 되어버린 이 '인간집단'이 가진 은밀한 힘이다. 그가 이 힘을 너무나 잘 분석해 보여주었기 때문에 1895년에 《군중심리》가 출간되자 수많은 이론가가 이 문제를 다루는 글을 써내고 저서를 펴냈다. 1894년에《민족 진화의 심리 법칙》을 써서 집단심리학을 탄생시킨 사람이 바로 귀스타브 르 봉이었다.

1881년도는 귀스타브 르 봉의 생애에서 전환점을 이루는 해이며, 의학과 물리학, 생물학에서 인류학으로의 점진적 변화라는 새로운 방향 전환을 이룬 해였다. 1894년은 두 번째 단계였다. 53세가 된 귀스타브 르 봉은 지적으로 원숙기에 도달,《민족 진화의 심리 법칙》을 출판하고 난 뒤에《군중심리》(1895)와《사회주의 심리학》(1898),《교육 심리학》(1902)을 연이어 출판했다.

그러고 나서는 1910년이 되어서야 다시 대작들이 출간되었다. 1910년에는《정치 심리학》이, 1911년에는 신앙의 전파와 종교의 역할을 탁월한 솜씨로 분석한《여론과 신앙》이 출판되었으며, 1912년에는《프랑스혁명과 혁명 심리학》이 출간되었다.

그런데《교육 심리학》과《정치 심리학》사이에 왜 이처럼 8년이라는 간극이 존재하는 것일까? 귀스타브 르 봉이 과학 연구를 게을리하지는 않았기 때문이다. 1899년에 브랑리와 함께 전파의 전달에 관해 연구를 하고 난 그는 방사선과 물체의 분리, 원자의 분열성에 관한 연구에 뛰어들었다. 귀스타브 르 봉이 '다른 길을 통해' 자신과 같은 결론에 도달했다고 말하는 아인슈타인의 편지를 보면 우리는 이 분야에서도 역시 그가 선구자이며 그의 과학적 작업이 무시할 수 없는 수준이었다는 사실을 알 수가 있다. 1905년에는 그의 최초의 연구 결과인《물질의 변모》가 출판되었고, 1907년에는《힘의 변화》가 출판되었으며 같은 해에 다시《물질의 출현과 소멸》이 나왔다.

　그러고 나서 그는 과학 연구를 서서히 그만두고 사회과학 연구의 길로 접어들었는데, 이는 누가 먼저 어떤 이론을 발견했느냐 하는 지루한 우선권 논쟁에 진저리를 내서이기도 했고, 자금이 달려서이기도 했다. 또한 자기가 과학 연구의 정상에 도달했다고 생각해서이기도 했고, 마지막으로는 세계의 정치적 변화에 큰 관심을 느껴서이기도 했다.

　1914년에 일어난 1차 세계대전은 귀스타브 르 봉의 생애에서 세 번째 전기를 이루었다. 르 봉의 나이는 73살이었다. 한편으로는 죽음이 가까워오고, 또 한편으로는 이 잔혹한 전쟁이 오랫동안 계속되면서 전통적인 가치들이 붕괴되며, 동시대인들이 여기에 깊은 영향을 받아 세계의 멸망을 예감하는 것을 보면서 그가 쓴 책들은 논조가 바뀌었다. 그는 자신을 둘러싼 세계의 불행에 이따금 무관심한 척하며 사회 현상을 냉정하게 분석하는 학자의 관조적 태도를 더는 취하지 않았다. 1914년에 쓰인 그의 《진실의 삶》은 가장 인간적인 책이라 할 수 있다. 죽음(그의 주변과 세계를 배회하는)이 위협함에도 희망을 가져야 하는 이유에 관심을 집중시킨 그는 종교에 대해 고통받는 자들을 위로한다는 새로운 자리를 마련해주었다. 대체로 그는 민족 집단이 절망하지 않고 살아가려면 종교적 확신을 가져야 한다고 주장하며 신앙에 대해 더 큰 정도의 관용을 보여준다. 그가 사망한 1931년(그는 90살이었다)에 쓰인 마지막 저서 《역사철학의 과학적 토대》는 일종의 과학에 의한 종교의 재평가라 할 수 있다. 귀스타브 르 봉은 또한 이 두 권의 책이 출판되는 사이에 전쟁 심리학을 다룬 두 권의 저서《유럽 전쟁의 심리학적 가르침》(1915)과《전쟁의 최초 결과》(1917)를 펴냈는데, 이 책들은 또 다른 전쟁의 발발과 독재정치의 유럽에서의 승리, 중동과 라틴아메리카, 아일랜드에서의 분쟁, 사회주의의 파급, 이슬람교의 재부흥 등을 명철하게 분석하고 예측하여 우리를 감탄시킨다.

2. 귀스타브 르 봉의 정신적 스승들과 영향의 문제

귀스타브 르 봉의 생애와 저서를 살펴봄으로써 우리는 그가 한편으로는 물리학과 생물학을 배우고 또 한편으로는 자주 여행을 함으로써 그의 '사회심리학'이 서서히 점진적으로 형성되었다는 사실을 잘 알게 되었다. 그러므로 이제는 어떤 독자나 저자가 그의 견해에 영감을 불어넣고 보완하고 구체화했는지를 알아야 한다. 그는 역사학에 열광했다. 그의 연구는 역사에 대한 성찰에서 시작되고 끝난다. 그러므로 그에게 영감을 불어넣은 저자들의 맨 앞줄에서 퓌스텔 드 쿨랑주라든가 이폴리트 텐 같은 역사가들의 이름을 발견하는 것은 자연스러운 일이다.

르 봉은 1864년에 출판된 퓌스텔 드 쿨랑주의《고대 도시》에서 "역사학은 단지 물질적 사실들과 제도들만을 연구하는 것은 아니다. 역사학의 진정한 목표는 인간 영혼을 연구하는 것이다"라는 것을 배웠고, 또한 "어떤 민족의 제도를 이해하려면 그들의 신앙을 우선 연구해야 한다"라는 것을 배웠다.

르 봉에게 인종과 환경, 순간의 중요성 및 문명에서 예술이 맡는 역할에 관한 자료를 제공해준 이폴리트 텐이야말로 그의 진정한 사상의 스승이라고 해야 될 것 같다. 특히 그는 르 봉이 행한 이론적 성찰의 최종 단계에 큰 영향력을 발휘한 것으로 보이는데, 텐의 이 이론적 성찰은 르 봉에게 이제 막 태어난 사회학과 역사학에 독창적인 시금석을 제공하도록 했다. 즉 '역사를 가진 인종'과 '민족들의 정신적 구조'의 이론(한편으로는 인종들에 대한 인류학적 연구의 결과이며 또 한편으로는 그가 여행을 하면서 각 민족의 특성을 관찰한 것의 결과인)에서 '군중심리학' 이론으로 넘어간 것이다. 실제로 텐이 1871년에 집필을 시작한《현대 프랑스의 기원》은 1893년에 완성되었다. 그런데 르 봉이 1894년도에 출판한《민족 진화의 심리 법칙》은 그가 1879년과 1893년 사이에 행했던 연구와 작업, 여행의 요약으로 보이는 반면 그보다 겨우 1년 뒤에 출간된《군중심리》는 전혀 새로운 이론적 자료들을 포함하고 있다.

무슨 일이 있었던 것일까?《민족 진화의 심리 법칙》에서 이미 귀스타브 르 봉은 심리학을 암시했다(물론 그는《인간과 사회》에서 벌써 심리학을 '사회과학'의 이해에 필요한 것으로 요약한 바 있다). 특히 그는 두 살 많은 친구로 1888년부터 소르본대학교와 콜레주 드 프랑스에서 철학을 가르치기 전에 경험심리학 연구를 계속했던 테오될 리보에게서 많은 도움을 받았다. 그러므로 르 봉이 무엇보다도 인격의 단일성이라든가 지력과 성격의 이분, 환경의 다양함이 인격에 미치는 영향 등에 대한 이론을 발전시킨 것은 테오될 리보 덕분이라고 할 수 있다. 바로 이때부터 그는 민족들의 심리 및 정신적 구조와 관련된 자신의 발견이 어떤 결과를 만들어낼지를 예상한 듯하다. 실제로 그는 이렇게 썼다. "여러 권의 책을 쓸 것이다. 민족들의 심리적 구조가 어떤 결과를 만들어내는지를 전부 다 보여주려면 역사 전체를 확연히 새로운 관점으로 조망해야 한다." 이미 그는 문명의 토대를 이루는 몇 가지 기본 법칙들은 '우리 행위의 동기들이 형성되는 감정들을 동적인 사유의 영역에서 안정적이며 무의식적인 심리의 영역으로' 이행시키면서 서서히 전파된다(이것이 그의 저서를 이끌어나가는 라이트모티프가 될 것이다)고 주장했다. 그는 군중이라는 단어까지 사용하지만 이는 가장 평범한 의미에서다. 르 봉은 군중이 이성적 사유를 하지 못하고 갑작스런 확언과 권위, 위엄을 좋아하는 경향이 있으며 감정적이다 못해 신비론적으로 행동한다고 비난하며 그들을 통치하려는 자들은 "그들의 꿈을 이해해야 한다"고 주장한다.

그러나《군중심리》에는 훨씬 더 많은 것이 있다. 군중(이 단어의 심리학적 의미에서의)에 대한 명확하고 과학적인 정의가 내려져 있고, "어떤 일정한 여건에서 (…) 인간들의 집합체는 이 집합체를 구성하는 개인들의 특성과는 크게 다른 새로운 특성이 있다. 의식을 가진 개성은 자취를 감추고, 그 집합체를 이루는 모든 단위의 감정과 생각은 같은 방향으로 향한다. 그리고 의심의 여지 없이 일시적이지만 대단히 명확한 특징을 드러내는 집단적 정신 상태가 형성된다. (…) 그런 군중은 단일 존재를 형성하며, 군중의 정신적 단일성이라는 법칙을 따른다."

그러나 르 봉은 정신적 스승인 텐에게서 깊은 영향을 받았으면서도 동시에 그를 비판한다. 즉 텐은 자기가 '박물학자'로서 프랑스의 역사를 연구하는 것이 자랑스럽다고 공언했는데, 귀스타브 르 봉은 박물학자가 훌륭한 관찰자는 될 수 있을지 모르지만 그렇다고 해도 어떤 현상의 원인을 찾아내는 일은 할 수 없다고 말하며 그를 비난하는 것이다. 텐은 세심한 연구와 지적 정직성, 정신의 명료함을 통해 자신이 혁명이라는 현상에 관심을 기울이는 관찰자라는 것을 보여주고, 특별히 대중의 행위를 명쾌하게 기술하며,《현대 프랑스의 기원》에서 프랑스혁명의 주동자들을 부추긴 것이 엄청나게 잔혹한 그 집단적 광기였다고 주장하기는 하지만 왜 그렇게 되었는지에 대해서는 거의 설명을 하지 않는다는 것이다.

행정관으로서 1900년에 콜레주 드 프랑스의 교수가 되었으며 범죄율에 대한 연구를 통해 사회과학에 도달한 가브리엘 타르드 역시 그에게 영향을 미쳤다. 사실대로 말하자면 이 두 사람은 서로에게 영향을 미쳤다고 말해야 할 것이다. 물론 르 봉은《군중심리》앞부분에서 "군중의 심리학적 연구에 몰두했던 몇 명 안 되는 저자들"인 시겔레와 타르드를 제외시키면서 군중의 범죄율과 도덕성에 관한 자신의 연구가 자기가 방금 인용한 "두 저자가 내린 결론과는 완전히 다르다"고 강조한다. 그렇다고 해서 그가 타르드가 만들어낸 '모방의 법칙'을 사용하지 않는 것은 아니다. 이 모방의 법칙은 군중심리학에 의해 변모되고 수정되어 '전염'되는데, 이는 사상과 신앙의 매우 확실한 전파 과정이며 '군중을 이룬 인간'의 심리학에 고유한 메커니즘이다. 타르드는《군중심리》에 영향을 받아 1902년에《여론과 군중》을 썼다.

어떤 책을 쓸 때 많은 사람으로부터 영향을 받는 건 당연한 일이다. 그렇지만 그중에서 눈에 띌 정도로 르 봉에게 영향을 끼친 사람을 꼽아보자면 생시몽과 토크빌, 오귀스트 콩트, 찰스 다윈, 에른스트 르낭 등이 있다. 그는 또 프랑수아 귀조, 쥘 미슐레, 아돌프 티에르, 에른스트 라비스 같은 역사가의 책도 읽었다. 지리적으로 좀 멀기는 하지만, 의학 박사이자 철학 교수, 그리고 위대한 여행가로서 《심리학의 원칙들》(1891)을 쓴 미국의 지식인 윌리엄 제임스나 작가이자 정치인, 역사가인 매콜레이, 르 봉을 존경했던 조르쥬 소렐, 친구인 마리 보나파르트의 중개로 편지를 교환한 지그문트 프로이트, '수요만찬'에 참여했던 뤼시앙 레비브륄, 앙리 베르그송도 르 봉에게 일정한 영향을 미쳤다. 물론 귀스타브 르 봉은 자기 시대의 사상을 잘 흡수했고, 그의 저서들에서는 앞서 인용한 인물들의 영향이 느껴진다. 그러나 그가 축적한 학자로서의 학식과 강한 개성은 그가 일체의 학파에서 벗어나 뛰어난 독창성을 갖춘 저서들을 쓰도록 만들었다.

3. 《군중심리》 해설

해설은 3부로 이루어지는데, 이 세 부분은 귀스타브 르 봉의 삶을 이루는 세 시기와 대체로 일치한다.

《군중심리》의 토대가 구축되는 1부는 1881~1894년과 거의 일치하는데, 이때 이미 《인간과 사회》(1881)에서 어렴풋이 엿보이기 시작한 귀스타브 르 봉의 역사적, 정치적, 사회적 관심이 수많은 여행과 독서를 통해 구체화되고 명확해지고 정교해지다가 결국 1895년 《군중심리》에서 완결된 형태로 표현되는 것이다.

군중심리학의 실제 적용을 다룬 2부는 르 봉의 완전한 성숙기와 일치하는데, 1894~1914년까지의 기간에는《군중심리》와《사회주의 심리학》,《교육 심리학》,《프랑스혁명과 혁명 심리학》,《정치 심리학》 같은 대작이 출판된다. 여기서는 군중심리가 선거에서 어떻게 작용하는가, 제도의 이론적 개념과 그 실제 기능은 왜 차이가 나는가, 혁명이나 전쟁 같은 사회적 격변은 왜 일관되게 이루어지지 못하는가, 그리고 독재정치는 어떻게 해서 자행되는가 등을 설명해준다.

마지막으로 군중심리학의 영향을 설명하는 3부는 귀스타브 르 봉의 생애 말기와 일치한다. 이때 그는 세계의 미래에 대해, 특히 전쟁으로 초토화되어 전체주의와 독재체제의 먹이가 된 유럽의 미래에 관심을 갖고 도덕이라든가 종교, 과학, 역사 그리고 결국은 문명의 미래와 의미 등 보다 더 큰 차원의 근본적인 문제들로 시야를 넓힌다.

군중심리학: 비이성적인 것의 자리

"비합리적인 것이 역사를 이끌어나가는 것을 볼 수 있는 것은 오직 책 속에서이다." 귀스타브 르 봉이 처음으로 쓴 사회과학서인《인간과 사회》는 이렇게 시작된다. 그러므로 그는 사회학자와 역사학자로서의 경력을 시작하자마자 바로 '독립적이고' '전투적이며' '스스로가 관습적인 모든 것의 적이라고 공언하는' 자로서의 명성을 확인시켜주는 것이다. 과연 '정치에는 비합리적인 부분(당분간은 다른 것으로 환원될 수 없는)이 있다'라는 그의 단언을 과소평가해서는 안 된다. 이 단언이야말로 그가 쓰게 될 책들의 라이트모티프가 될 것이기 때문이다. 실제로 르 봉은 하나의 신화를 공격한다. 대상은 그가 문명에 얼마나 중요한지를 강조하는 신화 중 하나다("역사는 오직 이 신화들만을 영구화한다"). 끈기 있게 구축되었다가 끊임없이 해체되고 다시 만들어지기를 되풀이하는 모든 정체와 제도는 바로 이 견고하게 자리 잡은 신화에 근거하고 있다.

그런데 이 신화의 초기 원칙, 즉 이성의 전지전능함이라는 신화는 18세기 이후로 문제시되지 않았다. 데카르트에 의해 이상화된 인간의 이성은 계몽주의 철학자들에 의해 시민에서 식견을 갖춘 전제군주(루소의 '입법자')에 이르기까지의 호모폴리티쿠스homo politicus를 보호하는 신이 되었다. 루소에 따르면, 국민의 대표자를 '전체 의사'로 이끄는 것은 바로 이 이성이며, 이 '전체 의사'는 '개별 의사'의 합이 아니라 인지되지 않는 막연한 실체로서 유일한 특징은 '공동의 이해에 신경을 쓰고' '공공의 이익을 지향하며' '언제나 옳다.'

법의 전지전능함과 제도의 필요라는 개념은 바로 이 같은 전제에 근거하고 있다. 즉 법과 제도는 일종의 '슈퍼 법法'이자 십계명의 근대판版이며, 선거의 아우라를 갖춘 국민 대표자들에 의해 공들여 만들어진 텍스트로서 '이성'이라는 신의 인도를 받는 것이다. 혁명의 낡은 교의는 19세기 말까지도 힘을 잃지 않았다. 그러다가 20세기 초에 프랑스의 법리학자인 카레 드 말베르그는《1922년 현재 국가에 관한 일반 이론》이라는 책에서 이 교의를 그대로 다시 취한다. "국회의원들은 전체 의사를 만들어내는 사람들이다. 그들은 전체 의사의 형성 기관으로서, 이 전체 의사는 오직 그들에 의해서만 만들어진다." 오늘날에도 여전히 의회의 다수결에 의한 결정은 바로 이 '아우라'로 둘러싸여 있다. 1982년에 어느 다수당 의원이 소수당 의원에게 했던 "당신은 정치적으로 소수이기 때문에 법적으로 틀렸다"는 말이 바로 그 점을 증명해준다. 정치 분야에서 통용되던 이 이성의 신화는 모든 제도와 교육, 식민지정책과 군사정책의 기초가 되었다. 귀스타브 르 봉은 바로 이 점을 비난한다.

귀스타브 르 봉은 우선 비합리적인 것이 '정신구조'에서 차지하는 위치를 이론적인 방법으로 결정짓는다. 유전과 '집단무의식'의 결과인 어떤 한 국민의 정신구조는 상당 부분이 비합리적인 것으로 대체된다. 그런데 이 정신구조는 이 국민의 모든 행위와 사고의 토대를 이룬다. 우리가 '이론의 전제'라고 불렀던 것이 바로 여기 존재한다. 또한 르 봉은 군중의 행위가 항상 비합리적이라고 단언한다. 왜냐하면 군중의 행위는 충동성과 돌변성 혹은 영웅적 정신 같은 새로운 특징을 본능적인 요소들에 덧붙이기 때문이다. 이것이 바로 엄격한 의미의 '군중심리학'이다.

군중 행위의 비합리적 기원

"건축가이건 문학가이건 시인이건 간에 진정한 예술가는 한 시대의 영혼을 종합하여 표현할 수 있는 마술적인 능력이 있다. (…) 예술가들은 어느 한 시대에 그들이 살고 있는 사회를 충실하게 비쳐주는 거울로서 (…) 자신들을 둘러싼 환경에 너무나 깊은 영향을 받기 때문에 그 환경의 사상과 감정, 욕구, 성향을 표현하지 않을 수가 없다. (…) 그들은 전통과 사상, 신앙으로 이루어진 망 속에 갇혀 있다. (…) 감정과 사고, 영감으로 이루어진 유산의 영향력은 매우 강력하다. 왜냐하면 그 영향력은 그들의 작품이 만들어지는 무의식의 어두운 영역을 지배하기 때문이다."

르 봉은《민족 진화의 심리 법칙》에서 인용한 이 문장이 자기 자신에게 적용된다는 생각은 안 했을지도 모른다. 자신을 '문학가'보다는 '학자'로 간주했기 때문이다. 그렇지만 이 사상가가 그 자신의 이론을 수립하기 전의 초기에 주변의 모든 사상 및 주변 사회에서 아직 태동 중에 있던 모든 사상을 흡수하도록 만들었던 메커니즘은 이 문장이 기술하는 현상과 매우 가까워 보인다. 그리하여 르 봉은 오랜 세월에 걸친 성찰과 여행, 독서 그리고 당대의 탁월한 사상가와의 만남을 통해 이론적인 토대를 세우고 그 위에 자기 자신의 군중심리학 이론을 구축했는데, 이 토대는 인종의 중요성이라든지 본능이 해내는 역할, 무의식의 우위, 문명에서 종교와 신앙이 차지하는 중요성 등 19세기 후반기에 이루어진 여러 가지 '발견들'의 영향을 받았다. 앞서 강조했던 것처럼 거기서는 다윈과 스펜서, 리보,

타르드의 영향뿐만 아니라 특히 퓌스텔 드 쿨랑주라든가 텐, 르낭 같은 역사가들의 영향이 느껴진다. 이 복합이론의 요소들을 귀스타브 르 봉이 독창적으로 만든 것은 아니다. 그럼에도 이 요소들은 흥미를 불러일으킨다. 왜냐하면 그것이야말로 군중심리학 이론의 토대를 구성하는 확신과 견해 혹은 가설을 구성하기 때문이다. 그러므로 그 요소들이 어떤 것인가를 아는 것은 매우 중요한 일이다.

주요한 세 가지 요소를 추출해낼 수 있다. 첫 번째로 합리적인 논리뿐만 아니라 생물학적인 논리, 감정적인 논리, 신비적인 논리 등 여러 가지 논리가 정신구조의 토대를 이룬다. 여기서는 무의식이 결정적 역할을 한다. 두 번째로 각 민족은 그들이 속해 있는 '역사적 인종'의 영향을 받는 어떤 특별한 정신구조를 갖고 있다. 그러므로 모든 민족에게 적용될 수 있는 어떤 정치적 모델의 합리적 구축을 배제하는 '민족들의 정신적 구조'가 존재하는 것이다. 세 번째로 사상은 합리적으로 전파되는 것이 아니라 주로 신념에 토대를 둔 느린 동화과정에 의해 전파된다. 오직 어떤 사상이 신념이 되었을 때만 그 사상이 '민족의 영혼' 속으로 침투한다.

인간 행동의 기초를 이루는 여러 가지 논리의 가설

"고상하거나 범죄적인, 능숙하거나 서투른 행위만 있을 뿐 비논리적인 행위는 없다. 이런 행위들은 서로 다른 논리에서 비롯될 뿐이다."

귀스타브 르 봉은 이성(혹은 '합리적인 논리')이 인간의 행동을 주재하는 논리 중 하나에 불과하다고 생각한다. 게다가 이성은 거의 대부분 다른 본능적, 감정적, 신비적, 집단적 논리들이 우리에게 범하라고 부추긴 행위를 사후에 정당화하기 위해 존재할 뿐이라는 것이다.

그런데 귀스타브 르 봉에게 '감정적' 논리란 무엇인가? 그는 논리는 지금까지 추리하고 증명하는 기술로 간주되었다고 말한다. 논리를 지성이라든가 상식, 판단, 토대, 동기, 정당화, 설명 등 다양한 의미로 받아들이는 것이다. 그리하여 그는 논리를 당대의 심리학자들처럼 '이러저러한 행동을 결정하는 원인들의 연쇄'로 사용한다. 이렇게 해서 르 봉은 '감정 논리'에 대해 말할 수가 있었다.

《오르가논》의 아리스토텔레스와는 다르게 19세기 말과 20세기 초의 심리학자들과 르 봉은 이제 더는 유일한 진리나 절대적 논리는 존재하지 않는다고 본다. 이제는 선험적 추리에서 출발하는 것이 아니라 행동의 관찰에서 출발해야 한다는 것이다. 그에 따르면 합리적 논리와 감정적 논리, 신비적 논리, 집단적 논리(르 봉이《군중심리학》에서 등장시키는 논리로 감정적 논리와 신비적 논리가 결합되었으며, '집단과 군중을 이룬 인간'에게 특유한 논리다), 생물학적 논리의 다섯 가지가 있다. 르 봉이 이 중에서 가장 중요한 역할을 행사한다고 생각하는 것은 생물학적 논리다. 그는 이렇게 쓴다. "다양한 인체세포들이 일체의 의식적인 참여 외에 행하는 행위들은 그 어떤 기계적 필연의 특성도 갖지 않고 일상적인 필요에 따라 달라진다. 그 같은 행위들은 우리의 행위와 매우 다르며 흔히 훨씬 더 확실한 어떤 특별한 이성에 의해 인도되는 듯 보인다." 생물학적 생활의 이 같은 행위들이 끊임없이 달라지면서 계속하여 적응한다

274

는 사실이 '이성'이나 '논리'의 존재를 가정하도록 만든다. 르 봉은 이 점을 다음과 같이 설명한다. "비상의 메커니즘과 상황에 따라 어떻게 그 메커니즘을 변화시켜야 하는지를 새에게 가르쳐주는 것이 바로 생물학적 논리다. 인간이 자신의 합리적 논리를 동원하여 새를 약간 모방하기까지에는 오랜 세월이 필요했다."

그런데 이 '생물학적 논리'와 '본능'의 차이는 무엇일까? 흔히 본능을 맹목적인 힘으로 간주하지만, 르 봉은 본능보다 더 통찰력을 발휘하는 것은 없다고 주장한다. 본능은 맹목적이지도 않고, 데카르트가 믿었던 것처럼 자동적이지도 않다는 것이다. 그런데 "데카르트의 그것처럼 순전히 기계적인 적용을 포기한다는 것은 곧 전혀 탐구되지 않은 심리생활의 거대한 영역이 존재한다는 사실을 동시에 이해한다는 것이다." 그리고 르 봉은 이렇게 덧붙인다. "그래서 우리는 이 문제를 확대하고 여러 가지 생물체들이, 인간보다 훨씬 더 열등한 동물이 하는 행동의 기원을 연구하게 되었다. (…) 오늘날의 과학은 인간이 동물들의 감정과 매우 유사한 여러 가지 감정을 표현하며, 동물들과는 지능의 우월함에 의해서만 차이가 난다는 사실을 충분히 보여주었다."

르 봉은, 동물사회를 면밀히 관찰해보면 동물들의 도덕이 인간의 도덕과 마찬가지로 생활유형과 환경에 좌우되는 하나의 필연성이라고 주장한다. 그러면서 다윈의 이론을 받아들여 꿀벌처럼 상당히 조직적인 사회생활이나 가정생활을 하는 동물들의 예를 든다. 인간과 마찬가지로 동물에게도 도덕은 집단의 결합과 생존에 필요한 속박 상태라는 것이다. 도덕은 항상 유전적 특성을 가진 어느 종과 어떤 환경의 도덕이다.

자, 이제는 르 봉이 어떻게 '감정적이며 신비적인 논리'의 역할과 관련한, 즉 무의식의 중요성과 관련한 발견들을 자신의 이론에 삽입했는지를 살펴보자. "인간은 살아가면서 그가 복종하는 다양한 외부적 필요성들 외에도 특히 두 가지 부류의 개념들에 의해 인도된다. 하나는 조상 대대로 물려받은 개념들 혹은 감정의 개념들이다. 그리고 또 하나는 획득된 개념들 혹은 지적 개념들이다. 조상 대대로 물려받은 개념이란, 태어날 때 갖고 태어났으며 행동의 주요 동기를 결정하는 무의식의 유산을 말한다. 반면에 획득된 개념 혹은 지적 개념이란 인간이 환경과 교육의 영향을 받아 획득한 개념을 말한다."《사회주의 심리학》에서 발췌한 이 문단은 르 봉이 무의식이 행사하는 역할과 관련하여 최근의 심리학적 발견에 어느 정도의 빚을 지고 있는지, 그리고 '집단무의식'과 관련하여 그의 사상과 프로이드의 사상 간에 존재하는 차이가 어느 정도인지를 보여준다.

우선 그가 심리학의 발견에 대해 진 빚에 대해 살펴보자.《사회주의 심리학》에서 무의식이라는 용어는 두 번 등장한다.《사회주의 심리학》은 1898년도에 쓰였으므로 이는 우연이 아니다. 그보다 3년 전에 프로이트는 빈에서《히스테리 연구》를 펴내어 최면술에 의한 수면이라는 방법을 이용, 환자의 정신적 과거를 탐구함으로써 히스테리를 치료할 수 있다는 이론을 소개했다. 그렇게 하면 신경증의 원인이었던 감정이 의식으로 다시 떠오르게 할 수 있다는 것이다. 이로써 프로이트는 신경증이 조직의 상해가 아니라 심리의 상해라는 샤르코의 이론을 재확인했다. 그와 동시에 미국에서는 의사이자 철학자인 윌리엄 제임스가 《심리학 개론》(1892)이라는 책에서 "무의식의 개념은 19세기의 가장 중요한 발견물이다"라고 주장했다.

르 봉은 1898년에 펴낸 《사회주의 심리학》에서 무의식의 개념을 도입했고, 1911년에 출판한 《여론과 신념》에서는 이 개념을 더한층 명료하게 드러낸다. 이 《여론과 신념》 3장은 제목이 '생명활동과 심리활동의 영역. 의식적 삶과 무의식적 삶'이다. 이 책에서 르 봉은 "이 장에서는 심리생활의 첫 단계인 정신의 무의식적 활동이 다뤄질 것"이라고 말한 뒤 "그 중요성은 매우 크다. 왜냐하면 우리 견해와 행동의 뿌리가 바로 이 영역에 존재하기 때문이다"라고 덧붙인다. 여기서 르 봉은 무의식 활동의 영역을 유기적 무의식과 감정적 무의식, 지적 무의식의 세 단계로 나누고 "무의식이 어떤 직업이나 예술의 실천뿐만 아니라 (…) 도덕이나 확신 등 다양한 현상들의 근원에 있다"고 주장한다.

그러나 르 봉은 이 무의식의 개념을 받아들이는 것으로 그치지 않는다. 이 새로운 개념을 개인뿐만 아니라 집단에도 적용하려고 시도하는 것이다. 이렇게 함으로써 이제는 르 봉이 프로이트에게 빚을 지는 것이 아니라 그 반대로 프로이트가 르 봉에게 빚을 지게 된다. 왜냐하면 르 봉의 관심사는 여전히 '행동에 영향을 미칠 수 있는가?', '행동의 동기가 무의식적인 것이라면 과연 어떻게 그 행동을 예측하고 행동에 영향을 미칠 수 있을 것인가?'라는 의문이기 때문이다.

바로 여기서 앞서 말했던 무의식 활동의 세 단계가 개입한다. "유기적 무의식과 감정적 무의식은 결국 유전에 의해 전해지는 본능을 창조해내는 반면 지적 무의식은 여전히 성향과 성벽의 형태로만 표현된다. 그리고 교육이 세대마다 이 지적 무의식을 보완해야 한다." "그러므로 교육은 지적 무의식에 상당한 영향을 미치게 된다. 지적 무의식은 무의식의 다른 형태들보다 덜 고정되어 있기 때문이다. 하지만 이미 오래전에 고정된 우리 성격의 기본요소인 감정에 대해서는 거의 영향력을 행사하지 못한다. (…) 감정적 무의식이야말로 강압적인 지배자로서 흔히 이성의 결정에 무관심하다. (…) 그렇기 때문에 책을 쓰거나 연설을 할 때는 수많은 현명한 사람들이 현실에서는 자동인형이 되는 바람에 하지 않으려 했던 말을 하고, 하지 않으려 했던 행동을 하는 것이다." 이 문장에서 우리는 르 봉이 유전적 요소에 큰 중요성을 부여한다는 사실을 알 수가 있다.

결국 어떤 한 민족은 한 개인과 마찬가지로 무의식을 가지고 있다. 그리고 이 무의식의 토대는 '유전에 의해 축적된 것들'로 이루어져 있으며, 이 축적물은 생물학적, 감정적 영역에 속해 있는 것에는 강한 영향을 미치는 반면 지적 영역에 속한 것에는 그보다 덜 영향을 미친다. 바로 여기서 르 봉과 프로이트는 결별한다. 프로이트는 엄격한 의미의 집단 무의식은 존재하지 않고 오직 개인 무의식의 합만 존재한다고 본다. 각 존재는 군중 속에서 어린 시절의 억압과 외상, 욕구불만으로 이루어진 자기 자신의 무의식적 토대를 제거한다. 르 봉의 경우, 인간이 군중 속에서 자기 자신의 억제로부터 벗어날 때 표면으로 떠오르는 것은 '유전의 토대'다. 그런데 이 유전의 토대는 무엇으로 이루어져 있을까?

집단 무의식의 가설

"어떤 민족의 역사는 그 제도가 아니라 성격, 즉 이 민족이 어떤 인종이냐에 좌우된다."

《민족 진화의 심리 법칙》에서 발췌한 이 문장에 나와 있듯이 르봉은 제도에 대해서 별다른 중요성을 부여하지 않는다. 감정적, 생물학적 논리에 좌우되는 성격은 흔히 합리적 논리에 따르는 지능과 분명히 구분된다. 그래서 같은 사람인데도 성격과 지능이 반대되는 경우가 자주 있다. 성격은 주로 유전과 무의식, 즉 '인종'에 의해 결정된다. 그리고 르 봉은 어떤 민족의 집단 무의식을 조건 짓는 것을 그 민족이 속해 있는 '역사적 인종'이라고 부른다.

르 봉은 《여론과 신념》에서 이 '역사적 인종'의 개념을 매우 분명하게 정의한다. "동일한 기원 혹은 다양한 기원(너무 멀리 떨어져 있지는 않은)을 가진 민족들이 몇 세기 동안 똑같은 믿음이나 제도에 복종했을 때 그들은 내가 '역사적 인종'이라고 부르는 것을 구성한다. 그때 이 인종은 영혼 속에 너무나 확실히 고정되어 있어 모든 사람이 이의 없이 받아들이는 공통된 사상과 감정의 전체를 도덕과 종교, 정치에서, 그리고 개인들로 이루어진 군중에 대해 소유한다."

인종의 개념은 19세기 들어 특히 역사학자들에 의해 확실히 바뀌는데, 르낭이나 텐은 이 개념을 확대하여 사용한다. 그러나 르 봉과 르낭, 텐은 "우리 문명국가들에는 더 이상 순수인종이 없다"라는 점에서는 의견을 일치시킨다. 그렇다면 르 봉의 인종 개념은 오히려 《군중심리》에도 등장하는 푸스텔 드 쿨랑주가 그의 책 《현대의 문제들》에서 다음과 같이 설명한 민족의 개념에 더 가깝다고 볼 수 있다. "인간들은 공통된 사상과 이해관계, 감정, 추억, 기대를 가질 때 자기들이 같은 민족이라고 마음속으로 느낀다." 르 봉은 실제로 이 두 용어 모두를 사용한다. 그리고 그는 '역사적 인종'과 '민족들의 정신구조'라는 개념을 토대로 자신의 이론을 구축한다.

《민족 진화의 심리 법칙》에서 르 봉은 '역사적 인종'의 형성 조건을 열거한다. 즉 숫자상으로 너무 차이가 많이 나지 않고(안 그러면 숫자가 더 많은 민족이 숫자가 더 적은 민족이나 민족들을 멸망시킨다) 거의 유사한 심리학적 특성이 있으며(잉글랜드인들과 아일랜드인들은 심리학적 특성이 너무 차이 나서 결코 융합할 수가 없었다) 매우 오랫동안 지속적인 환경에서 살고 있는 기원민족이어야 한다는 것이다. 우선 환경의 지속성은 개인적이든 집단적이든 간에 어떤 인격이 구조화되어 안정을 유지하기 위한 필요불가결한 조건이다. 즉 환경은 어떤 민족의 정체성을 유지하기 위한, 그리고 이를 통해 어떤 문명을 탄생시키기 위한 조건인 것이다. 그 반면에 '정신구조'나 '유전에 의한 축적물' 같은 개념은 좀 애매하다. 실제로 르 봉은 직관적이며 경험적인 방식으로 이 개념을 설명하며, 주로 사례를 많이 열거한다. 그런데 이런 사례들을 읽어보면 매우 적절하다는 것을 느낄 수 있다. 이 사례들은 그의 저서인 《여론과 신념》이라든가 《인간과 사회》, 《민족 진화의 심리 법칙》, 《사회주의 심리학》에 빈번하게 등장한다.

결과의 지속성은 원인의 지속성을 가정하게 한다. 그러므로 '인종'은 집단적 행동의 원인을 설명하는 가장 중요한 이유라는 것이다. 따라서 '인종'은 르 봉이 제기하는 문제들의 핵심을 이룬다. 그러나 명심해야 될 점은, 이 '인종'의 개념이 '국민'이나 '민족'의 개념과 매우 유사할 뿐《군중심리》의 여러 판본 중 하나에 서문을 쓴 클린베르그가 주장하는 대로 어떤 '인종주의적 광신'은 아니라는 사실이다. 우리는 르 봉이 아리아 인종이 세계를 지배해야 한다는 독일의 광신(히틀러가 열렬히 옹호했으며 이미 19세기 말에 수립되었던)에 어떻게 반대했는가를 검토함으로써 이 사실을 더 잘 알게 된다.

1915년에 쓴《유럽 전쟁의 심리학적 교훈》에서 르 봉은 프레데릭 2세의 프러시아에서 스당 전투까지의 독일 역사를 서술한 다음 이 나라에 대해 가차없는 판단을 내리는데, 이 같은 판단은 그 이후의 일어난 사건들에 의해 정확했던 것으로 판명난다. "힘이 생기니 자존심도 더 커져 독일은 결국 자신이 세계의 1등 민족이라고 믿게 된다. 역사학자들과 철학자들은 독일 민족이야말로 세계를 다시 탄생시키겠다는 하늘의 뜻이 운명 지운 특별한 인종이라고 독일 국민을 세뇌한다."

독일의 교의가 항상 '견유주의적이고' '축소주의적'이었다는 것을 보여주고 프러시아 군대가 전통적으로 맡았던 매우 중요한 역할과 국가의 전능, 독일인들이 기술발전을 이룩하게 했던 그들의 끈기와 복종심과 근면, 그들의 '가혹함'을 강조하고 난 르 봉은 독일의 광신에 대해 언급한다. "독일인들은 유대인들의 신비주의를

전복시켰다. 즉 바로 자기들이 선민이라는 것이다." 1911년에 쓰인
이 문장은 미래를 정확하게 예언했다. 르 봉은 1920년에 쓴《새로
운 시대의 심리학》에서도 역시 그 당시 유행하던 헥켈의 인종주의
적 이론을 반박하며 같은 주장을 되풀이한다. 그리고 이렇게 결론
짓는다. "20세기는 십자군 원정의 시대가 새로운 신앙의 이름으로
다시 시작되는 것을 보아야만 했다."

사상과 신념

"나는 역사를 살펴볼 때 인간들이 물질적 욕구를 충족시키기 위해
서보다는 사상을 위해서 죽음을 선택한 경우가 훨씬 많다는 사실
을 보여줄 기회가 자주 있었다." 귀스타브 르 봉은《정치 심리학》에
서 이렇게 강조한다. 사상의 중요성은 르 봉의 저서들에서 자주 언
급된다. 르 봉에 따르면 여러 문명은 항상 아주 적은 숫자의 기본사
상에 의해 인도되었다. "왜냐하면 사상은 오직 매우 느리게 정립된
후 사고의 유동적인 영역에서 우리 행위의 동기가 생성되는 감정
의 안정적이며 무의식적인 영역으로 내려와야만 민족들의 영혼에
영향을 미칠 수 있기 때문이다."(《민족 진화의 심리 법칙》)

이 문장은 르 봉의 사상에서 매우 중요하다. 르 봉의 독창성은 정
치에서 시간이 맡는 역할을 강조했다는 점이다. 그가 모든 것에 필
요한 이 같은 시간 개념을 갖게 된 것은 아마도 의학과 생물학 교육
을 받았기 때문이리라. 예를 들어 인체를 연구하거나 어떤 동물의
진화를 연구할 때 시간이라는 개념이 없으면 전혀 아무것도 할 수
가 없기 때문이다. 인간의 경우, 태아가 생육 가능한 어린아이가 되

려면 9개월이라는 시간이 필요하고, 정치사상이나 음악, 미술, 문학 등 모든 영역에서 새로운 사상이나 기법이 받아들여지기까지도 역시 시간이 필요하다. 예를 들면 〈공산당선언〉이 발표되고 나서 볼세비키혁명이 일어나기까지는 53년이라는 시간이 필요했다. 그사이에 무슨 일이 일어날까? 어떤 사상에 대한 신봉자들이 생기고, 그 사상은 서서히 퍼져나간다. 수차례 반복되고 재생되다 보면 다수의 정신 속으로 뚫고 들어가며, 르 봉이 말하는 것처럼 "어느 한 시대의 모든 개념과 생산물 속으로 슬그머니 미끄러져 들어가는 것이다. 사상과 그 결과물들은 교육이 우리에게 강요하며 유전으로 물려받은 상투적인 말과 생각으로 이루어진 밀집된 비축물의 일부가 된다."

그리하여 루소의 《인간불평등 기원론》은 1755년에 쓰였지만 이 평등 개념이 하나의 굳건한 신조가 된 것은 19세기 말의 일이었고, 마르크스가 설파한 '계급투쟁'의 사상은 20세기 초부터 끊임없이 되풀이되고 재고되고 가르쳐진 끝에 결국 수많은 사람들에게 하나의 현실이 되었다. 17세기에 루소와 드 스타엘 부인에 의해 전개되었고 19세기에 '아리아주의'의 형태로 이론화된 독일 인종 우월의 사상은 20세기 들어 많은 독일인에게 하나의 부정할 수 없는 현실이 되었지 않았는가?

사상은 문명과 민족 진화의 원동력이라고 르 봉은 되풀이해서 말한다. 그렇다면 이 사상들은 어디서 비롯되고 어떤 과정을 통해 민족들의 영혼에 영향을 미치는 것일까? 르 봉은 최초 사상들이 비축되어 있으며 이들이 다양한 형태로 조합되어 여러 가지 체계를 만들어낸다고 믿는다. 그러나 그는 생애 말기에 쓴 마지막 저서 《역사철학의 과학적 토대》에 가서야 기독교적 세계관에 동의하면서 천국은 곧 동물성이며, 인간을 동물성에서 벗어나도록 만든 원죄는 곧 인식의 원죄(인간들이 동물들은 태어날 때부터 알고 있는 것을 다시 배워야만 되도록 만든)라는 대담한 가설(이 가설은 생물체의 운명을 주재하는 신과 우월한 사상의 존재를 필연적으로 전제한다)을 제기한다. 그런데 이 사상의 비축량이 빈약하다면 도대체 어떻게 해서 그처럼 강력한 힘을 가지는 것일까? 르 봉은 《민족 진화의 심리 법칙》에서 이렇게 주장한다. "사상들이 이처럼 완만한 변화를 겪었을 때 엄청난 힘을 가지는 것은 이성이 더는 그 힘에 영향력을 갖지 못하기 때문이다. 설득당하여 어떤 사상(종교적인 것이건, 아니면 다른 것이건 간에)에 지배당하는 사람은 아무리 지능이 높아도 일체의 이성적 사유에 접근할 수가 없다." 이렇게 하여 사상은 의식에서 무의식으로의 이행을 통해 신조로 바뀐다.

그렇다면 신념이란 무엇인가? 르 봉은 《여론과 신념》에서 신념을 이렇게 정의한다. "어떤 믿음 행위에 의해 받아들여지는 모든 것에는 신념이라는 이름이 붙여져야 한다. 신념의 정당성이 나중에 관찰과 경험에 의해 사실로 확인되면 그 신념은 신념이기를 그만두고 지식이 된다." 다시 말하자면 신념은 사전에 검토되거나 확인되지 않은 채 인간의 정신 속으로 침투한다. 어떻게 보면 인간의 정신을 매혹시킨다고 볼 수 있는 것이다. 르 봉에 따르면, "신념이란 무의식적 기원을 가진 믿음 행위로서 우리가 어떤 사상이나 견해, 성명, 교리를 함께 받아들이도록 만든다." 또 신념은 우리의 의지와는 무관한 어떤 원인들이 만들어내는 무의식적 직관이다. "이성은 신념의 형성과 무관하다. 이성이 신념을 정당화하려고 애쓸 때 이미 신념은 형성되어 있다."(《여론과 신념》) 말하자면 신념의 과정에는 '이성'과 '의지'의 두 가지 요소가 존재하지 않는 것이다.

르 봉에 따르면, 신념은 제도의 원천일 뿐만 아니라 예술과 사랑, 일체의 창조물, 과학적 인식 등 요컨대 문명 전체의 원천이기도 하다. 그러나 그 정도에서 멈추는 것이 아니다. 신념은 이를 넘어선다. "어떤 문명을 인도하는 다양한 사상 중에서 예를 들어 예술이나 철학과 관련된 일부는 어떤 민족의 상부에 남아 있다. 특히 종교적이거나 정치적인 개념들과 관련된 또 다른 사상들은 군중의 심층 속으로 내려간다. 이 사상들은 대체로 크게 왜곡되어 거기 도착하지만, 이들이 그때 일체의 토론을 할 능력이 없는 원시적 영혼에 행사하는 힘은 엄청나다. 사상은 확고부동한 어떤 것을 표현하며, 그 효과는 그 어떤 둑도 더는 막을 수가 없는 격류처럼 격렬하게 전파된다. (…) 그때 역사를 변혁하고 오직 군중만이 완수할 수 있는 중대한 사건들이 일어난다."

드디어 군중이 등장하는 것이다.

집단 행위의 논리

귀스타브 르 봉을 유명하게 한 것은 《민족 진화의 심리 법칙》이 출판되고 나서 1년 뒤에 나온 《군중심리학》이다. 그러나 흔히 그렇듯 이 저서가 즉시 성공을 거둔 것은 아니었다.《사회주의 심리학》의 비평문은 세 편,《정치 심리학》의 비평문은 두 편이었던 반면《군중심리학》의 비평문은 한 편밖에 되지 않았다. 게다가 이 한 편의 비평문조차 그다지 호의적이지 않았다. 이 비평문을 쓴 F. 폴랑은 이 책이 시겔레(1875년에 나온《종파의 심리학》과 1892년에 나온《범죄를 저지르는 군중》)와 타르드(1890년에 출판된《모방의 법칙》과 1894년에 출판된《사회 논리》)의 이론을 모방한 것에 불과하다고 주장했다. 물론《군중심리》제1부는 매우 잘 쓰여졌다는 사실을 강조하기는 했다. 테오도르 루스벨트가 "꼭 들고 다니며 읽는다"고 말한 책 역시《군중심리》가 아니라 전해에 르 봉이 처음으로 펴낸 사회심리학 저서《민족 진화의 심리 법칙》이었다. 또한 레닌이 1895년 파리에 들렀을 때 읽은 책도 역시 이《민족 진화의 심리 법칙》이었다.

《군중심리학》은 1910년과 1930년 사이에서야 진짜 성공을 거두었다. 르 봉은 PUF 출판사가 1981년에 펴낸 재판에 다시 실은 1912년판 서문에서 자신의 이 저서가 여러 나라 언어로 번역될 것이라는 사실을 강조한다. 무솔리니와 히틀러 그리고 드골이《군중심리》를 읽은 것도 이 무렵으로 추측된다.

그런데 이 얇은 책은 왜 그처럼 큰 성공을 거둔 것일까? 이 책에서는 문장 하나하나가 중요하다. 이 책에서 전개되는 사유는 르 봉이 쓴 다른 그 어떤 책에서 볼 수 없을 만큼 간결하고 치밀하고 명확하며, 각 문장은 저자가 설명하려고 시도하는 것을 매우 잘 정의한다.

군중의 힘

르 봉에게 많은 영향을 미친 텐은 '고삐가 풀린 본능의 독재'라는 제목이 붙은《현대 프랑스의 기원》2권 3부 2장에서 군중을 이룬 사람들을 이렇게 묘사한다. "이상한 광경. 먹을 것 없이 난파한 자들 가운데서 가장 교훈적인 그들은 원시 상태로 돌아간다. 문명이 그들을 감싸고 있던 습관과 사상의 얇은 천이 갈기갈기 찢어져 그의 주변에서 나부낀다. 야만인의 아무것도 걸치지 않은 팔이 다시 나타나고 그들은 이 팔을 흔든다. (…) 그 뒤로는 동물적 욕구가 격렬하고 편협하며 때로는 잔인하고 또 때로는 괴기한 제안을 하면서 이들의 마음을 지배한다."

텐은 세 권짜리인《현대 프랑스의 기원》에서 군중을 수도 없이 등장시킨다. 그중에서 한 문단만 인용해보자.

"소요를 일으킨 인간은 동지가 된 강도들을 따라다닌다. (…) 그는 법을 두려워하지 않는다. 법을 폐지한 것이 바로 그 자신이기 때문이다. (…) 옛 문명에 의해 진정되고 길들여진 농민과 노동자, 부르주아 등이 어느 날 갑자기 훨씬 더 사악한 야만인, 원시동물, 피를 좋아하는 음란한 원숭이가 되어 히죽거리며 죽이고 자기가 만들어놓은 쓰레기 위를 껑충거리며 뛰어다닌다."

파리 코뮌 당시 관찰했던 것을 통해 군중이 어떤 식으로 행동하는지를 잘 알고 있던 귀스타브 르 봉은 텐의 글을 읽고 거의 결정적이라고 할 정도의 영향을 받았다. 개인적인 관찰과 연구, 여행을 통해 르 봉은 어떤 하나의 민족은 특별한 정신구조를 가지고 있으며, 이 정신구조는 그 민족을 구성하는 인종적 기본 구성요소들과 그 민족의 역사에 의해 결정된다는 결론에 도달하게 된다. 이 두 가지 요소가 결합하여 르 봉이 큰 중요성을 부여하는 '유전에 의한 축적물'을, '선조에게 물려받은 것들의 중층'을 만들어내는 것이다.

그러므로 어떤 민족의 행동은 평상시에는 매우 안정되어 있다. 그렇지만 문명은 완벽해지는 방향으로든, 아니면 파괴되는 방향으로든 끊임없이 움직인다. 행위를 만들어내는 사상은 그 문명 안에서 순환한다. 어떤 민족은 어떻게 사상가들의 뇌에서 나온 사상들을 통합하는가? 그리고 그들은 왜 시간 간격을 두고 그 사상들을 통합하는가? 앞에서도 말했듯이 이 사상들은 군중의 영혼까지 내려와 감정적인 혹은 신비적인 가치를 띠게 되면 일체 의문시되지 않는다. 군중은 이 과정에 이미 존재하고 있다. 그러나 그들은 여기서 요컨대 '소화시키는 역할'밖에는, 말하자면 수동적인 역할밖에는 하지 못한다. 군중은 자신들의 내부에서 천천히 퍼져나가는 사상들을 조금씩 동화시킨다. 그러면 이 사상들은 특별한 힘을 갖게된다. 르 봉은 텐의 매우 강력하고 인상적인 글들을 읽으면서 군중이 사상을 받아들여 전파하는 느리고 완만한 방식과 그 반대로 그들이 평상시와는 다르게 갑작스럽고 재빠르게, 그리고 난폭하게 폭발하여 행동하는 방식을 연결해야만 했다. 결국 그는 이 '떨어져 나간 고리'를 다시 발견했으며, 이 '고리'는 《군중심리》 머리글에 나와 있다.

"유전에 의해 모든 개인에게 부여되는 공통적인 특성 전체가 이 인종들의 영혼을 구성한다. 그러나 이 개인 중 상당수가 모여 군중을 이루어 어떤 행동을 하는 걸 관찰해보면 그들이 서로 접근했다는 사실 그 자체로부터 몇 가지 새로운 심리적 특성이 생겨나고, 이 새로운 특성들은 그 인종의 특성에 덧붙여지기도 하지만 때로는 그와 매우 큰 차이를 보이기도 한다."

바로 여기서 르 봉의 사상이 시작되어 변화하기 때문에 이는 매우 중요한 주장이다. 하지만 그전에 짚고 넘어가야 할 르 봉의 문장이 하나 있다. "조직된 군중은 민족들의 삶에서 항상 매우 중요한 역할을 담당해왔다. 그러나 그 역할이 오늘날만큼 중요했던 적은 없다. 개인의 의식적 활동이 군중의 무의식적 행위로 대체되는 현상은 현시대의 주요한 특징 가운데 하나다." 그러나 역사를 살펴보면 군중의 중요성이 완전히 새로운 것은 아니다. 예를 들어 아테네 군중은 그 점을 보여주는 하나의 예가 될 수 있을 것이다.

《군중심리》가 출판된 1895년은 1789년의 프랑스혁명과 1848년 혁명, 파리코뮌의 충격이 아직 완전히 가시지 않은 때였던지라 군중의 이미지가 여전히 매우 강렬하고 부정적으로 남아 있었다. 그래서 1895년에 나온 《사방으로 뻗어나가는 도시들》이라는 책에서 에밀 베르아렌은 이렇게 쓴다. "오, 군중의 수치와 범죄가 꼭 거친 파도처럼 도시 위를 지나가네……." 민주주의를 옹호했던 라마르틴조차도 "저 군중은 영혼이 없는 대규모 군중이다!"라고 썼으며, 빅토르 위고도 1872년에 "오, 나의 정신이여, 군중에게 아첨하려 하지 마라! 오! 백성들은 위에 있지만 군중은 아래에 있다"라고 썼다.

르 봉의 장점은 앞선 사람들의 이 같은 관점에서 탈피하고, 프랑스혁명의 엄청난 충격으로 인한 여파라고 볼 수 있는 군중에 대한 이러한 부정적 관점에서 벗어났다는 것이다. 군중은 물론 범죄를 저지를 수 있다. 하지만 그들은 또한 영웅적인 행동도 할 수가 있다. 그들은 그 자체로는 좋지도 않고 나쁘지도 않다. 군중은 만들어진다. 쉽게 암시를 받고 '지도자'에게 복종하기 때문이다. 군중은 용맹한 우두머리가 이끌면 영웅적인 행동을 할 수가 있지만 강도가 이끌면 살인도 저지를 수가 있다. 똑같은 에너지가 높은 이상에 봉사할 수도 있고 비열한 파괴 행위에 복종할 수도 있다는 것이다.

이 점에 있어 귀스타브 르 봉의 새로움이란, 심리학이 새롭게 발견한 내용을 토대로 위대한 지도자들이 항상 본능적으로 느끼고 실행에 옮겼던 것(위엄과 실례의 사용, 개인들의 감정보다 훨씬 덜 복잡하며 공포라든지 감탄, 증오 혹은 사랑 등으로 요약될 수 있는 군중의 감정을 자유자재로 가지고 노는 방법)의 메커니즘을 밝혀내고 이를 구성하는 요소들을 분석했다는 점이다. 마키아벨리가 군주를 위해 한 작업(권력의 행사가 어떻게 한 개인의 개성을 변화시킬 수 있는가?)을 르 봉은 군중을 위해 한 것이다. 군중을 이룬다는 사실은 일시적이지만 매우 현실적이며 군중의 행위를 좌우하게 될 '정신적 통일성'이 창조될 때까지 어떻게 개인들의 개성을 변화시킬 것인가? 르 봉은 바로 이 점을 우리에게 설명할 것이다.

군중을 이룬 인간의 심리

"'군중'이라는 단어는 일반적으로 국적과 직업, 성별을 불문하고, 또한 그들이 어떤 우연한 계기로 모였든지 상관없이 어떤 개인들의 집합을 의미한다. 심리적 관점에서 보면 '군중'이라는 표현은 전혀 다른 의미를 띤다."

《군중심리》제1장은 이렇게 시작된다. 이 책의 주제가 바로 제시되는 것이다. 르 봉은 '군중'이라는 단어의 의미를 이 책이 끝날 때까지 심리학적 의미로 사용할 것이다. 르 봉은 다음의 문장에서 이 용어의 의미를 명확히 밝힌다. "어떤 일정한 여건에서, 그리고 오직 이런 여건에서만 인간들의 집합체는 이 집합체를 구성하는 개인들의 특성과는 크게 다른 새로운 특성이 있다. 의식을 가진 개성은 자취를 감추고, 그 집합체를 이루는 모든 단위의 감정과 생각은 같은 방향으로 향한다. 의심의 여지 없이 일시적이지만 대단히 명확한 특징을 드러내는 집단적 정신 상태가 형성된다. 나는 더 나은 표현을 찾아내지 못했으므로 이 집단을 '조직된 군중'이라고 혹은 '심리적 군중'이라고 부를 것이다. 그런 군중은 단일 존재를 형성하며, 군중의 정신적 단일성이라는 법칙에 따른다."

그렇다면 이 여건은 무엇인가? 그냥 많은 숫자가 한 장소에 모여 있기만 하면 되는가? 아니다. 르 봉은 계속해서 이야기한다. "수많은 개인이 우연히 한자리에 모여 있다는 오직 한 가지 사실로만, 조직된 군중의 특성을 획득하지 않는다는 것은 분명한 사실이다. 아무 목적 없이 우연히 광장에 모인 수많은 개인은 심리적 관점에서 볼 때 결코 군중을 구성하지 못한다."

반대로 "수천 명의 고립된 개인들이 특정한 순간에 어떤 격렬한 감정에 휩싸여[예를 들면 국가적 차원의 중대 사건이 났을 때] 심리적 군중의 특성을 획득할 수 있다. 그때 어떤 우연이 그들을 결합하기만 하면 그들의 행위는 즉시 군중의 행위 특유의 특성을 띤다. 대여섯 명만 모여도 심리적 군중이 조직될 때가 있는 반면 몇백 명이 우연히 모였는데도 구성되지 않을 때가 있다. 다른 한편으로 어떤 국민이 평소에는 눈에 띄는 집합체를 형성하지 않지만 어떤 영향을 받아 군중으로 변할 수 있다." 그러므로 숫자는 심리적 군중의 특성이 아니다. 왜냐하면 "대여섯 명만 모여도 심리적 군중이 조직될 수 있기" 때문이다. 같은 장소에 모여 있는 것 역시 심리적 군중의 특성이 아니다. 그렇다면 군중을 만드는 여건은 무엇일까?

"그들이 군중의 특성을 획득하려면 반드시 어떤 자극제의 영향을 받아야" 한다. 어떤 자극제, 어떤 격렬한 감정, 국가적인 중대사, 이런저런 영향, 그리고 대여섯 명에서 수백만 명까지 일정한 숫자의 개인들이 심리적 군중을, 즉 정신적 통일성을 갖춘 집단존재를 이룬다.

이 정신적 통일성의 토대는 무엇일까? 우선 군중을 구성하는 개인들이 거기서 태어나는 민족의 '정신구조'다. 이것은 군중 '구조화'의 1단계이며, 르 봉이 오늘날에 지속적으로 관찰되는 것 같은 (유럽 의회라든가 유엔 같은) 서로 다른 민족들에 속한 개인으로 구성되는 군중에 대해 말하는 게 아니라는 사실을 명심해야 한다.

왜 정신적 구조인가? 왜냐하면 "특히 어떤 인종의 정신 상태를 구성하는 무의식적 요소들 때문에 이 인종에 속하는 모든 개인이 흡사한 것이며, 그들이 차이를 보이는 것은 교육의 결과인 의식적 요소들과 특히 특별한 유전 때문이다. 지적으로 매우 큰 차이를 보이는 사람들도 아주 비슷한 본능과 정념, 감정을 가질 수 있다. 종교와 정치, 도덕, 애정, 혐오감 등 감정의 소재를 이루는 모든 것에서, 유능한 인간이 평범한 개인의 수준을 넘어서는 일은 매우 드물다. 지적 관점에서 보면 위대한 수학자와 그가 신을 장화를 만드는 사람 간에는 깊은 심연이 존재할 수 있겠지만, 성격의 관점에서 보면 그 두 사람의 차이는 대단히 미미하거나 아예 존재하지 않을 수도 있다. 그런데 어떤 한 인종에 속하는 정상적인 개인들 대부분은 무의식의 지배를 받는 이런 성격상 특징을 거의 동등한 정도로 가지고 있으며, 군중은 이 성격상 특징을 공유하게 된다."

우리는 인격에서 이루어지는 성격과 지성의 분리, 어떤 한 민족이 축적하는 유전적 중층으로 이뤄지는 집단 무의식의 존재, 성격이 형성되는 과정에서 신념이 차지하는 중요성, 합리적인 논리에 대한 감정적, 신비적 논리의 우세함 등 르 봉 특유의 주제들에 이미 익숙해져 있다.

이 공통의 토대, 이 '집단 무의식'은 흔히 각 개인의 특징과 그의 유전, 그가 받은 교육, 그가 처한 환경에 의해 은폐되어 있다. 그러나 개인들이 모여 군중을 이루면 의식을 가진 인격은 모습을 감추고 이 집단무의식이 적나라하게 드러난다. 그러나 그게 전부가 아니다. '군중의 영혼'은 '집단의 구성'에 따라 변하기도 하지만 또한 '그것이 받는 자극의 성격과 정도에 따라' 변하기도 한다.

첫 번째 자극은 숫자에 의해 이루어진다. 그런데 '숫자가 많다는 사실' 한 가지만으로도 개인은 군중 속에서 "자기가 무소불위의 힘을 가졌다고 생각한다는 것인데, 이 무적의 힘은 개인이 혼자 있을 때는 억누를 수밖에 없는 본능을 추구하도록 해준다. 개인은 군중이 익명이 되고 그 결과 무책임해져 항상 개인을 제지하는 책임감이 조금씩 사라져버리면 버릴수록 본능을 점점 덜 억제하게 될 것이다."

자극제로 작용하는 이 두 가지 감정(힘을 가졌다는 감정과 책임을 지지 않아도 된다는 감정)에 르 봉 이전에 타르드가 밝혀냈던(타르드는 전염이 군중의 한 가지 특징이 아니라 그들이 하는 행동의 일반적인 법칙이라고 주장했다) 군중 고유의 현상이 덧붙여지는데, 바로 전염이다. 공포는 전염된다. 누구든지 이 사실을 알고 있으며 이를 직접 겪어보기도 했다. 분노와 열정, 사랑, 증오도 전염된다. 군중을 구성하는 개인들이 가까우면 가까울수록 이 현상은 더욱더 민감하게 느껴진다.

"일체의 감정과 행위는 군중 사이에서 쉽게 전파되는데, 개인이 집단의 이익을 위해 자신의 개인적 이익을 아주 쉽게 희생할 정도다. 이는 개인의 본성과는 완전히 상반되는 능력으로서, 그가 군중의 일부를 이루지 않을 때는 거의 발휘할 수가 없다."

이 두 가지 내적 자극제 외에 외적 자극제가 있는데, 바로 암시다. 르 봉은 어떤 한 개인의 최면 상태와 여러 의식 수준에 관한 샤르코와 프로이트의 연구를 활용하여 군중은 또한 쉽게 암시를 받기도 한다고 주장한다. "오늘날 우리는 한 개인이 여러 과정을 거쳐 그 같은 상태에 놓일 수 있다는 것을, 의식하는 개성을 송두리째 잃어버린 채 개성을 박탈한 조작자의 모든 암시에 순종하고 자신의 본래 성격이나 습관과는 아주 다른 행동을 한다는 사실을 알고 있다. 그런데 매우 신중한 관찰의 결과, 행동하는 군중 속으로 뛰어든 개인이 얼마 지나지 않아 군중이 발산하는 활기라든지 우리가 알지 못하는 전혀 다른 원인에 이끌려 어떤 특별한 상태[최면에 걸린

개인이 최면을 건 사람의 손에서 놀아나는 매혹의 상태와 매우 흡사한]
에 빠져든다는 사실이 드러났다. 최면에 걸린 사람의 경우 뇌가 마
비되기 때문에 그의 척수[최면을 거는 사람이 마음대로 조종할 수 있
는]가 벌이는 무의식적 활동의 노예가 되고 만다. 의식하는 개성은
완전히 소멸되고, 의지와 분별력도 상실되고 만다. 모든 감정과 생
각은 최면을 건 사람이 결정한 방향으로 향한다.

심리적 군중에 속한 개인의 상태가 이와 흡사하다. 이런 상태의
개인은 자신의 행동을 더는 의식하지 못한다. 최면에 걸린 사람처
럼 그의 어떤 능력들은 파괴되지만, 동시에 또 다른 능력은 극도로
고양될 수 있다. 그는 암시의 영향을 받아 저항할 수 없을 만큼 격
렬한 충동에 휩싸여 어떤 행위를 하게 될 것이다. 이런 충동은 최면
에 걸린 사람보다는 군중 사이에서 더욱 강력한 위력을 발휘한다.
왜냐하면, 모든 개인에게 똑같이 작용하는 암시가 상호적인 것이
되면서 한층 더 강력해지기 때문이다."

결론이 내려진다. "그러므로 개인은 조직된 군중의 일부라는 사
실만으로도 문명의 사다리를 몇 단계나 내려간다. 고립되어 있었
다면 교양 있는 개인으로 남을 수 있었던 개인도 군중이 되면 야만
인이 되어버리고 만다. 즉 본능에 따라 행동하는 인간으로 전락하
고 마는 것이다. 그런 개인은 무의식성과 폭력성, 잔인성을 지녔을
뿐만 아니라 원시적인 존재처럼 열광하며 때로는 영웅적 행위를
하기도 한다."

그러나 그게 전부는 아니다. 개인의 심오한 개성은 일시적으로
변모되어 "구두쇠가 낭비가로, 회의론자가 신앙인으로, 정직한 사

람이 범죄자로, 겁쟁이가 영웅으로 변한다." 그 같은 실례는 얼마든지 있다. "법정의 배심원단은 개인적으로는 찬성하지 않을 평결을 내리고, 국회의원들도 국회를 구성하는 의원들 각자가 개인적으로는 반대할 법안이나 정책들을 채택한다." 국민공회 의원들도 마찬가지다. "개별적으로는 온순한 습성을 지닌 부르주아지들"이었던 그들은 일단 모여 군중이 되자 "가혹하기 짝이 없는 법안들도 서슴없이 지지했고, 누가 봐도 결백한 개인을 가차없이 단두대에 세웠으며, 자신들의 이익에 어긋나는 것도 아랑곳하지 않고 자신들의 면책특권을 포기하는가 하면 자신들에게도 10분의 1세를 부과했다." 귀족들이라고 해서 예외는 아니다. 그들은 "저 유명한 1789년 8월 4일 밤 열광의 도가니에 휩싸여 자신들의 특권을 모두 포기하는 데 동의"했는데 "만일 군중이 아닌 개인을 상대했다면 절대 그런 제안을 받아들이지 않았을 것이다." "군중을 이룬 인간들"은 항상 이런 식이다. "어떤 신앙이나 사상의 승리를 위해 죽음조차 불사한 것도 군중이었고, 명예와 영광에 열광한 것도 군중이었으며, 십자군 원정 때 그랬던 것처럼 이교도들로부터 신의 무덤을 지키기 위해 혹은 1793년에 그랬던 것처럼 조국을 수호하기 위해 식량이나 무기 없이 싸운 것도 역시 군중이었다."

프로이트와 르 봉은 한 가지 점에 완벽하게 의견을 일치시킨다. 즉 군중을 이룬 인간의 심리가 일반심리에 비해 퇴행했다고 생각하는 것이다. 즉 최초 단계로 퇴행하여 인간이 암시를 더 잘 받고, 모방을 더 잘하고, 더 충동적이고 폭력적으로 되었다는 것이다. 반대로 뒤르켐은 감정이 이성이나 충동성, 성찰보다 우세한 불변의 법칙이 집단심리학에서 도출될 수 있다는 주장을 거부한다. 《자살론》에서 뒤르켐은 군중 내부의 '전염'에 대해 말하는데, 여기서도 여전히 이성이 발휘된다고 주장하면서 군중을 여러 범주('어떤 이상을 결합하는' 군중, '물질적이거나 도덕적인 제약의 존재 혹은 어느 사회의 문화적 실천에 순응하고자 하는 욕망에 대한 인식'을 통해 모방하는 군중 그리고 '기계적이고 무의식적이며 우스꽝스런 몸짓'이 드러나 보이는 군중)로 나눈다.

그러나 르 봉은 모든 군중이 쉽게 암시를 받으며, 그들의 구조화 수준에 따라 여러 단계로 '심리학적 군중'의 특징을 나타낸다고 주장한다. 그의 관심을 끄는 것은, 군중이 어떤 메커니즘을 통해 행동하도록 인도되는가를 분석하는 일이다. 지도자와 군중 사이에 발생하는(혹은 발생하지 않는) 이 마술은, 이 미묘한 화학적 반응은 도대체 무엇이란 말인가?

군중 조작의 열쇠

르 봉은 《군중심리》 제2장에서 군중을 이룬 인간을 어린아이에 비유한다. "우리는 군중의 특성 가운데 충동성이라든가 과민성, 추론 능력 결핍, 판단력과 비판정신의 부재, 감정 과잉 등의 특성이 있고, 또한 여성이라든지 미개인, 어린이같이 열등한 진화 유형에 속하는 인간을 관찰해도 역시 발견되는 또 다른 특성도 있다는 사실에 주목할 것이다." "군중의 행동은 두뇌의 영향보다는 척수신경의 영향을 훨씬 많이 받는다. 군중은 그 점에서 완전히 원시적 존재에 가까워진다. 실행된 행동은 실현이라는 측면에서는 완벽할 수 있지만, 뇌가 그런 행동을 이끌어가지 않기 때문에 개인은 자극의 우연에 따라 행동한다. 군중은 외부에서 가해지는 모든 자극의 노리개이며, 끊임없이 등장하는 자극의 변이를 반영한다. 그래서 군중은 충동의 노예다. 고립된 개인도 군중을 이룬 개인이 반응하는 것과 똑같은 자극에 반응할 수 있다. 그러나 그의 뇌가 그 같은 자극에 반응하는 데 따른 위험을 그에게 보여주기 때문에 그는 그 자극에 반응하지 않는다. 이 사실을 생리학적으로 표현하자면, 고립된 개인은 자신의 반사적 행동을 자제할 능력을 가졌지만 군중은 그런 능력을 갖추지 못했다.

군중이 따르는 이 여러 가지 충동은 자극에 따라 관대하거나 잔인해질 수도 있고 영웅적이거나 비겁해질 수도 있다. 그러나 그 충동들은 항상 지나치게 강압적이어서 개인의 이해관계나 자기보존에 관한 관심도 그 충동을 이겨내지는 못할 것이다."

어린아이처럼 군중도 자신의 욕망과 그 욕망의 실현 사이에 장애물이 존재한다는 사실을 인정하지 않으며, 숫자가 저항할 수 없는 힘을 자신에게 부여한다는 감정을 불러일으키기 때문에 더더욱 그렇다. 군중을 이룬 개인은 불가능의 개념을 더 이상 갖지 않는다.

이렇게 기술된 군중이 쉽게 암시받게 될 것이라는 건 분명한 사실이다. "아무리 객관적인 군중이라도 대개는 뭔가 기대를 하고 주의를 기울이게 되기 때문에 암시하기가 쉬워진다." 암시는 모든 뇌에 대한 전염에 의해 강요되고, 사상은 재빨리 행동으로 변화되는 경향을 보여준다.

행동을 유발하는 이 사상은 논거를 제시하거나 근거를 갖거나 사실로 확인해야 할 필요가 없다. 왜냐하면 비판정신을 갖추지 못한 군중은 쉽게 믿어버리기 때문이다. "군중은 이미지를 통해 생각하며, 일단 머릿속에 떠오른 이미지는 그와는 아무런 논리적 연관성도 없는 다른 이미지를 연이어 상기시킨다. 우리가 어떤 사실을 마음속에 떠올림으로써 이따금 사로잡히는 이상한 관념의 연속을 생각해보면 이런 상태를 쉽게 이해할 수 있을 것이다. 이성은 그렇게 상기된 이미지들의 일관성이 없다는 것을 우리에게 보여주지만, 군중은 그런 사실을 알지 못한다." 요컨대 이성이 잠들어 있는 꿈 상태나 몽상 상태에서는 이미지들이 논리적인 관련성 없이 연속된다. 그리고 르 봉은 자기가 1870년에 직접 겪은 일화를 들려준다. "파리가 프러시아의 포위공격을 받는 것을 본 사람들은 군중이 이처럼 전혀 있을 법하지 않은 일에 속아 넘어가는 사례를 무수히 목격했다. 어느 건물 위층에 켜진 촛불을 몇십 킬로미터나 떨어진 곳에서 본다는 게 애당초 불가능한 일이라는 건 잠깐만 생각해보면 너무나 분명한 사실이었는데도 이것이 파리를 포위한 프러시아 군에게 보내는 신호라고 단정 지었던 것이다."

학자들이라고 해서 나을 건 없다. 오직 군중을 이루었다는 한 가지 사실로 다른 사람들과 똑같은 환상과 환각에 빠지기 때문이다. 그러고 나서 르 봉은 군중의 맹신을 보여주는 여러 가지 실례를 들어 보인다. 사고 이후의 증언이라든가 시체의 신원 확인, 죄인이나 기적을 대했을 때 그 효과가 발휘되는 현상으로 르 봉은 그 같은 현상을 집단환각과 동일시한다. 뭔가를 보았다고 믿는 감수성 예민한 사람 한 명만 있으면 된다. 그 나머지는 전염이 알아서 한다. "이 같은 신원 확인이 거의 여성이나 어린아이들에 의해, 즉 정확히 말하면 가장 예민한 감수성을 지닌 존재에 의해 이루어진다는 사실은 주목할 만하다."

여기서 '대중의 마키아벨리'라는 별명으로 불렸던 르 봉의 중심개념들을 추출해보자. 첫 번째 중심개념은 군중이 요컨대 이성이 마비된 상태에 처해 있기 때문에 오직 이미지를 통해서만 생각한다는 사실이다. 그러므로 군중의 상상력을 자극해야 한다.

르 봉은 이렇게 말한다. "군중에게 어떤 사상이 암시되든지 간에 그 사상은 매우 절대적이고 단순한 형태를 지녀야만 우세해질 수 있다. 따라서 그 사상은 이미지화 되어 나타나는데, 이런 모습을 해야만 대중에게 접근할 수 있기 때문이다." 르 봉은 이 같은 주장을 '군중의 상상력'이라는 제목의 문단에서 더한층 발전시킨다. "추론할 수 없는 사람들의 경우와 마찬가지로 군중의 표상적 상상력은 매우 강력하고 무척 활동적이며 깊이 감동한다. 어떤 인물이나 사건, 사고가 그들의 마음에 환기한 이미지는 거의 현실만큼이나 생생하다. 군중은 잠자는 사람이랑 비슷하다. 잠을 자는 동안에는 이성을 발휘할 수 없어 강렬한 이미지가 그의 머릿속에 출현한다. 만일 성찰로 이어질 수만 있다면 그 이미지는 순식간에 사라져버릴 것이다. 하지만 군중은 성찰이나 추론할 능력이 없으므로 사실 같지 않은 일을 체험하지 못한다. 그런데 군중에게 가장 큰 인상을 주는 것 역시 도저히 일어날 법하지 않은 일이다."

그러므로 이미지를 만들어내는 단어를 사용해야 한다. 하지만 그게 전부는 아니다. "군중의 상상력을 감동시키는 모든 것은 일체의 부차적인 해석이 필요하지 않거나, 아니면 어떤 경이롭고 신비하기 그지없는 몇 가지 사실을 동반하는 강렬하고 매우 선명한 이미지의 형태로 나타난다. 예를 들자면 위대한 승리라든지 엄청난 기적, 흉악한 범죄, 거창한 희망 같은 것이다." "단 한 건의 흉악 범죄나 대형 사고는 비록 사소한 사건 백 건이 초래한 피해를 합한 것보다 훨씬 미미한 피해를 초래할망정 군중의 상상력에는 엄청난 충격을 가할 것이다." 그러므로 단순하면서도 강렬한 이미지를 사용해야 하는 것이다.

그러나 군중을 유혹하고 군중이 움직이게 할 수 있는 것은 또한 군중을 길들이고 군중이 하려고 하는 행동을 못 하도록 만들 수도 있다. 그러므로 군중이 분노할 때는 그들을 논리적으로 설득하려 하지 말고 그들을 진정시킬 수 있는 이미지를 그들에게 분노를 불러일으킨 이미지와 대립시켜야 한다(이 같은 방법은 어린아이에 대해서도 매우 유용하게 쓰일 수 있다. 아이가 화가 나 있거나 혹은 갖고 놀면 안 되거나 위험한 장난감을 갖고 놀 때는 새 장난감을 보여주는 것이다).

사용되는 이미지는 단순하고 강렬해야 한다. 또한 감정에 호소해야 하지만 부드럽거나 약한 감정에 호소해서는 안 된다. 황색언론은 자기네들의 신문에 싣는 센세이셔널한 뉴스가 비논리적일 뿐만 아니라 사실이 아닌데도 충실한 독자가 되어주는 군중의 결점에 대해 잘 알고 있다. 두려움의 과잉과 '인정'의 과잉이 동시에 독자들을 유혹한다. 군중에게 소개된 사상이 이미지를 만들고, 암시된 이미지는 강렬하고 단순하며 폭력이라든지 증오 혹은 그 반대로 극단적인 미덕이라든지 '열정적인 사랑' 등 과잉된 감정에 호소해야 한다. 또한 사상은 절대적이어야 하고, 그 어떤 제약이나 뉘앙스도 그 사상을 완화해서는 안 된다. 왜냐하면 사상이 절대적이어서 군중 역시 권위적이고 비관용적이기 때문이다. 군중에게 절대적인 진리로 소개된 것은 영원히 절대적인 진리로 남게 될 것이다.

'군중에게 영향을 끼치는 방법'을 다루는 르 봉 이론의 두 번째 강점은 그가 단어의 힘에 관해, 그리고 단어를 잘 선택하고 확언하고 반복해야 될 필요성에 관해 행한 분석이다. 단어들이 군중에 대해 가지는 힘은 실제로 이미지의 힘에서 비롯된다. "지금까지 단어와 문구의 위력에 희생된 인간들의 뼈만 쌓아올려도 이집트 쿠푸왕보다 훨씬 높은 피라미드를 건설할 수 있을 것이다." 그러므로 단어들을 신중하게 선택해야 한다. 단어의 의미는 중요하지 않다. 단어의 감정적, 정동적 부하와 환기력을 측정하는 것이 중요하다. 르 봉은 여기에 대해 이렇게 말한다. "단어의 위력은 단어가 상기하는 이미지와 밀접한 관계가 있을 뿐, 단어가 실제로 갖는 의미와는 전혀 관련이 없다. 그 의미를 규정하기가 결코 쉽지 않은 단어가 때로는 가장 큰 영향력을 발휘한다. 예를 들자면 민주주의와 사회주의, 평등, 자유같이 막연하여 아무리 두꺼운 책으로도 그 의미를 정확하게 규정하기 어려운 단어가 그렇다. 그러나 꼭 그 단어들이 모든 문제를 해결해주는 열쇠라도 되는 것처럼 마술적인 힘이 그들의 음절에 달라붙는다. 그런 단어들은 가장 다채로운 무의식적 욕망과 그 욕망들이 실현되리라는 희망을 종합한다."

르 봉은 계속 이어서 말한다. "이성과 논증은 어떤 특정한 단어와 문구에 맞설 수가 없다. 이런 단어와 문구를 군중 앞에서 엄숙하게 발설한다고 치자. 그 즉시 군중은 존경심이 가득한 표정으로 머리를 조아린다. 많은 사람은 이를 자연의 힘이나 초자연적인 위력으로 간주한다. 이런 단어와 문구는 사람들의 정신 속에 웅대하고 모호한 이미지가 떠오르도록 하지만, 그 모호함이 바로 단어와 문구의 신비한 힘을 만들어낸다."

다만, 단어를 구사할 때 신중을 기해야 한다. 왜냐하면 "단어가 환기하는 이미지는 단어의 의미와 무관하므로 시대와 민족에 따라 달라진다. 어떤 단어에는 어떤 이미지가 일시적으로 고정"되기 때문이다. 그렇기 때문에 "단어를 통해 군중에게 영향력을 행사하려고 할 때는 군중이 어떤 일정한 순간에 그 단어에 부여하는 의미를 알아야지, 단어가 예전에 띠었거나 다른 정신구조를 가진 개인이 부여했을 수 있는 의미를 알 필요는 없다."

그리하여 "따라서 정치적 격변이나 신념의 변화가 이뤄지고 난 뒤에 군중이 어떤 단어들이 환기하는 이미지에 깊은 반감을 품게 되었을 때 진정한 정치가의 가장 먼저 해야 될 일은 사실들 자체[사실들은 유전을 통해 물려받은 정신구조와 너무 밀접하게 연관되어 있어서 바뀔 수도 있으므로]에는 일체 손대지 말고 이를 표현하는 단어들만 바꾸는 것이다." 토크빌이 강조하는 대로 1789년의 혁명가들이 바로 이 재명명 작업에 몰두했다는 사실(특히 세금에 대해)을 상기시키고 난 르 봉은 "군중이 옛 이름으로 부르기를 싫어하는 것에 그들이 좋아하는 혹은 최소한 누가 봐도 수긍할 만한 이름을 붙여"주어야 한다고 말한다.

희망과 환상, 약속을 담고 있는 이 단어들, 강력하게 암시하고 행동할 것을 권유하는 이 단어들을 일단 발견하면 이들을 강하게 확언할 뿐만 아니라 반복하는 것이 중요하다. 왜냐하면 "확언된 것은 반복을 통해 군중의 정신에 자리를 잡고, 군중은 결국 이를 증명된 진실"로 받아들이기 때문이다.

볼셰비키주의자들과 나치는 이 교훈을 기억해두었다가 실행에 옮기게 될 것이다. 스탈린의 특별비서 중 한 명이었던 베자노프에 의하면, 레닌과 스탈린도 《군중심리》를 읽었을 것이라고 한다.

그러나 확인과 반복으로는 아직 충분하지가 않다. 위엄이 필요한 것이다. 위엄이야말로 중요한 항목이다.

귀스타브 르 봉은 말한다. "위엄은 어떤 인물이나 작품, 사상이 우리의 정신에 행사하는 지배력의 일종이다. 이런 지배력은 우리의 비판정신을 완전히 마비시키고 우리의 영혼을 놀라움과 존경심으로 가득 채운다. (…) 위엄은 가장 강력한 지배력이다. 신도, 왕도, 여자도 위엄 없이는 결코 군림하지 못한다." 이름과 재산, 명성, 권세 등이 부여하는 획득된 위엄을 한 개인의 성격과 연관된 개인적 위엄과 구분하고 난 르 봉은 "타고난 위엄은 일체의 직위라든지 권위와는 무관하며 소수의 사람만이 가진 능력으로서, 그들이 비록 자신의 주변 사람과 사회적으로 동등하고 정상적인 지배수단이 없더라도 주변 사람을 확실히 매혹할 수 있도록 해준다. 그들은 자신의 사상과 감정을 주변 사람에게 주입하며, 사람들은 마치 서커스단의 사나운 맹수들이 조련사[맹수들은 조련사를 쉽게 잡아먹을 수도 있을 것이다]의 말에 따르듯 그들에게 순종한다."

이렇게 해서 완전한 그림이 완성된다. 위엄으로 둘러싸인 우두머리는 긍정적인 음조를 갖는 단어들의 도움으로 강렬한 이미지와 주요한 사상을 주장하고 되풀이하며, 군중에게 이런저런 행위를 하라고 암시한다. 그러면 극단적이라고 할 만큼 쉽게 암시를 받는 충동적이고 감정적인 군중은 섬세하지 못한 사상과 격렬한 감정에 빠져들며 논리적 추론을 할 수가 없게 된다.

바로 이것이 군중심리의 배경이다. 그리고 여기서 군중은 다양한 본질과 구성을 가지고 있다. 왜냐하면 군중의 본질과 구성은 다양하게 변화할 수 있으며, 르 봉은 우리에게 군중이 모두 똑같지는 않다고 알려준다. 배심원단을 이루는 군중은 길거리의 군중과 다르고, 이 길거리 군중은 또 선거인단을 구성하는 군중과는 전혀 다른 것이다.

《군중심리》 3부에서 르 봉은 군중을 분류한다. 우선은 동질적인 군중과 이질적인 군중을 구분한다. 가장 이질적인 군중은 선천적인 그 어느 것도 결합시킬 수 없는 어떤 개인들로 구성된다. 예를 들면 무슨 사고가 일어나거나 어떤 행상이 시연을 할 때 모여드는 사람들이 있다. 아니면 백화점에서 화재를 알리는 경보가 발령되었을 때 출구로 우르르 몰려가는 손님들도 이질적 군중이라고 말할 수 있을 것이다. 이런 군중은 과도한 감동성과 피암시성, 피자극성, 전염 등 르 봉이 묘사하는 심리적 특성을 최대한 보여준다. 르 봉은 이들을 익명의 이질적 군중이라고 부른다.

그러고 나서는 반드시 같은 사회적 출신이나 같은 교육을 받은 것이 아니라 느슨하게 혹은 견고하게 조직화된 사람들로 구성되어 있는 이질적 군중이 존재한다. 예를 들면 의회 군중이나 배심원 군중이 있을 것이다. 이 군중은 이질적이지만 익명은 아니다. 각자의 말과 행동은 기록된다. 익명의 군중은 지지 않는 책임을 지게 되는 것이다. 그러므로 이 군중은 책임감도 덜하고 덜 충동적이다.

이질적 군중이 존재하면 동질적 군중도 존재한다. 르 봉은 동질적 군중의 예로 세 가지를 든다. 공통된 종교적 신념이나 정치적 신념으로 묶인 종파나 당파, 같은 직업을 갖고 있으며 따라서 거의 비슷한 교육을 받고 거의 비슷한 환경에서 살고 있는 배타적이며 폐쇄적인 집단이 있다. 르 봉의 이 같은 주장은 그가 살던 시대에는 맞았지만 지금은 맞지 않는 것 같다. 그는 군인들과 사제들을 이 집단의 예로 드는데, 오늘날에는 이들이 반드시 같은 교육을 받고 같은 환경에서 산다고 말할 수는 없는 것이다. 마지막으로 그 구성원들이 어떤 관심사와 생활습관, 비슷한 교육에 의해 결합하는 군중이 있다.

그런데 르 봉은 동질적인 군중에는 거의 관심을 보이지 않는다. 그가 선호하는 것은 이질적 군중이다. 익명에 이질적인 군중의 원형이라면 혁명 군중이지만, '익명이 아닌' 이질적 군중도 존재하고, 르 봉은 이 같은 군중의 예로 배심원 군중과 의회 군중을 들었다. 그리고 이질적 군중의 원형으로는 유권자 군중이 있다. 이 군중이 심리적 군중의 특성을 획득하기 위해서 반드시 신체적으로 결합할 필요는 없다.

4. 군중심리, 실제 적용

르 봉은 《인간과 사회》 앞부분에서 이렇게 쓴다. "인간과학은 미리 짜놓은 계획에 따라 사회를 재조직하려는(혁명들이 그렇게 하려고 시도했지만 아무 소용없었던 것처럼) 일체의 모든 방식을 비난한다. 인간과학은 정치제도가 사회 조직을 만들어내고 국민들을 변화시킨다는 사실을 인정할 수 없다."

같은 시기(《인간과 사회》는 1881년에, 《현대 프랑스의 기원》은 1880년에 출판되었다)에 텐은 《구체제》에서 다음과 같이 쓴다. "고려된 국민들은 그들이 필요로 하는 정부 형태가 무엇인지가 아니라 그들의 마음에 드는 정부 형태가 무엇인지를 말할 수 있다. 그들은 이를 사용해보아야만 그들의 마음에 드는 정부 형태가 무엇인지 알게 될 것이다. (…) 그런데 우리는 우리 정부 형태에 만족한 적이 결코 없었다. 80년 사이에 우리는 우리의 정부 형태를 열세 번이나 무너뜨렸다가 다시 만들기를 되풀이했다. (…) 그런데 다른 나라 국민들은 더 행복했고, 외국에서는 여러 정치체제가 견고하고 무한히 존속했다. 그것은 정치체제가 여러 차례 수정되었지만 늘 간직되고 단계별로 확대되며 암중모색을 통해 적용되고 그 나라 국민들의 요구에 따라 길게 늘어나는 어떤 오래된 중심 기구에 의지하면서 최초의 거대한 핵심부 주변에 특별한 방식으로 구축되었기 때문이다. 그중 어느 하나도 어떤 새로운 모델을 본따 이성이라는 유일한 수단에 의해 단번에 건설되지 않았다."

두 저자의 의견은 다시 한번 일치한다. 즉 법령에 의해 사회를 바꿀 수는 없으며, 어떤 국민의 정신구조와 그들의 역사에 들어맞는 제도가 훌륭한 제도인 것이다. 정치사상사에서 자주 일어나는 일이지만, 옛 제도를 한편으로는 새로운 시대에 알맞게 고쳐가면서도 또 한편으로 좋은 점은 간직할 줄 알았던 영국이 모델로 제시되었다.

르 봉이 책을 쓰기 시작했을 때부터 그에게 활기를 불어넣었던, 이처럼 강한 확신은 그 이후의 이론적 발전에 의해 한층 더 견고해질 수밖에 없었다. 각 나라 국민은 그 자체의 어떤 특별한 '정신적 구조'를 가지고 있으며, 그 골조를 구성하는 조상전래의 무의식적 관념들은 완만하게 변화할 뿐이라고 치자(거의 대부분은 이름과 관련된 표면적 변화는 일어나겠지만). 그렇다면 어느 일정한 국민에게는 일정한 제도들이 필요하며, 그 제도에 갑작스럽거나 극단적인 변화를 일으켜서는 안 될 것이다. 안 그러면 어떻게 될까? 혁명이나 개혁의 물결이 지나가고 나면 군중은 지도자의 영향에서 벗어나 다시 옛날로 돌아가 보수적인 성향을 띠고 과거의 가치를 다시 추구하게 될 것이다. 그런데 군중은 더더욱 과거의 가치를 부활시키려 애쓸 것이며(의식적으로는 그렇게 할 수가 없기 때문에), 새로운 단어와 표현에 쉽사리 속아 넘어갈 것이다.

귀스타브 르 봉은 오늘날 우리가 정치학에서 의지주의라고 부르는 것을 거부한다. 그는 의지주의가 라틴계 민족들의 편벽성이라고 생각한다. "라틴 민족들이 빈번히 제도를 바꾼 것은 바로 법이 초자연적 능력을 갖고 있다는 그들의 맹목적이며 한결같은 믿음이다." 그는 마지막으로 펴낸《세계의 균형》과 그 전에 펴낸《현 세계의 변화》에서도 같은 말을 되풀이한다. "법이 개혁할 힘을 갖고 있다는 환상이 여전히 널리 퍼져 있다. 최소한 라틴계 민족들의 경우에 법 제정자들은 법령으로 사회생활을 변화시킬 수 있다고 주장한다."

그러므로 귀스타브 르 봉의 사상을 그의 시대(프랑스의 현 제도가 처음 만들어지고 정치적 의지주의가 특히 분명하게 발휘되었던 19세기 말과 20세기 초)와 대조하는 것은 특별히 흥미롭다. 르 봉은 자기가 직접 이 일을 해냈다. 왜냐하면 그는 단순한 이론가에 불과하지 않기 때문이다. 이론이 그의 관심을 끄는 것은 오직 이론이 현실에 대한 관찰의 결과일 때, 그리고 이론이 현실에서의 어떤 행위로 이어질 때뿐이다. 앞에서도 말했지만, 귀스타브 르 봉에게 이론과 현실은 항상 밀접하게 연관되어 있다. 가장 이론적으로 보이는 그의 저서조차도 실제의 예들로 가득 차 있으며, 그 자신도 자신의 이론을 당대의 제도와 정치적 문제에 적용하고자 했다. 이렇게 해서 우리는 《군중심리》에서 군중의 심리학적 특성에 관한 해설에 이어 군중의 특별한 범주들(중죄재판소의 배심원들, 유권자들, 의회)을 다룬 장을 보게 된다. 귀스타브 르 봉의 모든 저서, 특히 《교육 심리학》과 《사회주의 심리학》,《프랑스혁명과 혁명 심리학》은 대부분 공화주의 제도와 현대의 정치적 영향력, 전쟁의 세 가지 커다란 주제로 나뉜다.

공화주의 제도

제도 영역의 확대는 그것이 조절하여 한 방향으로 유도하겠다고 주장하는 대중현상들과 공존하는 최근의 현상이다. 20세기 초처럼 법과 국가가 그렇게 널리 존재했던 적은 일찍이 없었다. 19세기 초에 시작되었고 이때부터 토크빌에게 비난을 받은 제도의 점진적 지배는 그 뒤로 한층 더 강화되었다. 사회 전체가 위험을 분담해야 한다는 생각이 점점 더 강조되다 보니 당연히 감시 체제가 자리를 잡았다. 한 인간의 모든 행위가 공동체의 재정을 이용함에 따라 자유는 점점 더 밀접한 감시하에 놓이게 되었다. 책임은 더 이상 개인적이고 정신적인 것이 아니라 사회적인 것이 되었다고 말할 수 있을 것이다. 즉 도덕은 이제 더는 신의 창조물인 인간의 위엄에 대해 논하는 담론의 결과가 아니라 국가의 필요성과 경제적 성격을 띤 새로운 유대감의 표현이 된 것이다. 또 한편으로 서양 사회는 공통된 종교적 이상을 잃어버렸고, 그 때문에 공통된 이념을 중심으로 이루어지는 응집이 어느 때보다도 더 필요해졌다. 그런데 새로운 토대 위에 세워진 이 우애와 결합을 전파하고 강요하고 유지할 책임을 맡은 것이 바로 온갖 형태의 제도들이다. 제도 일반뿐만 아니라 더 특별하게는 19세기 말의 '정복'을 조직하는 제도, 즉 교육제도가 있다. 공화주의자들은 이 교육제도가 교회의 감시에서 벗어나도록 하려고 애썼다. 보통선거는 정치적 쇄신의 도구로서 1848년 프랑스에 도입되었지만 진정한 의미에서 실시된 것은 제3공화국하에서다. 그리고 마지막으로 1877년에 뿌리를 내린 의회

제도가 있는데, 이 의회 제도는 몽테스키외가 찬양한 영국 의회 제도를 모방했다.

교육

제도라는 단어의 고전적 의미는 '교육에 의해 형성하고 깨우치는 행위'다. 그래서 데카르트는 "훌륭한 제도는 출생의 단점을 고치는 데 큰 도움이 된다"라고 말하지 않았던가. 이제는 제도라는 단어를 더 이상 교육의 의미로 사용하지 않지만, 그렇다고 해도 인간이 처음으로 만든 제도는 학교다. 르 봉의 시대에 사회는 자연공동체라고 할 수 있는 가정을 학교로 대체했고, 그 이후로 프랑스에서는 탁아소, 초등학교, 중고등학교, 대학교라는 제도가 확립되었다.

르 봉은 교육에 대해 매우 각별한 중요성을 부여한다. 그는 처음으로 펴낸 사회과학서인 《인간과 사회》에서 이렇게 말한다. "현재 인간과학은 우리의 가장 중요한 두 가지의 인식, 즉 인간을 형성하는 기술인 교육과 그들을 통치하는 기술인 정치가 기초를 둘 수 있는 유일한 토대다." 그런데 그의 이 같은 주장은 30년가량 뒤에 그가 《여론과 신념》에서 펴는 주장과 일견 모순을 이루는 것처럼 보인다. "우리는 교육과 제도가 개인과 민족의 운명에서 매우 미약한 역할밖에는 하지 못한다는 사실을 인정할 수밖에 없다." 이 같은 모순은 르 봉에 의한 라틴계 민족의 교육과 앵글로색슨계 민족의 구분을 고려해야만 설명될 수 있다.

1902년에 나온 《교육 심리학》에서 르 봉은 이렇게 말한다. "누군가가 '한 개인의 가치는 과연 무엇으로 이루어지는 것일까?'라고 묻는다면 라틴계 사람은 '그 개인이 배운 것에 의해, 즉 그가 갖고 있는 학위의 숫자에 의해 이루어질 것이다'라고 대답할 것이다. 반 대로 영국인이나 미국인은 한 인간의 가치가 그의 교육에 따라 결 정되기보다는 그의 성격에 따라, 즉 그의 진취성과 관찰 정신, 판단 력, 의지에 따라 결정된다고 주장할 것이다. 이런 자질들을 갖추고 있으므로 (…) 그는 그럴 필요가 생기면 그가 배워야만 하는 모든 것을 배우게 될 것이다."

바로 여기서 우리는 르 봉의 중심개념을 발견하게 된다. "감정적 자아와 합리적 자아는 비록 서로 간에 끊임없이 영향을 미치기는 하지만 그럼에도 독립적으로 존재한다. (…) 우리는 항상 감정과 지 력의 차이를 고려하지 않은 채 활동한다. 라틴계 민족의 교육제도 야말로 그 증거다. 교육에 의한 지력의 발달이 감정도 발달시키며, 감정의 결합이 성격을 구성한다는 확신이야말로 우리 대학이 퍼트 리는 가장 위험한 편견 중 하나인 것이다." "영국의 교육자들은 성 격의 교육이 책들과 더불어 이루어지지 않는다는 사실을 이미 오 래전부터 알고 있었다."

여기서 우리는 상이한 논리들의 이론과 민족의 상이한 정신구조 의 이론이 전환되는 것을 본다. 과연 르 봉은 "감정 자아는 인격의 근본 요소를 구성한다. 유전적 축적물에 의해 아주 느리게 구성되 는 개인과 민족의 감정 자아는 지력보다 훨씬 더 느리게 변화한다" 라고 주장한다.

르 봉이 교육 분야에서 그가 소중하게 생각하는 한 가지 개념, 즉 무의식의 개념을 다시 나타나게 할 때 우리는 이 유전에 의한 획득물을 다시 발견한다. "모든 교육의 기본원칙은 의식이 무의식 속으로 넘어가게 만드는 것이다. (…) 무의식의 발달은 어떤 결합의 반복에 의한 인공적인 반사반응의 형성에 의해 이루어진다. 충분히 반복되면 이 결합은 무의식적인 반사행동을, 즉 습관을 만들어낸다. 여러 세대에 걸쳐 반복되면 이 습관은 유전적인 것이 되어 인종의 특성을 구성한다."

그러므로 무의식의 이론과 상이한 논리의 이론, 민족의 정신구조에 관한 이론 등 여러 가지 이론이 상호작용하여 귀스타브 르 봉의 정신속에서 결합됨으로써 교육 전반에 관한 이론을 만들어낸 것이다. 한편으로 교육은 민족의 특성에 맞추어져야 한다. "어떤 민족의 요구에 맞추어진 교육은 다른 민족에게도 잘 맞는다." 이 문장에는 명백한 논리적 모순이 존재한다. 르 봉이 앵글로색슨계 민족의 교육제도를 옹호하는 것은 프랑스인들이 이를 채택하기를 바라서가 아닐까? 사실 르 봉은 라틴계 민족의 타고난 반항 기질이 앵글로색슨계의 교육제도가 프랑스에 이식되는 것을 가로막는 장애라는 사실을 아주 잘 알고 있었다. 그는 영국이나 미국의 교육제도에서처럼 관찰과 진취적 정신, 책임감을 강조하며 덜 독단적이고 더 자유로우며 실험적인 교육을 시키는 모델이 도입되기를 바랐을 뿐이었다.

그는 라틴계 민족의 교육제도에 대해 무엇을 비난하는 것일까? "라틴계 인종의 모든 대학교수는 사물이 오직 기억에 의해서만 정신 속에 고정된다는 것을 불변의 원칙으로 삼고 있는데, (…) 우리는 이 기본원칙이 어떤 결과를 낳았는지를 보았다. (…) 학생들은 학교에서 시간을 허비하며, 6개월이 지나면 책에서 배웠던 것을 단한 자도 기억하지 못한다.” 교육이 기억에 의해 이루어지지 않는다면 과연 어떻게 이루어져야 하는가? “어떤 언어를 말한다거나, 자전거나 말 타는 법을 배운다거나, 피아노를 연주한다거나, 그림을 그린다거나, 어떤 학문이나 예술을 배우는 등 어떤 지식을 획득하든지 간에 그 메커니즘은 동일하다. 다양한 수단을 동원, 서서히 반사작용을 만들어내는 결합에 의해 의식이 무의식 속으로 넘어가게 해야 한다.”

요컨대 무의식을 잘 함양하는 것이 중요하다. 그 이후부터는 무의식이 우리의 행동을 인도하기 때문이다. 좋은 습관을 익히고 좋은 반사작용이 창조되면 개인의 ‘계획’도 좋을 것이다. 그러므로 교육자는 “타고난 유용한 반사작용을 함양하고, 해로운 반사작용을 제거하든지 아니면 최소한 약화시켜야 한다.” 교육은 유전에 의한 반사작용을, 특히 각자가 자신 속에 갖고 있는 야성적인 반사작용을 제어하는 데 쓰이게 될 것이다. 그리하여 교육받지 않은 인간은 군중을 이룬 인간과 마찬가지로 나쁜 것이든 좋은 것이든 유전에 의해 물려받은 본능에 몰두하게 될 것이다. “높은 문화 수준에 도달한 개인은 마치 피아니스트가 피아노를 이용할 줄 알 듯 자신의 반사작용을 이용할 줄 안다. 개인은 만일 자신의 행동이 먼 훗날 어떤 결과를 낳을지 예측할 줄 안다면 그가 따르고 싶은 유혹을 느낄지도 모를 충동을 제어할 수 있게 된다.”

요컨대 교육은 영어로 셀프 컨트롤이라고 하는 것이 가능하게 한다. 그렇다면 어떻게 해야 훌륭한 교육을 받을 수 있을 것인가?

여기서도 역시 우리는 르 봉이 주장하는 집단심리학의 규칙을 발견하게 된다. "도덕이든, 예술이든, 과학이든, 어떤 것을 가르치든지 간에 교육은 그것이 완전히 시행될 때까지 되풀이한다는 원칙에 입각해야 한다. 그렇게 해야만 필요한 반사작용이 만들어져 오랫동안 고정되기 때문이다." 그런데 어린아이의 경우는? "모방과 암시, 권위, 본보기, 훈련 같은 방법을 동원하면 된다"라는 것이 르 봉의 주장이다.

《여론과 신념》에서 르 봉은 그 같은 주장을 다시 되풀이한다. "확언과 반복은 여론을 형성하고 전파하기 위한 매우 강력한 동인들이다. 교육은 부분적으로 여기에 토대를 두고 있다." 그리고 조금 더 가서는 이렇게 주장한다. "실례를 드는 것은 암시의 강력한 한 형태다. (…) 교육에서는 단 하나의 강력한 예가 여러 개의 약한 예보다 더 잘 기억된다." 그러나 반복이나 예증은 권위를 갖춘 존재에 의해 이뤄져야만 한다. 그래서 철학자인 알랭은 "오직 자기가 좋아하는 사람으로부터만 배운다"라고 말하지 않았던가. 정말로 "심지어는 과학적 견해조차도 그것을 말하는 사람의 권위만을 유일한 토대로 가질 정도다." 대부분의 과학적 체험과 관찰은 너무 복잡해서 반복될 수가 없기 때문에 이를 말하는 학자를 믿을 수밖에 없다. 대가의 권위는 아리스토텔레스가 살던 시대나 지금이나 막강한 것이다. "교육이 우리에게 주입시키는 견해의 대다수는 오직 권위만을 그 토대로 갖기 때문에 이를 권위를 발휘하는 사람이 옹호하는 견해를 어려움 없이 받아들이는 데 쉽게 익숙해진다."

의회 군중

"의회 제도는 문명화된 모든 현대 민족의 이상을 의미한다. 이 제도는 많은 사람이 모이면 어떤 주제에 대해 적은 숫자의 사람들보다 더 현명하고 독립적인 결정을 내릴 수 있다는 생각[심리학적으로는 틀렸지만 일반적으로는 받아들여지는]을 반영한다."

《군중심리》의 의회 군중을 다룬 장에서 귀스타브 르 봉은 다음과 같이 주장한다. "의원은 비익명 이질적 군중의 전형이다. 국회의원이 선출되는 방법은 시대마다 다르고 민족마다 다르지만 그 특성은 매우 비슷하다. 선출 과정에서 이 특성이 표출되는 것을 완화하거나 과장하는 인종의 영향이 느껴지지만, 그렇다고 이 특성이 표출되지 않는 건 아니다. 그리스나 이탈리아, 포르투갈, 스페인, 미국과 같이 전혀 다른 나라의 의회들은 거의 유사한 방식으로 투표나 토론을 하며 이런 나라들의 정부 역시 똑같은 어려움에 부딪힌다."

이 어려움이란 무엇일까? 이 어려움은 물론 집단 심리에서 유래한다. 르 봉에 따르면, "생각의 단순함, 과민성, 피암시성, 감정의 과장, 지도자들의 탁월한 영향 등 군중의 일반적 특성이 국회의원들에게서도 역시 발견"되기 때문이다. 그렇지만 의회군중에게서는 한 가지 특이성이 발견되는데, 이 특이성은 《군중심리》에서 언급되고 《프랑스혁명과 혁명 심리학》에서 다시 확인된다. "다양한 이해관계에 고무되는 집단들이 존재한다는 것은 곧 의회가 각자 다른 지도자들에게 복종하는 이질적 군중으로 형성되어 있다고 간주해야 한다는 것을 의미한다. 그때 정신적 일체성의 법칙은 오직 각 집단에게서만 나타나고, 오직 예외적인 상황이 벌어지고 난 뒤에야 상이한 집단들은 그들의 의지를 통합하기에 이른다."

이 예외적인 상황은 혁명이 될 수도 있고, 아니면 그냥 의회 군중이 '상당한 정도의 흥분 상태에 도달'할 때가 될 수도 있다. 후자의 경우에 의회 군중은 익명의 이질적 군중에 많이 가까워지며 극단적인 행위를 하도록 이끌린다. 일반적으로 의회는 강자 앞에서는 움츠러들고 약자에 대해서는 오만하게 구는 등 군중의 특성을 보여준다. 그러나 르 봉에 따르면 "다행스럽게도 우리가 방금 기술한 의회의 모든 특성이 지속적으로 나타나는 것은 아니다. 의회는 어떤 일정한 순간에만 군중이 되기 때문이다. 의회를 구성하는 개인들은 거의 대부분 그들의 개인성을 계속 간직하는 데 성공한다. 그래서 의회는 우수한 기술적 법안을 만들 수 있다. 전문가들이 조용한 집무실에서 이런 법안들을 준비하고 만든다. 따라서 표결된 법안은 실제로 개인이 만든 것이지 의회가 만든 것이 아니다. 자연히 이런 법안이 가장 훌륭하다. 이런 법안들은 일련의 수정안이 이들을 집단적인 것으로 만들어버릴 때만 재난을 초래한다."

혁명과 독재

귀스타브 르 봉은 《군중심리》에서 혁명 일반에 대해, 그리고 특히 1789년의 프랑스혁명에 대해 빈번하게 언급한다. 1848년에 르 봉은 겨우 일곱 살이었던 데다가 지방에 살고 있었다. 그래서 혁명을 체험할 수가 없었다. 반대로 1871년에는 파리에 있었기 때문에 흥분한 군중의 봉기를 직접 관찰할 수가 있었다. 그러나 무엇보다도 그의 정신을 사로잡았던 것은 1789년 프랑스혁명이었다. 그의 동시대인들이 그랬던 것처럼 말이다. 그는 특히 미슐레와 텐이 이 문제에 관해 쓴 글들을 읽었다. 그가 1912년에 펴낸《프랑스혁명과 혁명 심리학》은 자신의 개인적 관찰과 성찰, 독서의 결과다.

"우리는 사람들이 우리가 내렸다고 격렬하게 비난하는 결정을 대부분은 이틀 전에도, 심지어는 하루 전에도 내리고 싶어 하지 않았다. 오직 위기 때문에 그 같은 결정이 내려졌을 뿐인 것이다." 르 봉은《프랑스혁명과 혁명 심리학》앞부분에 비요바렌이 쓴 이 글을 인용하면서 다음과 같이 주석을 단다. "우리가 지금 그러는 것처럼 그들(혁명의 주역들)이 자기들이 주인공인 사건들을 보며 놀라워했던 것은 바로 자기들은 이해할 수 없는 논리가 불가항력적으로 전개되는 것을 직접 겪었기 때문이다."

그 스스로 말하듯이 귀스타브 르 봉은 도대체 왜 일반적으로는 혁명, 그리고 개별적으로는 프랑스혁명을 연구하기로 결심했던 것일까? "나의 연구에서 도출된 몇 가지 원칙들의 적용 범위가 매우 넓어 보였기 때문에 나는 이 원칙들을 몇 가지 구체적인 경우에 적용하기로 결심했고, 이렇게 해서 혁명의 심리학, 특히 프랑스혁명의 심리학에 접근하게 되었다."

르 봉은 혁명의 심리학이라는 주제를 이해하기 위해 독서를 하다가 두 가지 사실을 확인하게 되었다. 첫 번째는 혁명이 진영을 이루지 않았다는 것이다. "혁명은 동시적이지만 서로 간에 관계가 없는 현상들로 이루어져 있다." 두 번째는, "어떤 의문이 모순되는 견해들을 유발할 때 우리는 그 의문이 인식의 주기가 아닌 확신의 주기에 속한다고 확언할 수 있다는 것"이다. 확신을 가진 자들이 일으키는 혁명은 오직 확신을 가진 자들에 의해서만 판단되었다. 어떤 사람들은 저주하고 또 어떤 사람들은 감탄스러워하는 혁명은 통째로 받아들여지거나 거부당한 교의로 여전히 남아 있었지만, 그 어떤 합리적 논리도 이 같은 선택에 개입하지 않았다.

르 봉은 혁명이 확신자들에 의해 주도되었다는 사실의 증거를 그것이 가진 힘 자체에서 발견한다. "혁명의 힘은 혁명이 널리 퍼트리려고 하는 매우 오래된 원칙이나 혁명이 만들겠다고 주장하는 제도 속에 존재하지 않는다. 혁명의 힘이 매우 강력하고, 혁명이 프랑스 사람들로 하여금 폭력과 살인, 파괴, 무시무시한 내전에 대한 두려움을 받아들이게 했으며, 마지막으로 무장한 유럽에 대해 의기양양하게 자신을 방어한 것은, 새로운 체제가 아니라 새로운 종교를 세웠기 때문이다." "유럽의 왕들은 세계를 쇄신하게 될 신념을 널리 퍼트려야 한다는 단 한 가지 목적을 위해서라면 목숨을 바칠 각오가 되어 있는 (…) 국민의회의 누더기 걸친 병사들에게 저항하지 못했다."

르 봉은《혁명의 심리학》1부에서 '혁명운동의 심리적 요소'들이 무엇인지를 우리에게 보여준다.

우선 르 봉은 혁명이 무엇이라고 생각하는가. "민족들의 운명을 변화시키는 진정한 혁명은 거의 대부분 너무 느리게 이루어졌기 때문에 역사가들은 그 일이 언제 시작되었는지를 알아내는 데 어려움을 느낀다. 그들에게는 변화라는 단어가 혁명이라는 단어보다 훨씬 더 잘 어울린다."

그리하여 르 봉은 일종의 시초 단계, 즉 사상이 전파되고 새로운 사실들이 축적되어 최종 혁명의 제1원인이 될 완만한 과정을 구분한다. 그러나 혁명이 없는 변화도 있을 수 있다. 혁명을 특징짓는 것은 폭발이다. "모든 민중혁명의 즉각적 특징은 매우 경이적이다." 많은 혁명의 역사는 늘 똑같기 때문에 단 한 페이지로 쓰일 수 있다. 이는 샤를 10세의 칙령에 이어 일어난 1830년 혁명의 짧은 이야기 속에 다 요약되어 있다. "파리를 봉기시킨 분노의 폭발은 무시무시하고 즉각적이었다. 몇 시간 만에 바리케이드가 땅속에서 솟아났고, 무장한 반대자들의 집회가 조직되었으며, 북들이 국민방위대의 소집을 알렸고, 노동자들과 대학생들이 길거리로 내려왔다. (…) 모든 파리 시민이 투사가 되었다. 모두가 '샤를 10세 물러나라! 폴리냑 물러가라! 칙령을 취소하라! 헌장 만세!'라고 외치며 싸웠다. 대부분의 투사들은 헌장에 어떤 내용이 포함되어 있는지, 칙령이 무슨 내용인지를 모르고 있었다."

우리가 군중심리에서 이미 살펴보았듯이 이 폭발의 단계에는 전염의 단계가 즉시 이어진다. 사람들은 왜 자기들이 싸우는지 그 이유도 정확히 모른 채 전염에 의해 싸우고 싶다는 욕구를 느끼는 것이다. 그때 구호는 몇 개로 충분하다. 구호 몇 가지만으로도 그들이 어떤 정부를 전복시키도록 할 수 있는 것이다. 1911년에 펴낸《여론과 신념》에서 르 봉은 그가 '러시아혁명'이라고 부르는 것을 예로 든다. "혁명운동은 전염에 의해 거기 관심을 가질 수 있는 계급들 너머로 아주 빨리 확산되어 갈 것이다. 러시아혁명 때 반란을 일으킨 장갑함 선원들은 오직 전염에 의해 그렇게 했음이 틀림없다. 그들은 러시아가 의회를 보유하건 안 하건, 아니면 농민들이 토지를 살 수 있는 권리를 가지건 못 가지건, 그런 것에는 별다른 관심이 없었다."르 봉은 이렇게 덧붙인다. "혁명에 관심을 갖기는커녕 혁명에서 손해만 보는 계급들까지도 전염이 된다." 프랑스혁명 이전과 혁명 기간 중의 귀족들은 이 같은 '전염 현상'의 좋은 예다. 대체로 지식인들의 사상은 일체의 진정한 혁명에 앞서 이루어지는 정신구조의 변화를 촉발한다고 르 봉은 강조한다. "예를 들어 프랑스혁명 때 철학자들이 합리적 논리를 구사하자 구체제의 부정적인 측면들이 드러나면서 이를 바꾸고 싶다는 욕망을 불러일으켰다. 신비 논리가 몇 가지 원칙에 따라 철저히 건설되는 사회에 대한 믿음을 고취시켰다. 감정적 논리가 매우 오래된 규제에 의해 억제되어 있던 열정을 폭발시켜 최악의 폭력사태를 일으킨다. 집단 논리가 클럽과 의회를 지배, 감정 논리나 신비 논리로는 그 구성원들이 하지 못했을 일을 하게 만들었다."

이 문장은 르 봉의 이론을 잘 설명해주며, 그의 이론은 혁명이라는 최고의 집단적 현상에 아주 잘 들어맞는다. 여러 가지 논리의 역할을 상기시키고 난 르 봉은 다음과 같이 말한다. "그 기원이 어떻든 간에 혁명은 군중의 영혼 속으로 내려가고 나서야 결과를 만들어낸다. 그때 사건들은 군중 특유의 심리에서 비롯되는 특별한 형태를 띠게 된다. (…) 그러므로 군중은 혁명의 소산이지만 그 출발점을 이루지는 않는다. 군중은 그들을 이끌어줄 우두머리가 없으면 전혀 아무것도 할 수가 없고, 하려고 하지도 않는 무기력한 존재를 의미한다. 군중은 충동을 느껴도 그것을 아주 빨리 넘어서지만 결코 그것을 만들어내지는 못한다."

요컨대 "물론 혁명의 기원이 때로 합리적일 때도 있기는 하지만 그럼에도 혁명을 준비하기 위해 동원된 이성은 오직 감정으로 변모되고 난 후에야 군중에게 영향을 미친다는 사실을 잊어서는 안 된다. 합리적 논리를 발휘하면 파괴해야 할 악습을 보여줄 수 있지만, 군중을 움직이기 위해서는 그들의 마음속에 희망이 솟아나도록 해야 한다는 것이다. 감정적, 신비적 요소를 작동시켜 인간에게 행동할 수 있는 힘을 부여해야만 그렇게 할 수 있다."

이 같은 분석은 프랑스혁명에 아주 잘 들어맞는다. 루이 14세의 통치 말기는 힘들었고, 귀족들은 루이 15세가 성년이 될 때까지 프랑스 왕국을 관리하게 해달라고 요구하고 의회와 연합해서 루이 15세와 16세에게 반기를 들고 왕권에 복종하기를 거부했으며, 관료들의 영향력이 점점 더 커졌다. 또 한편 디드로와 볼테르는 신권을, 몽테스키외는 프랑스의 군주권을 문제시했고, 장 자크 루소는 구질서의 모든 악이 일소되는 새로운 사회를 건설해야 한다고 역설했다. 게다가 경제적 상황이 악화되었고, 왕은 너무 허약했으며, 왕비는 오스트리아 출신이었고, 관료들은 막강했으며, 귀족들은 야심에 가득 차 있었다. 이 같은 도식은 러시아혁명과 매우 유사했다. 이 두 민족을 접근시키는 것은 그들의 보수적인 성격이다. 그런데 르 봉이 강조하는 것처럼, "사람들이 흔히 생각하는 것과는 달리 매우 보수적인 민족들이 극도로 폭력적인 혁명을 일으킨다. 그들은 보수적이기 때문에 환경의 변화에 적응할 수 있을 만큼 천천히 변화할 수가 없으며, 그 간격이 너무 벌어지면 그 변화에 급작스럽게 적응해야만 한다. 이 갑작스러운 변화가 혁명을 구성한다." 이 같은 현상은 우리 시대에도 여전히 반복되고, 그 과정은 대체로 유사하다. '식견을 갖춘 전제군주'는 자기 나라의 정치적, 경제적 구조를 근대화하려 노력한다. 그는 여전히 종교적인 상태에 머물러 있으며 전통적인 생활방식에 매여 있는 정신구조의 저항에 부딪치지만 이를 과소평가, 무력으로 돌파하려 한다. 국민들은 지식인들로부터 자극받아 저항한다. 그러나 국민들의 저항이 모두 똑같은 의미를 갖는 것은 아니다. 지식인들은 '식견을 갖춘 전제군주'의 권위가 너무 강하다고 말하며 거기 맞서 싸우는 반면 국민들은 전제군주가 강요하여 자신의 생활방식과 사고방식을 뒤흔들어놓는 근대성에 맞서 싸우는 것이다(하지만 그들은 자기들이 이런다는 사실을 모른다). 이들은 불만에 가득 차 있다. 하지만 들리는 건 오직 발언권을 가진 지식인과 부르주아들의 목소리뿐이다. 그래서 대부분의 군주는 소리 높여 전제군주제를 반대하는 자들에게만 양도하는 실수를 저지른다. 즉 그는 의회를 소집하거나 세우고 체제를 민주화하려 노력하지만, 그렇다고 해서 군중이 누그러지는 것은 아니다. 왜냐하면 그들이 요구하는 것은 그게 아니기 때문이다. 그 결과 군주의 양도는 군중의 저항을 더 수월하게 하는 데 이용될 뿐이다. 군중은 요구 사항을 봇물처럼 쏟아내지만, 정치적 목적을 가진 인텔리겐치아 계급은 군중의 심오한 욕망을 외면하고 그들의 요구를 은폐한다. 삼부회 요구서를 읽어보라. 군중이 요구하는 것과 혁명가들이 수립하려고 애쓰는 것 사이의 간극은 엄청나다. 삼부회는 국지적이고 일회적이며 물질적인 문제만을 제기하는 반면 혁명가들은 자기들이 구축한 새로운 토대 위에 새로운 사회를 세우겠다는 야심을 드러낸다. 이렇게 하여 군중은 최강자들에 의해 다시 한번 이용당하고, 전제군주제는 새로운 원칙에 입각한 또 다른 독재 체제로 바뀐다. 하지만 전제군주제와 독재 체제 사이에 무슨 차이가 있단 말인가?

정상에서 늑대들이 자기들끼리 서로 헐뜯으며 싸우는 동안 군중은 거의 대부분의 경우 일단 위기가 지나가면 안전과 안정을 되찾았다고 행복해하며 자신들의 저항에 무관심해진다. 그러나 옛 질서의 잿더미에는 반드시 새로운 독재 질서가 세워지게 마련이다.

혁명이 일어나고 난 뒤에 강력한 권력이 다시 등장하는 현상은 역사상 여러 차례 발생했다. 프랑스혁명이 끝나자 나폴레옹이 등장했고, 러시아혁명이 끝나자 스탈린이 권력을 잡았다. 중국 혁명이 일어나고 나서 마오쩌둥이 등장하고 이란 혁명이 끝나 호메이니가 전권을 장악한 것도 그 같은 현상의 예들이다. 르 봉은《혁명의 심리학》에서 이렇게 쓴다. "학문은 규율을 갖추지 않은 사회가 존속되도록 할 수 있는 마술지팡이를 아직은 발견하지 못했다. 그 사회가 세습적인 사회가 되었다면 이 마술지팡이를 강요할 필요가 전혀 없다. 그러나 만일 조상 대대로 내려오며 천천히 획득한 것들이 고통스럽게 쌓아올린 방책을 원시적 본능이 파괴하도록 내버려둔다면, 그 사회는 오직 강력한 독재에 의해서만 쇄신될 수 있을 것이다."

바로 여기서 우리는 르 봉의 유전적 축적 이론과 군중 이론을 만나게 된다. 그리고 이 점은 프랑스 군중이나 러시아 군중의 경우에 혁명이 끝나고 난 뒤에도 그들의 과거 구조들이 오늘날까지도 여전히 존속하고 있다는 사실에서 잘 설명된다. "군주는 음모자들에 의해 쉽게 전복될 수 있지만, 음모자들은 군주가 나타내는 원칙들에 맞설 힘이 없다." 그리고 르 봉은 이렇게 덧붙인다. "군주는 여론이 받쳐주는 하나의 원칙이다." 18세기와 19세기의 프랑스가 겉으로는 공화국이었지만 실제로는 여전히 군주국이었다는 사실에는 의심의 여지가 없다. 또 러시아 사람들이 그전에 차르를 숭배했던 것처럼 스탈린을 숭배했고, 내심으로는 슬라브 민족의 정신에 내재하는 감동성과 무정부주의적 성향에 어울리는 독재체제를 선호했다는 말이 완전히 허황된 말은 아닐 것이다. 르 봉은 이 같은 상황을 《사회주의 심리학》에서 한 문장으로 요약한다. "사회주의자들이 (언젠가는) 그들 가운데 혁명군 병사들을 모집할 수 있을 가능성이 매우 높지만, 바로 이 병사들은 혁명을 억압하러 나타날 위엄이 있는 차르를 향해 금방 돌아설 것이다."

《군중심리》는 1895년에 출판되어 주목할 만한 반응을 얻었다(하지만 여러 이유로 학계의 반응은 그다지 호의적이지 않았다). 귀스타브 르 봉이 이 책에서 혁신적인 사상을 전개했기 때문이다. 그러나 그 이후에는 1차 세계대전과 2차 세계대전 사이의 독재자들, 특히 히틀러와 무솔리니를 선동했다는 이유로 가치가 절하되기도 했다. 하지만 오늘날에는 《군중심리》가 사회심리학의 토대를 이루는 매우 중요한 텍스트라는 데 이의를 제기하는 사람은 없다. 미국 심리학자 고든 올포트는 "사회심리학 분야에서 이제까지 쓰인 책 중 가장 영향력이 큰 책"이라고 평가했으며, 지그문트 프로이트도 《집단심리와 자아분석》에서 이 책을 중요하게 다루었다. 《군중심리》는 현대 사회학에도 큰 영향을 미쳤는데, 막스 베버의 많은 저작이 이 책에서 깊은 영향을 받았다고 알려져 있다.

《귀스타브 르 봉의 군중심리학 입문》을 쓴 베르나르 당티에르에 따르면, "《군중심리》는 옛날에도 그랬지만 오늘날에도 역시 우리가 깊은 관심을 기울일 만한 가치가 있는 책이다. 어쩌면 오늘날에는 (…) 훨씬 더 그럴 것이다. 우리가 르 봉이 예언한 이 '군중의 시대'에 더욱더 깊이 들어가고 있다는 것을 (…) 어찌 의심할 수 있겠는가? 그러므로 군중에게 (…) 대비하거나 그들을 이용하기 위해서 그들을 (…) 세밀하게 분석해야 한다는 것을 어찌 의심할 수 있겠는가?" "그러므로 우리 사회가 이 '군중'을 이해해야 한다면, (…) 《군중심리》를 더욱더 읽거나 다시 읽어야 한다."

르 봉의 《군중심리》는 현대사회에서 역사와 사회학, 심리학을 공부하는 학생이나 학자들뿐만 아니라 정치와 교육, 경제, 투자(전설적 투자가인 앙드레 코스톨라니가 이 책을 극찬하며 소개하지 않았던가?), 마케팅 등 광범위한 분야에서 일하는 사람들이 필히 참고해야 할 책이다. 또한 인터넷과 핸드폰, 엑스(옛 트위터), 카카오톡 등을 통해 단시간에 전파되는 정보를 생산해내는 현대 군중을 이해하기 위해서도 역시 르 봉의 《군중심리》를 읽어야 할 것이다.

출간된 지 130년이 다 되어가는 귀스타브 르 봉의 《군중심리》를 다시 번역하여 펴내는 이유는 바로 여기에 있다.

이재형

1841년(1세)

5월 7일, 노장르로트루에서 샤를 마리-귀스타브 르 봉의 아들로 태어남.

1862년(21세)

최초의 과학 출판물을 펴냄.

1866년(25세)

의학박사 학위를 받음.

1868년(27세)

파리 실천의학협회에 가입함.

1870년(29세)

전쟁 중에 전선에서 의사로 일함.

1871년(30세)

5등 레지옹도뇌르 훈장을 받음.

1876년(35세)

T. 리보가 창간한《철학》지에 글을 기고함.

1878년(37세)

파리인류학협회 회원이 됨. 공교육부 소속 탐험가로 일함. 만국박람회에 참가하여 동메달을 수여받음.

1880년(39세)

프랑스 지리학회 회원이 되어 네팔의 타트라와 포드할레 지방에서 측량 작업을 함. 뇌 용량의 변이형에 대한 연구로 과학아카데미 상을 받음.

1881년(40세)

아버지 샤를 르 봉이 사망함. 귀스타브 르 봉의 첫 번째 사회인류학 저서인《인간과 사회》가 출판됨.

1886년(45세)

공교육부의 위촉을 받고 인도와 네팔에서 고고학 작업을 함.

1888년(47세)

2등 레지옹도뇌르 훈장을 받음.

1889년(48세)

만국박람회 총회 조직위원회 위원이 됨. 캄보디아의 식민지 문제들을 연구하는 총회분과 위원장으로 임명됨.

1894년(53세)

최초의 사회심리학 저서인《민족 진화의 심리 법칙》이 출간됨.

1895년(54세)

《군중심리》가 출간됨. 집단심리학을 다룬 대작들이 출판되기 시작함.

1900년(59세)

허가위원회 위원.

1902년(61세)

플람마리옹 출판사의 '과학철학 문고'총서 책임자가 되어 자신의 저서들을 출판.

1905년(64세)

1896년부터 시작한 엑스선에 대한 연구의 결과물인《물질의 변화》

를 출간. 이 책에서 물질 용해의 일반법칙을 주장함.

1907년(66세)

파리의 비뇽 거리 29번지에 물리학 실험실을 차림.

1914년(73세)

상대성 원칙과 원자내력에 관한 연구를 과학아카데미에 보고함.
《진리의 삶》을 출간. 전쟁과 역사철학을 다룬 저서들을 출간하기
시작함.

1929년(88세)

1등 레지옹도뇌르훈장을 받음.

1931년(90세)

그의 마지막 저서인 《역사철학의 과학적 토대》가 출간됨. 12월
15일, 마른라코케트에 있는 자택에서 사망.

옮긴이 이재형

한국외국어대학교 프랑스어과 박사 과정을 수료하고 한국외국어대학교, 강원대학교, 상명여대 강사를 지냈다. 지금은 프랑스에 머무르면서 프랑스어 전문 번역가로 일하고 있다. 옮긴 책으로《그리스인 조르바》(니코스 카잔차키스),《프랑스 유언》(안드레이 마킨),《세상의 용도》(니콜라 부비에),《어느 하녀의 일기》(옥타브 미르보),《시티 오브 조이》(도미니크 라피에르),《사회계약론》(장 자크 루소),《꾸뻬 씨의 행복 여행》(프랑수아 를로르),《프로이트: 그의 생애와 사상》(마르트 로베르),《마법의 백과사전》(까트린 끄노),《지구는 우리의 조국》(에드가 모랭),《밤의 노예》(미셸 오스트),《말빌》(로베르 메를르),《세월의 거품》(보리스 비앙),《레이스 뜨는 여자》(파스칼 레네),《눈 이야기》(조르주 바타유) 등이 있다.

군중심리

제1판 1쇄 발행	2013년 3월 25일
제2판 1쇄 발행	2024년 10월 8일
지은이	귀스타브 르 봉
옮긴이	이재형
펴낸곳	(주)문예출판사
펴낸이	전준배
출판등록	2004.02.11. 제 2013-000357호
	(1966.12.2. 제 1-134호)
주소	04001 서울시 마포구 월드컵북로 21
전화	393-5681
팩스	393-5685
홈페이지	www.moonye.com
블로그	blog.naver.com/imoonye
페이스북	www.facebook.com/moonyepublishing
이메일	info@moonye.com
ISBN	978-89-310-2388-6 04080
	978-89-310-2274-2 (세트)

문예출판사®   상표등록 제 40-0833187호, 제 41-0200044호